U0710865

《学术前沿论坛十周年纪念文集》编委会

顾　问：满运来　刘川生　钟秉林

主　任：史秋秋

副主任：韩　震　陈之昌

编　委：（以姓氏笔画为序）

韦　蔚　方　静　王建妮　史秋秋　田晓刚

刘复兴　刘丽丽　刘　娜　刘　蓉　陈之昌

张　涛　吴慧涵　郑红霞　胡学习　韩　震

程文进

前沿 创新 发展

QIANYAN CHUANGXIN FAZHAN

——学术前沿论坛十周年纪念文集(2001—2010年)

北京市社会科学界联合会
北京师范大学 编

北京师范大学出版集团
BEIJING NORMAL UNIVERSITY PUBLISHING GROUP
北京师范大学出版社

图书在版编目(CIP)数据

前沿　创新　发展 / 北京市社科联，北京师范大学主编.—北京：北京师范大学出版社，2011.12

ISBN 978-7-303-09179-9

Ⅰ. ①前…　Ⅱ. ①北…②北…　Ⅲ. ①社会科学－文集　Ⅳ. ①C53

中国版本图书馆CIP数据核字（2011）第 242693 号

营 销 中 心 电 话	010-58802181 58808006
北师大出版社高等教育分社网	http://gaojiao.bnup.com.cn
电 子 信 箱	beishida168@126.com

出版发行：北京师范大学出版社 www.bnup.com.cn
北京新街口外大街 19 号
邮政编码：100875

印　　刷：北京中印联印务有限公司
经　　销：全国新华书店
开　　本：170 mm×230 mm
印　　张：19.25
字　　数：322 千字
版　　次：2011 年 12 月第 1 版
印　　次：2011 年 12 月第 1 次印刷
定　　价：50.00 元

策划编辑：郭　瑜　　　责任编辑：郭　瑜　陈佳宵
美术编辑：毛　佳　　　装帧设计：毛　佳
责任校对：李　菡　　　责任印制：李　啸

版权所有　侵权必究

反盗版、侵权举报电话：010—58800697
北京读者服务部电话：010—58808104
外埠邮购电话：010—58808083
本书如有印装质量问题，请与印制管理部联系调换。
印制管理部电话：010—58800825

前　言

　　学术前沿论坛由北京市社会科学界联合会和北京师范大学联合主办。自2001年创办以来，论坛以"立足学术前沿，把握时代脉搏，聚焦民生国是，探讨发展思路"为宗旨，以北京雄厚的文化底蕴和优质的学术资源为依托，先后围绕"小康社会""和谐社会""科学发展"三大主题举办主论坛10场和分论坛202场，编辑出版《学术前沿论丛》10套，已经成为首都哲学社会科学繁荣发展的重要学术品牌，成为首都哲学社会科学界集中展示最新研究成果、推动学术创新、服务首都经济社会发展的年度盛会。

　　十年来，学术前沿论坛品质日趋鲜明：一是立足学术前沿，积极追踪理论热点难点，在回应社会需求的过程中开展前瞻性学术研讨。二是整合各界资源，以北京师范大学的学术积淀为基础，充分发挥社科联联系首都哲学社会科学广大专家学者的优势，实现了跨学科、跨部门、跨领域的学术交流。三是理论联系实际，把学术前沿问题与民生国是问题相联系，强调理论与实践对接，努力服务首都科学发展，服务中国社会进步。

　　十年来，学术前沿论坛一年一个主题，一步一个脚印，真实记录了首都社科理论界对于重大理论问题的前瞻性思考和学理上的推进。为了更好地回顾论坛的发展历程，值此学术前沿论坛成功举办十周年之际，我们特地将历届主论坛上特邀嘉宾的精彩演讲编辑成册，以资纪念。

　　本书的出版得到了北京市社会科学理论著作出版基金的资助，特此致谢！

《学术前沿论坛十周年纪念文集》编委会

2011年3月

目　录

附录：分论坛演讲目录

学·术·前·沿·论·坛·十·周·年·纪·念·文·集

2001·学术前沿论坛

学术发展与创新

世纪之交我国马克思主义哲学的现状与前景

黄枬森

马克思主义哲学——辩证唯物主义和历史唯物主义从五四运动开始传入中国以来，已经 80 多年了。它在这 80 多年中可以分为三个时期：1919 年到 1949 年是传播、应用和发展时期；1949 年到 1978 年是普及、应用、中国化和曲折发展时期；1978 年以后是普及、应用、研究和发展时期，广泛一点说，也就是世纪之交的时期，这个时期至今还未结束。怎样估计这 20 多年我国马克思主义的状况呢？哲学界在这个问题上的分歧颇大。

有一种看法认为，中国当前的马克思主义哲学可以分为三部分，一是辩证唯物主义和历史唯物主义，也称讲坛哲学或教科书哲学，或曰政治层面的哲学或官方哲学，也叫传统的马克思主义哲学。这种哲学是党的文件规定的马克思主义哲学和教育部规定的大学必修课程，大学教师讲授它但并不相信它，大学生学习它是为了取得文凭。二是论坛哲学，即在报纸、杂志、学术会议中存在的马克思主义哲学，这种哲学花样繁多，观点各异，其中占优势的是实践唯物主义。三是实践中的哲学，这种哲学既然还没有形成自觉的理论体系，它可能是实用主义或实践哲学，也可能是辩证唯物主义或其他哲学。

在我看来，这种看法基本上不符合我国马克思主义哲学的现状。这种看法过分低估了辩证唯物主义与历史唯物主义在我国哲学界、理论界和实际生活中的地位。我本人在大学中学习的专业是西方哲学，后来从事马克思主义哲学的教学与研究，这固然与新中国成立有关，但我信奉与坚持辩证唯物主义主要还是由于我认为它是科学，或者进一步说，它总是比各式各样西方哲学更科学。我不相信广大的马克思主义哲学的教师们在讲坛上是在违心地宣讲辩证唯物主义。辩证唯物主义的体系有缺陷，内容有落后于时代的地方，辩证唯物主义的教学工作有问题、有缺点，再加上一些社会原因，学生们的学习热情有所降低，教学效果不能令人满意，但我不相信广大的大学生根本不相信辩证唯物主义。我这里说了两个"不相信"是因为我没有作过调查而只是根据我了解的情况作的推测，我坚信辩证唯物主义的基本观点是科学的，而科学的观点总是可以随着时代的发展而发展的，总是可以得到多数人的认可的，不相信甚至反对科学的人毕竟是少数。

那么，应该怎样估计我国马克思主义哲学的现状呢？我认为现代社会承认哲学是一门学科，也是一个专业，有一批以哲学工作为职业的专业工作者，他们叫做哲学工作者或哲学家。但是，没有任何一门学科像哲学那样意见分歧，学派林立，甚至一个哲学家就有一个哲学体系。没有任何一门学科像哲学那样得不到多数专业工作者的认同。但是哲学中也有一个例外，那就是辩证唯物主义与历史唯物主义，它在社会主义国家内是得到多数人认同的，尽管在非社会主义国家内它仍然是一个小小的学派。苏联与东欧的社会主义失败后，在这些国家的马克思主义哲学的地位一落千丈，但在中国及其他社会主义国家，马克思主义哲学仍然是整个国家生活的指导哲学。改革开放以来，由于真正贯彻了"双百"方针，哲学界开展了大量哲学问题的讨论，可以说没有一个辩证唯物主义的原理没有受到质疑与挑战，这是一种正常状况，对马克思主义哲学的建设与发展不但无害，而且有利。从表面上看，它的社会地位似乎降低了，但它的学术地位不但没有降低，反而提高了。特别是邓小平与党中央真正运用辩证唯物主义的原理（解放思想、实事求是的思想路线就是它的充分表现）于建设有中国特色社会主义并取得了显著的成就，进一步提高了它的地位。尽管它面临着严峻的挑战，肩负着回答世界形势和中国发展所提出的问题，总结科学与哲学的最新成就从而修正、充实、完善、发展自己，创建马克思主义哲学的当代科学形态的任务，但它作为整个国家生活的指导哲学的地位并未动摇，它在课堂上、论坛上和实际生活中仍然居于主导的地位。离开它另辟蹊径的毕竟是少数，因此，那种认为辩证唯物主义的地位和作用降低了的观点是站不住脚的。

我国马克思主义哲学的现状可以做如下概括。

第一，马克思主义哲学的基本观点得到了正确的运用，对马克思主义思想路线（解放思想、实事求是）的恢复和发展，对中国共产党的基本路线（一个中心，两个基本点）的制定，发挥了指导作用，成为当代中国马克思主义——邓小平理论的哲学基础，也是江泽民同志"三个代表"重要思想的哲学基础。

第二，由于改革开放，由于"双百"方针的真正贯彻，马克思主义哲学被看做研究对象，哲学界围绕历史唯物主义和辩证唯物主义的体系和内容，开展了一系列研究和探讨，呈现出百家争鸣的局面，它的体系和内容有了明显的改进。

第三，由于改革开放和"双百"方针的真正贯彻，理论界呈现出多元化的趋势，各式各样的西方思潮大量涌入，中国传统文化得到了重新评价，出现了多次西方文化热和传统文化热，但马克思主义理论仍然是我国文化的主旋律，马克思主义哲学仍然是我国现实生活的主导哲学思想。

第四，马克思主义哲学的宣传工作和教学工作遇到了较大困难，受到一些读者和学生的冷遇，但从另一角度看，由于马克思主义哲学的科学性加强了，哲学的学习者接受它更多出于思想上的认可，而不像改革开放以前带有政治压力的因素。

第五，它的体系不够完整，不够严密，它的内容有的落后于时代，有的流于简单化，亟须加以深入细致地研究和评价。

那么，我国马克思主义哲学的前景和出路会是怎样的呢？我认为其前景有三种可能。

第一，目前这种状况基本不变，一方面，辩证唯物主义在不断修正和完善自己的过程中保持着它在整个国家生活和思想界中的指导地位；另一方面，各种哲学观点争鸣齐放，花样翻新、层出不穷。

第二，辩证唯物主义在同各种哲学观点的比较、争论和论证自己的过程中日益完善着自己，终于出现得到多数哲学家认同的能够基本体现人类社会发展现阶段水平的比较完整严密的崭新的科学体系。

第三，出现苏东出现过的情况，不但是辩证唯物主义，而且是整个马克思主义哲学的地位一落千丈，沦为众多哲学学派中的一个小小学派，众多的哲学家们或者热衷于传播和研究西方哲学，或者是热衷于恢复和发扬传统哲学，或者热衷于独创自己的哲学体系。

在我看来，马克思主义哲学在21世纪的命运将会是这样：辩证唯物主义占主导地位的哲学多元化的局面在相当长的时间内将保持下去，但随着时间的推移，它的体系将在比较与争论中日益完善，它的真诚的信奉者将日益增加，最终出现一个比较完整严密而又得到绝大多数哲学专业工作者认同的崭新的科学的思想体系，即上面所说的第二种可能。这就是马克思主义哲学的体系创新，是马克思主义哲学的最好的出路。我做出这种推测，主要有以下几点根据。

第一，辩证唯物主义的科学性在众多哲学中是最强的，它有资格被称为一门科学，或者说，它的基本观点都是经过人类的实践史和科学发展史以及人们的日常生活千百次的验证的，是打不倒推不翻的，谁否定它们，谁就会使自己陷入自相矛盾或自我否定的尴尬境地。现在否定物质世界的不以人的意志为转移的客观实在性的大有人在，但是，他们的言论与行动都必须以承认其对象的客观实在性为前提，承认其对象不以自己的意志为转移，否则他们的生活只能是白日做梦了。20世纪80年代曾提出过一股否定反映论的思潮，其实否定了反映论，也就否定了反映论的言论，因为既然认识不是反映，他人不能反映你的观点，你也不能反映他人的观点，你的否定反映论的发言和文章岂不是在自我封闭的主观世界里打转吗？有人说，这种唯物主义的科学性就在于在坚持这种观点的基础上前进，而不是以错误的观点来取代它。辩证唯物主义的其他基本观点也是打不倒推不翻的。

第二，辩证唯物主义是科学社会主义的哲学基础，中国社会主义建设的实践只会使它不断完善和发展，而绝不会削弱它，更不会推翻它。我国的社会主义建设是有中国特色的社会主义经济建设、政治建设和文化建设，这些建设都是在辩证唯物主义指导下进行的，"解放思想、实事求是"的思想路线就是辩证唯物主义的充分体现。社会主义建设的实践经验又以丰富的深刻的内容完善和发展辩证唯物主义。辩证唯物主义与社会主义是不可分的，一荣俱荣，一损俱损。中国特色的社会主义建设50年来，特别是最近20年来取得了巨大进展。我国社会生产力和整个综合国力大大提高了，广大人民群众的生活水平也大大提高了，这是有目共睹的。社会主义市场经济正在不断地形成、完善和成熟，人民代表大会制度与中国共产党领导的多党合作和政治协商制度已基本形成并在不断完善和发挥作用，各个领域的文化建设都呈现出兴旺发达之势。当然，在经济、政治和文化领域中都存在着许多问题，有的问题还很严峻，只要我们在邓小平理论的指引下同心同德，努力奋斗，中国特色社会主义是可以建成的，我国的现代化是可以实现的。在这过程中，辩证唯物主义将发挥其巨大的积极的作用，也是不可战胜的。

第三，辩证唯物主义具有极强的吸纳一切合理因素来发展自己的生命力。它传到中国后，就吸收了很多中国传统哲学的合理因素和中国革命实践中的哲学因素，开始了它的中国化的过程。毛泽东、邓小平的哲学思想，江泽民和其他领导人的哲学思想，专业哲学家的哲学思想都具有浓烈的中国特色。目前许多学者都从事挖掘中国传统哲学中的合理因素，提炼社会主义建设中的哲学因素的工作，这只会使它进一步中国化和丰富发展。

辩证唯物主义本是从西方传统哲学中脱颖而出的一个哲学体系，是在吸收西方传统哲学的合理因素的基础上创新，在其后的发展中当然还要继续吸收西方传统哲学中的合理因素。它对同时代的西方哲学当然也应采取批判与吸收的态度。苏联与中国的马克思主义哲学家曾经一度对西方哲学采取单纯排斥的态度，这当然是不对的，改革开放以来人们已逐渐抛弃了这种错误的态度。马克思主义哲学今天要发展，还离不开吸收当代西方哲学的合理因素。一般认为当代西方有两大哲学思潮，即人本主义思潮和科学主义思潮，科学主义拒斥形而上学（本体论或宇宙观），人本主义不拒斥社会本体论，但否定自然本体论，因此，这两大思潮都反对唯物主义，这是不可取的，但不能因此否定它们在研究人和人类社会、认识、科学、技术、语言、逻辑、非理性等领域中的积极成果和合理因素，马克思主义哲学不能对它们的成就视而不见。应该特别指出，20 世纪自然科学包括上半世纪的相对论、量子力学，下半世纪的系统论、信息论、控制论、自组织理论、分子生物学、生态学、宇宙学等都包含了丰富的哲学思想，它们形成了一股哲学思潮，其气势较人本主义与科学主义并不逊色。这股哲学思潮的具体内容同辩证唯物主义甚为接近，能向辩证唯物主义提供许多新的论证和新的内容。

第四，20 多年来关于辩证唯物主义和历史唯物主义的争论包括质疑、挑战、攻击和辩解、论证、发挥并没有损伤它，而是使它更加完善、更加严密、更加丰富。20 多年来关于马哲史和原理的争论大规模的有十多次，小规模的不计其数。规模较大的有关真理标准问题的讨论、关于人道主义与异化问题的讨论、关于主体性与主体性原则的讨论、关于哲学体系的讨论、关于实践唯物主义的讨论、关于哲学体系的讨论、关于应用哲学的讨论、关于人学的讨论、关于文化的讨论、关于人权的讨论、关于东方社会发展理论的讨论、关于邓小平哲学思想的讨论等，此外，在伦理学、美学、自然辩证法等领域也有多次讨论。这些讨论和争论的结果并没有推翻马克思主义哲学，也没有伤害它的筋骨，而只是或者纠正了它的体系中的某些偏颇，或者加强了它的体系中的某些薄弱环节，或者充实了它的体系的具体内容，总而言之，是发展了它。它好似一块钢铁，经过烈火的焚烧和巨锤的敲打，并没有被粉碎，而是更纯粹、更坚硬了。

第五，马克思主义哲学的基本观点存在和活动于所有正常人的生活和实践之中，任何正常人在生活实践中都在自觉或自发地使用它们，完全离开它们甚至是不能存活的。人们可以短时间离开它们，但是不能长期离开它们；人们可以在某些方面违背它们，但不能在一切方面违背它们。唯心主义者可以攻击辩证法，但是不能离开辩证法，一个人要生存下去，只能自觉地用唯物主义和辩证法来指导自己的生活，只要人类存在，人类就离不开唯物主义和辩证法。

既然辩证唯物主义如此须臾不可离，为什么它还得不到普遍的认同，甚至得不到全体中国哲学家的认同呢？我认为一是意识形态作祟；一是火候不到。西方人士对社会主义、共产主义和共产党怀有根深蒂固的意识形态偏见，在一些人的眼里，辩证唯物主义是共产党的哲学，当然不可能是好东西，当然不能承认。科学史告诉我们，越抽象越普遍的问题，意见越分歧；越具体越实际的问题，越容易分清是非，达成共识。哲学是人类知识中最普遍最抽象的，在哲学问题上意见分歧，莫衷一是，并不奇怪。但是，既然哲学问题毕竟还是有是非可言的，条件具备时，人们认同的崭新的马克思主义哲学体系终将出现。我不敢预言这一天何时到来，但我相信将来总会有这一天的。

（作者工作单位：北京大学）

经济学为什么要研究价值理论

刘 伟

价值从严格意义上讲，首先是一个哲学概念，而不仅仅是一个经济学范畴。从思想史上看，价值理论的重要作用，不在于回答价值如何实现，而是要回答一种生产方式在历史上的合理性和正义性。即通过价值理论，证明一种社会生活方式是不是正义的、合理的，是不是有历史存在的根据。

从西方经济学的演变历程看，19世纪70年代之前，价值理论曾是西方主要经济学派和经济学家探讨的热点问题之一。在自由竞争时代，资本主义生产方式是否合理还没有得到历史的肯定，所以资产阶级经济学家的一个历史任务，就是对资本主义生产方式存在的合理性进行论证。他们认为资本主义生产方式是合理的，依据是等价交换所体现出来的正义、公正。什么是等价交换以及等价的根据何在要由价值理论来回答，价值理论也因此成为西方资产阶级经济学中必不可少的内容。19世纪70年代之后，资产阶级经济学家所面临的任务，不是论证资产阶级生产方式的合理性，而是论证什么样的市场方式是最有效的，应怎样配置资源，因而，西方讨论最热门的均衡价格问题替代了原来的价值理论的地位。所以，从西方经济学简单的发展历史来看，价值理论在西方经济学中存在的必要性，在于论证资产阶级生产方式的公平性和合理性。

马克思主义经济学包括劳动价值论和剩余价值论，二者有内在的深刻联系。劳动价值论要论证的问题是，一切非劳动性的剥削价值都是没有基础的，一切存在于商品、货币、交换中的人类劳动的社会联系，要间接的通过市场来表现都是不合理的。剩余价值论证明资本主义的生产方式（商品生产）因为有剩余价值，有剥削，所以更不合理，更应当彻底否定。所以马克思的价值论，主要是回答了两个问题，劳动价值论回答的是一切存在市场的社会，都是不公正的，剩余价值论回答的是只要是资本主义条件的市场就更是不公正的。所以，马克思的价值论主要在于证明一种生产方式的正义性、合理性，而不在于其他更多的问题。

现在，关于价值理论问题的讨论，如劳动、价值、阶级、剥削这些经济学或其他社会科学关注的概念今天热起来。最根本原因就是中国改革开放20年来的深刻变化，特别是所有制的变化，产生了一系列新的社会现象。我们要就基本理论进行系统的回答："十二大"解决了市场经济为主、计划经济为辅问题；"十四大"解决了社会主义市场经济和改革目标问题；"十五大"解决了长期经济发展是一项基本经济制度问题；"十六大"要解决的问题，将不是一个单项的某一个提法，而是要对20多年来的整个改革开放在历史上是不是正义的、合理的进行系统的基本理论的阐述。这种阐述光靠经济学不够，要系统地回答，所以，价值理论现在就有了其特殊意义。

我们现在应怎样对待马克思主义的劳动价值论？一方面，我们承认马克思主义劳动价值论本身确实是科学的、正确的、逻辑严密的，它深刻揭示了马克思所在时代的问题，圆满地回答了他所能看到和想象到的一切有阶级的历史不合理性。另一方面，我们不能苛求用马克思原封不动的教条主义、机械式的关于劳动价值理论的观点，直接对改革开放以来出现的种种变化的历史合理性进行论证。因为马克思的价值理论从根本上否定市场，而我们的目标是要建立社会主义的市场经济体制。我们要为社会主义市场经济体制打造历史合理性，就不能简单地照搬、机械地沿用马克思的价值论，我们要用辩证唯物主义的分析方法，在马克思价值理论的基础上，提出在现实发展中历史的解释、科学的阐述。

这就需要我们发展与社会主义市场经济体制相适应的新价值论，这种价值论运用马克思主义的基本观点，而不是机械地教条地使用马克思价值论。如果机械地教条主义地将马克思价值论搬到现在，是回答不了社会主义市场经济为什么是公平的，社会主义的经济体制改革为什么是正义的。我认为，从邓小平同志的"三个有利于"，到江泽民同志的"三个代表"重要思想，这是历史唯物主义在我国的联系和延伸，无论我们的制度发生了怎样的变化，无论这种变化怎样出乎经典作家的预料，只要真的解放了中国的生产力，只要推进了中国的发展，只要空前地推进了中国现代化的进程，它就是正义的。

目前对于什么是社会主义,改革是不是社会主义前进的方向虽然还有分歧和争论,但有一点很明确,就是只有社会主义才能救中国。我认为,解决中华民族最紧迫的发展问题的实践就是中国特色社会主义。我们应当坚持发展是硬道理的观点,审视中国改革开放 20 年来的发展变化,在此基础上,讨论社会主义市场经济所需要的价值论。通过这种价值论对历史的变迁加以论证,这才是历史的需要,也是富有说服力的。

（作者工作单位：北京大学）

社会主义与资本主义发展进程中的一些重大问题

赵　曜

资本主义和社会主义在 20 世纪出现了不同的发展动向。历经两次经济危机和世界大战之后，表面上岌岌可危的资本主义反而在后半期蓬勃发展起来，而形势大好的社会主义却走上了下坡路。这一切都有着深刻的历史原因。

一、资本主义在 20 世纪为什么转危为安

资本主义在 20 世纪的前半期发生了几件大事，首先是两次经济危机，先是在金融界，然后波及全世界，致使全世界的工业生产总值下降了 44%。在 30 年左右的时间里，又发生了两次世界规模的大战，这是过去未曾有的，而且一次比一次规模大、损失大。此后，西方各阶层人士，都在议论资本主义倒台的可能性，预感其不久可能就要寿终正寝。但是社会的发展，不是直线性的，出乎预料的是，战后资本主义经历了五六十年的发展高峰，发展的速度平均达 60% 左右，以后这种势头不但保住了，且还持续发展。迄今为止，资本主义不但没有死亡迹象，而且活力很大。究其原因，我认为主要得益于五个方面。

第一，实行国家对经济的宏观调控。过去资本主义经济是自由经济，即亚当·斯密所讲的只有市场调节这只"看不见的手"。进入资本主义垄断阶段之后，开始有了国家的干预，但是也很少。1929 年和 1933 年经济危机之后，大家都在找克服危机的出路，当时找到的出路有二，一是德、意、日对外扩张之路；一是美国的"新政"道路。罗斯福竞选总统时就提出要采用"新政"的办法。新政，我认为最根本的就是实行国家对经济的宏观调控。所以当时美国认为罗斯福在搞社会主义。从此以后，美国经济就开始了两只手的调控，

一只看得见；一只看不见。其他国家也开始效仿美国。所以，美国"新政"，不但拯救了美国，而且拯救了整个资本主义。美国的一位经济学家曾写过一本书，总结了各国经验，论证了国家宏观调控理论如何成为战后资本主义国家的主导经济力量。尽管20世纪80年代以后，撒切尔、里根上台以后，在哲学上打出了保守的旗帜，但是并没有取缔社会主义。

第二，实行国家福利政策和制度。早期资本主义制度，被称为野蛮资本主义制度，随着工人的反抗，这种野蛮性也逐渐加强，并一直持续到第二次世界大战结束。这种赤裸裸的剥削制度，只能使社会更加不安定。随着工人反抗程度的加强，以及从社会主义关于广大群众生活福利的宣传中获得启发，西方国家开始实行了社会福利政策和制度。大体上从战后到20世纪50年代中期，这一政策初步形成；50年代中期到70年代有所倒退；70年代后期趋于完善。社会福利制度的实质就是从资本家榨取的财富中拿出一部分，从政府的税收中拿出一部分，从资本家所交的社会保障金中拿出一部分，用于全社会，特别是用于改善底层社会人民的生活状况。目的是缓解劳资矛盾，创造安定的社会环境。现在看来，这项政策也是很有效的，战后资本主义国家，劳资矛盾趋于缓和，并没有出现严峻形势。

第三，实行新科技革命。20世纪有两个大的潮流，一个是社会革命潮流，一个是科技革命潮流。战后西方发达国家利用科技优势，率先掀起了一个以电子技术、信息技术为主导的全方位的新科技革命的浪潮。科学技术在生产方面所起的作用，越来越大、越来越直接。其作用所占比重从20世纪初的5％到20％，达到了60年代的50％，进入80年代达到了60％到80％。科学技术本身并没有任何的阶级性，谁掌握了它就为谁服务，谁掌握得多谁得的利益就多。这场新科技革命，对西方资本主义的发展是很有利的。美国的新经济无非就是高科技的含量高。

第四，西方资本主义国家之间，不再用战争手段解决它们之间的矛盾。自从人类社会有资本主义制度之后，资本主义国家之间就相互打仗，如英国和西班牙的战争，普鲁士和法国的战争，日本和俄国的战争，发生了多次。再如资本主义国家和殖民地、半殖民地国家之间的战争，最后演变为两次世界大战。战后出现了新情况，局部战争一直没有停，有两百多次，但都发生在发展中国家，有的发生在国内，这一派跟那一派打。其次是发达国家和发展中国家打，比如说英国和阿根廷的战争。此外，社会主义国家之间也发生了武装冲突，比如朝鲜和越南的战争。唯独在西方发达国家之间没有再出现战争，究其原因，笔者认为，一方面是现在它们之间的矛盾不像过去掠夺殖民地和重新分割殖民地时深；另一方面，它们也总结了过去的经验和教训，如果再打，元气大伤，最终可能同归于尽。所以，迄今为止，西方资本主义发达国家之间没有再动手。资本主义是现代战争的根源，这个问题也要辩证地理解。我认为，这是战后资本主义发展的很重要的原因。

总而言之，战后资本主义的发展，一方面是生产力还有很大的发展潜力，使之能够死里逃生、转危为安；另一方面是资产阶级经过几百年的统治，积累起了更多的统治经验，它能够借鉴其他国家，包括社会主义国家一些好的东西，为己所用。

二、社会主义在 20 世纪为什么发展曲折

社会主义 20 世纪前半期形势大好，尤其是 50 年代比西方好得多。遗憾的是，这种大好形势没有保留住，60 年代以后，社会主义开始走下坡路，从高潮转入低潮。

究其原因，笔者认为有以下四个方面。

第一，社会主义国家在探索中，出现了重大失误。就苏联和中国而言，中国出现"文化大革命"，苏联一是农村问题始终没有处理好，二是对外关系上，和美国为了争夺世界霸权，搞了 40 年的军备竞争，消耗很大。

第二，没有及时跟上新科技的发展。这方面，资本主义走在前面，社会主义国家一般要落后 10 年到 15 年。并且，经济、教育等政策方面受到的干扰比较强，体制僵化、观念落后。

第三，没有及时跟上改革的大潮。因为 1929 年和 1933 年的经济危机，西方在 20 世纪 30 年代，就顺利进行了改革调整。社会主义在这方面的改革，起步晚，进展慢，从 50 年代初一直延续到 80 年代。另外，改革的阻力也很大。因为出现危机，又出现两种不同方向的改革。

第四，国际共产主义运动的整体破裂。从 20 世纪 50 年代中期到 60 年代中期，中苏两国的共产党进行了一场大论战，争论当中，上纲太高，造成了诸多负面影响。我认为，20 世纪后半期社会主义之所以走下坡路，不是因为社会主义制度不好，而是社会主义制度太年轻，发展得太快、太猛、太急，思想、组织等各方面的准备不够，社会主义国家也因此出现很多失误。

（作者工作单位：中共中央党校）

中国加入世界贸易组织与人口学的理论创新

邬沧萍

中国已成为世界贸易组织正式成员。现在各行各业、各门学科都在研究加入世界贸易组织后，我国面临的机遇和挑战。加入世界贸易组织对经济学科的影响是直接的，特别是对外贸、法律、金融等，但对其他人文、社会科学也是有影响的。加入世界贸易组织似乎与人口风马牛不相及，这种认识是传统的，也是落后的。加入世界贸易组织对我国影响是全方位的，包括对我国政治、经济、社会、法律、科学、技术各方面的影响；不但对自然科学、技术科学提出挑战，对各门社会科学在理论上也提出很多新的挑战，对人口学亦然。不过加入世界贸易组织，对人口是一次难得的机遇，但挑战也是严峻的，不过挑战是间接的、深远的，虽不是立竿见影，但就其广度和深度而言都是很突出的，包括对人口数量、素质和结构的影响，不单影响总人口，也会影响到各类人口，特别是劳动年龄人口和各个弱势人口，首先是农民和老年人。因此很多问题都有待回答，需要有思想创新和理论创新。

一、更新"封闭人口"的观念

长期以来，人口学的研究都把人口作为一个"封闭人口"来研究，即按一个没有迁出、迁入的人口来开展研究。人口现象本来就十分复杂，联系人口迁出、迁入，对人口的认识会更清晰，更容易认识事物的本来面目。对中国人口问题的研究来说更是如此。由于中国占世界人口 1/5 以上，又自成一个系统，人口众多是中国最突出的国情，再加上中国经济上底子薄，自然资源相对不足，人均耕地、淡水、森林、草原在世界上都相对不足，这就构成中国最基本的国情，这是我国制定社会主义初级阶段基本路线各项方针政策的出发点。作为一个"封闭人口"，我国就有全世界最复杂、最多样性的研究问题，包括所有人口的吃饭、就业、素质教育、流迁问题。

我国在研究中国人口问题时，自觉或不自觉地把中国当做一个自我封闭的循环系统来探讨我国人口的自身运动规律以及人口与资源、环境与社会发展和可持续发展之间的相互关系。

我国把人口作为"封闭人口"，在人口学上无可厚非，因为我国作为一个整体，国外迁出、迁入人数占人口的百分比可以看成略而不计的常数；但我国讲到人口与生产相协调，人口与资源、环境相适应时，人口也是按封闭的系统来研究的，即也把资源、环境按固定常数来考虑。这时"封闭人口"实际上已把人流封闭延伸到物流和资金财政和技术的封闭。按"封闭"人口来分析就有意无意地变成按"封闭"社会来分析。我国过去长期以来，对外贸易占国内生产总值比重很低，我国长期积贫积弱，又饱受凌辱，经济文化落后，在国际市场上竞争能力又很差，所以一贯强调独立自主、自力更生，经济上立足于本国资源，强调建立独立完整的国民经济体系。再加上第二次世界大战后意识形态的差别又强化了我国立足于本国资源的思想。所以我国闭关锁国的思想有深刻的历史根源、思想根源。

因此，把"封闭人口"作为人口学的一种分析方法研究中国人口本来无可厚非，但依"封闭人口"的观念把物流、财富流也看成是封闭的，就使人口学研究远离对外经贸活动，使得人口学研究也带有"封闭"性质，这就不能反映出人口作为生产者和消费者的真实情况。因为在任何一个对外开放的社会，作为消费者不但消费国内资源生产的产品，也消费进口的产品，只作为生产者生产的产品，除了国内消费外，也有一部分要出口；作为一个劳动者，也不能局限于国内资源提供的岗位，也有很多在外企或合资企业就业甚至走出去在国外就业。人口学本身就有专门研究人口国际迁移问题的内容。按"封闭"的思维研究我国加入世界贸易组织前特别是改革开放前的人口是符合实际的，但我国进出口已达到 4 000 亿美元的"量级"，特别是加入世界贸易组织后，再用这种"封闭"人口定式来研究人口，就不符合今后的实际。因此，人口学必须研究人口与对外经济和贸易关系，这是人口学研究在思维上的一个变化，一个质的变化。

二、加入世界贸易组织是人口学研究与对外经贸相互关系的一个契机

加入世界贸易组织影响到各行各业、各门学科，人口学者和人口、计划

生育工作者中已有不少人考虑和研究我国加入世界贸易组织这个事件，对我国生育观念、生育变化、家庭关系、人际关系，对人口素质、就业、农村人口、老龄化，对老年群体、人口城市化、我国人口国际迁移和人才外流、计划生育工作方式方法以及人口、计划生育立法、生殖健康服务的国际竞争等的影响，但是迄今还未有人从总体上考虑我国加入世界贸易组织后，把人口与对外经贸关系作为一个分支学科，研究对外贸易在我国人口、资源、环境和可持续发展中的地位和作用。

从人口学文献检索中，国内外有关人口与对外经贸关系的研究是罕见的，在我国，就是近二三十年人口学曾红极一时时也未有人研究这一问题。现在能找到作为人口学家专门研究人口与对外贸易关系的只有法国著名人口学家索维在 20 世纪 60 年代写的《人口通论》这一名著，有专章从适度人口论的角度论述人口与对外贸易的关系，1980 年商务印书馆出版译本，但未曾受到重视。在我国迄今仍未见有人口学者从事这方面的探索。因为几十年来我们的人口研究基本上是研究控制人口、计划生育，几乎变成计划生育学，重点过重。

其实，对外经贸活动表面上是商品、劳务和资金的国际交换，但实质上是国与国之间的各种资源的交换，其中都涉及人口，即人口作为生产者的群体（劳动年龄人口），是具有一定的劳动技能的人，并通过一定形式的资金与各种资源和管理（组织）相结合，所得的成果供国内或国外消费或享用。人口作为消费者涉及所有人口群体，他们消费的既有本国的产品和劳务，也有进口的产品和劳务，但不同群体的消费水平、消费内容、消费结构是不同的。加入进口产品后，就会增加消费的选择和由于国内外产品竞争价格有所下降而增加消费量。情况是很复杂的，过去未有人重视。

长期以来，人口学大多只把国内资源生产的产品用于国内需要，视为一个人口是否适度的标准，很少考虑甚至几乎不考虑产品出口到外国换回商品，用于国内需要，也是人口与资源相适应，可能是更佳的适应；过去只考虑人口与国内自然资源是否适应而没有考虑可以利用国外的自然资源和国外市场，其实后者也影响到人口与资源的相适应问题。例如我国耕地、水资源都短缺是制约粮食生产满足人口需要的瓶颈。长期以来，人口学者很少研究进口粮食可以满足人口需要，可以节约耕地和淡水资源，把这些耕地和淡水用于更有效的生产和种植园艺作物和珍贵蔬菜，出口换回更多的粮食和商品，其实通过对外经贸活动可以养活更多人口，或者说同样的人口可以享有更多的福利。因此从理论上说人尽其才，地尽其利，使人口与资源能优化组合，通过国外与国内两个市场、两种资源得到实现，这样，对我国人口来说是利大于弊的。闭关锁国绝不利于发展。当然，利用两种资源和两个市场得到好处并不是无条件的，即必须在政治上独立自主，有一定的综合国力，有较完善的法制环境，有相当高素质的人口，有一定国际市场竞争能力，等等。

人类历史发展到现阶段，进入知识经济和信息时代，经济全球化已成为势不可挡的时代潮流。党中央审时度势，根据我国二十多年改革开放取得的经济的发展和社会的全面进步，根据我国人口数量基本上得到控制和人口素质的提高，特别是考虑到我国目前最大的困难是过剩人口过多的形势，决定加入世界贸易组织，参与经济全球化的大格局。这一果敢的决定，是我国一项重大战略决策，并影响到所有人口，一方面是劳动年龄人口的就业问题，如果扩大出口就有更多的机会；另一方面，如果我们的产品在竞争中处于劣势，就业就会受到威胁，对外经贸也必然影响所有人口的收入和消费，特别是弱势人口如农民、老年人口收入受影响是很大的，必须加强研究。我国加入世界贸易组织在总体来说，利大于弊。因此人口学要研究人口与对外经贸关系，特别是在研究扩大开放在解决我国过剩人口和适度人口问题时需要有创新的思维和创新的理论。

三、加入世界贸易组织是我国将人口多的压力变为动力的一次难得机遇

加入世界贸易组织对我国目前而言，最大最直接的好处是有助于解决我国失业问题，它是我国相当长时期内的一个瓶颈。据第五次人口普查，2000年11月1日我国13岁到64岁劳动年龄人口88 793万，现在估计已有9亿以上，9亿劳动力超过所有发达国家劳动力的总和。但我国国内现在所能提供就业机会的自然资源、资金、技术和管理，对9亿多劳动年龄人口来说又太少了。一方面，加入世界贸易组织可以扩大出口，这就能提供更多的就业机会，但是加入世界贸易组织后也会因为更多的外国商品进口冲击我国一些行业，致使一部分人下岗失业。据一些专家估计，加入世界贸易组织5年后，我国食品加工、纺织、服装、建筑、轻工业、一些家电产业和服务业的就业面很可能是扩大的，可能达到1000万，因为这些行业都是劳动力密集型行业，我国有劳动力成本低的比较优势，而且在国际市场上一直有比较优势；另一方面，农业、汽车、机械仪表甚至医药等行业会受到冲击。就业机会减少主要是由于我国一些产业科技含量低，一直在国际市场上缺乏竞争力，出现更多

临时性的劳动力需求下降也是很可能的。一般预计，两方面相比较，就业总量有可能扩大。

但是，可能性能否变为现实性则取决于我们的人口就业是否能实现最佳的结构转变和能否实现我国人口素质的全面提高，特别是劳动者素质的提高。我国劳动力充裕，又有二十多年改革开放所取得的成就和建设社会主义市场经济的正反两方面经验，还有一些企业和产品已在国际竞争中显示出一定优势，如海尔集团、春兰集团、天津药业集团等。以我国人口众多、资源相对匮乏而言，变人口和资源压力为发展的动力，仅仅依靠我国现有的人才、国内有限的资源和当前的国力，困难是很大的。我国人口占世界人口21％，国内生产总值只及世界国内生产总值的3.5％，耕地在世界上只占7％，矿产资源只占12％，即使依靠科学技术也不容易在短期内达到中等发达国家的平均水平。深化改革、扩大开放是我国最优的选择，加入世界贸易组织给我国提供了一个发展机遇，我们可以通过扩大出口、引进外资和技术，扩大就业，发挥劳动年龄人口多的优势，在加入世界贸易组织初期利用我国劳动力多的比较优势，经过努力逐步转化为竞争的优势。我国在许多产品上成为"世界工厂"的机遇是存在的。20世纪70年代日本成为世界工厂时的全部劳动力，还不到我国今天过剩劳动力的一半，我国今天的技术装备和各方面的条件都优于当时的日本，但我国劳动者素质还有待提高，政府机制、市场机制也要实现良性运作。因此加入世界贸易组织以后，把我国人口压力变为动力的关键之一就在于能否做到"控制人口数量，提高人口素质"。

四、加入世界贸易组织对我国适度人口规模的思考和再思考

我国过去20年推行的是一项严格控制人口增长的政策，实行这项政策的主要根据之一是我国人口过多和资源相对不足。对于这一论据，国内外有各种各样的议论，认为其站不住脚，并常常举日本、新加坡为例，二者人口密度比中国高得多，自然资源比中国更贫乏，它们就通过对外贸易扩大人口容量，而中国把人口容量局限在国内土地和各种自然资源容量上，所以适度人口或最佳人口容量很低。（有的认为中国最佳人口是2亿，20世纪70年代的学者认为最好是6亿到7亿等）。的确，像日本、新加坡的适度人口是通过对外经贸活动来扩大的。因为任何闭关锁国的人口规模都要受到资源"短线"的限制，无法与对外交往的资源优势形成互补。

加入世界贸易组织是一把"双刃剑"，暂且不谈不利方面，扩大对外经贸交往的确有助于提高满足人口需要的能力，在不增加人口规模的情况下相当

于提高原有人口的福利。我国加入世界贸易组织后，有助于提高全体人口的生活质量。最明显的是近几年进口商品可以增加消费的选择，国内外商品的无差别进入市场参与竞争既可促使物价下降或者增加消费量，又可扩大出口、增加就业，引进外资也能扩大就业，从而增加人们的收入。这些机遇和好处是存在的，由此也可以改变严格控制人口增长的政策。但在我国却不能说利用好两种资源和两个市场，中国就不会存在人口过剩的严重问题；我国不同于日本，绝不能依靠对外贸易来解决基本需要和各种需要。我国人口是日本的十倍，根本不可能依靠国外资源来满足基本需要。以粮食为例，我国十分之一人口的粮食需要就是四五千万吨，在国际市场就找不到现成的货源，必须是全世界生产粮食资源的重新组合。而且真正能稳定保证这样大的货源，可能只有经过调整后的美国农业，因为美国人均耕地是我国人均耕地的9倍，但从经济安全着眼，十几亿中国人的粮食不可能放在国外市场。因此，加入世界贸易组织后，我国严格控制人口增长的政策和我国一贯坚持的自给更生为主、外援为辅，以及国内市场需要自力为主等既定方针不能轻率改变，因为加入世界贸易组织之后，趋利避害的根本取决于自身努力，关键是提高人口素质，不经过艰苦奋斗而想在国际上取得竞争优势也是不可能的。因此加入世界贸易组织之后，我们必须在人口理论上有很多理论创新，墨守成规的理论不能用来为实践服务了。

（作者工作单位：中国人民大学）

世界贸易组织与中国资本市场发展

曹凤岐

　　加入世界贸易组织，将对中国农业、工业以及人民生活产生重大影响，而其中最直接、最迅速的影响是对中国金融市场的影响。因为加入世界贸易组织，马上就涉及资本的流入和流出问题，而且国际金融和保险业已纷纷落户中国。根据对世界贸易组织的承诺，中国的资本市场要逐步开放，中国将允许外国的证券机构通过其在证券交易所设立的特别席位进行 B 股交易，将允许中外合资公司和基金管理公司，同时鼓励更多的中国企业到境外上市。随着条件的成熟，允许国外符合标准的企业到中国股票市场发行和上市，允许外资有控制有步骤有限额地进入中国市场。加入世界贸易组织，中国资本市场将迎来新的机遇和挑战，以证券市场为例，我的看法如下。

一、对中国资本市场的发展带来新的机遇

　　首先，中国证券市场的结构会更加完善。证券市场繁荣发展的基础，在于上市公司。上市公司的质量在很大程度上代表了国民经济发展的整体水平，而上市公司的发展前景，又反映出对经济发展的预期。加入世界贸易组织以后，中国经济的发展与世界经济发展联系更加紧密，中国企业能够更容易地取得外国的先进经验，企业的生产技术水平、经营管理水平将得到很大提高，上市公司的质量也会进一步提高。

　　其次，中国证券市场的效率会进一步提高。未来是全球性的竞争市场，社会资源在世界范围内共享，提高竞争优势，在于充分发挥资源的利用效率。近年来，中国的上市公司为了顺应世界经济发展潮流，迎接加入世界贸易组织的挑战，一直在寻求新的利润增长点，纷纷涉足通信、电子、网络等新兴

行业，逐步由传统型企业向高新技术型企业转变。加入世界贸易组织以后，国内市场与国际市场接轨，中国证券市场将能够在世界范围内调配资源。

再次，中国证券市场的发展将更加趋向规范化。金融市场的国际化，应该领先于其他市场的国际化进程，才能够为国际化的发展提供基础保障。目前我国市场上之所以出现诸多不正常现象，比如说炒作过度等，主要原因是市场机制不完善。加入世界贸易组织之后，中国证券市场将逐步开放，其监管机制及运作机制，将同国际接轨。

最后，中国证券公司将在吸收借鉴中壮大。外资证券公司和基金管理公司的进入，不仅会扩大金融市场的容量，使我们充分利用国内和国际两种资源，更重要的是给我们带来先进的管理和技术经验。中国的证券公司和基金管理公司，将在和其他证券公司进行竞争的过程中发展壮大。

二、使中国资本市场面临巨大的冲击和挑战

机遇和挑战并存，加入世界贸易组织对中国证券市场的发展是一个促进，但同时也是一个巨大挑战。证券市场对外开放，必然使外国资本市场进入中国，从而可为中国证券市场发展增添生力军，但也会导致激烈的竞争。

一是市场份额的竞争。外资市场将利用业务、资金、人才的优势，和中国的证券市场争夺市场份额。这将对中国证券市场的投资者，包括机构的投资者，如中介机构、会计师事务所、律师事务所产生冲击。中资机构如果不能积极应对外来的挑战，必然会在激烈的竞争中被市场所淘汰。

二是人才的竞争。外资金融机构必将利用高薪的办法，将中国的优秀人才吸收到它们驻中国的机构中去。在中国，很多优秀的高素质的人才，集中在 IT 产业、金融、证券等行业中，而我们目前的管理水平、内部机制尚不能完全满足这些人的需要。

三是中国金融市场的运营和管理体制，会受到严重挑战。中国现在进行了很严格的分业经营和分业管理政策，这种政策符合中国当前的状况，对防止出现危害是有作用的。但是我们也要看到，在美国，延续了六十年的分业经营和分业管理，已经出现了新的变化，英国等国家，在管理上也走上了综合化的管理方向。加入世界贸易组织以后，如果仍然执行严格的分业经营和分业管理方式，我们会受到非常大的挑战和冲击，而且可能会出现很多问题。

三、应加强中国资本市场的制度建设

为了能够从容应对挑战，需加强中国资本市场的制度建设。

第一，在上市公司中，完善法人治理结构，坚持独立管理制度，完善信息披露制度，严肃惩处虚假披露行为，提高上市公司的质量。另外，实行退市制度，坚持公平公开原则减持国有股。

第二，继续健全法制，加强监管，真正做到有法必依、执法必严、违法必究，坚决清理扰乱市场、炒作市场的行为，除行政处分、罚款之外，还应当令其承担刑事责任和民事责任。同时建立以公平、公开、诚信为原则的社会主义市场经济道德规范，约束企业、券商、市场中介机构。

第三，中国证券市场要努力适应世界贸易组织的要求和制度框架，在实现加入世界贸易组织承诺的同时，不断提高市场的成熟程度，促进与自己能力相适应的各种开放，完善市场体系，大力发展机构投资者。在规范和发展的基础上，推进创新。中国证券市场的发展，实际上也是一个金融创新的过程，金融创新不仅仅是制度创新，还包括工具、产品的创新。

第四，随着电子业务和网上业务的发展，证券业、银行业、保险业的业务交叉是不可避免的，在条件成熟的情况下，应该允许券商逐步开展保证金贷款等业务。为了防止风险，在不同的机构从事业务保险的时候，应当注意机构分开、账目分开，建立内部的防火墙制度。同时要进一步完善中国的监管体制，银行、保监会要相互协调、相互支持，对有些业务和领域，应当实行联合监管和综合管理。

四、中国资本市场未来的发展空间很大

中国证券市场近年来虽然发展很快，取得很大成绩，但是它毕竟是一个新型的市场，同发达国家的成熟市场相比还有很大差距，它对国民经济发展的贡献、潜力还没有得到充分发挥，因此，中国的证券市场还存在着很大的发展空间。

第一，目前国内的经济环境比较好，要实现 2010 年国民生产总值翻一番的要求，证券市场应该更快发展。

第二，中国证券市场资金供给的潜力相当大。目前储蓄存款每年增加 10 000亿人民币，储蓄存款总额已经达到了 80 000 亿，再加上手中的现金，可能有 110 000 亿。现在虽然降息了，但是储蓄存款还在增加，原因是没有更多合适的投资渠道。

第三，中国股票市值有很大的提升空间。中国股票市值占国内生产总值的比重虽已达到了 50%，但其他发达国家和地区都已超过了百分之百，发展中国家也达到了 60% 到 70%，因此，中国股票市场的市值，也会进一步扩大。

　　第四，我国证券市场的结构还不够合理和完善，目前在中国资本市场上，股票是最主要的投资工具，债券市场相对较小，投资基金市场规模不大，才发了四十多只封闭式的基金和三只开放式的基金，加入世界贸易组织以后，我们将全力、全方位地发展中国证券市场。

　　第五，中国金融证券市场正在走向规范化，法律和监管体系正在逐步完善。中国证券市场是一个新型市场，还不发达，刚开始肯定存在不规范的问题，但这些问题是前进中的问题。应该说中国的证券市场正在从不规范向规范中发展，要正确看待这个过程。我个人对中国证券市场的发展是充满信心的。

（作者工作单位：北京大学）

警惕"发展困境"苗头

——社会稳定的新情况

郑杭生

发展困境存在两种类型，我国属于"类发展困境"。20 世纪 80 年代与 90 年代我国资源配置的方向、社会良性因素与恶性因素的消长等因素是我国"类发展困境"的某些成因。

一、何谓发展困境

所谓"发展困境"，就是发展的实际结果与发展的预定目标正好相反的趋势。用世界眼光看，大体有两种类型。

第一种是完全相反——很想发展，就是发展不起来或很难发展起来，例如非洲的一些国家。那里贫富差距、两极分化极其厉害。白人居小别墅，印度人住楼房，黑人则生活在脏乱的贫民窟，艾滋病率超过 30%，失业率高达50%，偷盗抢劫实属家常便饭。因为环境恶劣，那里几乎没有外国投资。基本上撒哈拉以南的非洲国家，都陷入了这样的发展困境，在经济全球化的进程当中，它们肯定要吃大亏。

第二种是部分相反——发展起来了，但不少方面的发展的实际结果与发展的预定目标正好相反。这是属于总体发展顺境中的"发展困境"，也可叫"类发展困境"。我国总的说属于第二种情况。

二、我国的"类发展困境"

我国的确发展起来了，发展的速度还很快。连续多年我国的国民生产总值的增长速度保持或接近两位数。我们的发展势头，令世界上许多发展中国家羡慕不已，也让海外的炎黄子孙振奋不已。这是坚持和遵照邓小平关于"发展是硬道理"的论断的结果。这与我们改善广大人民群众生活水平的发展目标是一致的。

但是，我国也并非一切顺利，我们也出现了许多发展中的问题。在众多的发展问题中，那些"发展的实际结果与发展的预定目标正好相反"的问题，就构成了我国的第二种"发展困境"的苗头或"类发展困境"现象。

我国的"类发展困境"现象，突出地表现在生态环境的优化与恶化上，表现在产业结构的该大该小上，最突出地表现在社会差距的缩小与扩大上。本来，发展的目标是改善生态环境，是产业结构该小的小起来，该大的大起来，是缩小社会差距。但是发展的结果却呈现恰恰相反的趋势。出现了顺境中的困境这样一种独特的情况。

就我国生态环境的"类发展困境"看，我们面临的大气污染、水污染、噪声污染、农药污染、生活垃圾污染、公共场所污染、工业垃圾污染、海域污染、绿化不足、森林植被破坏、荒漠化面积扩大、风沙灾害肆虐、野生动植物减少、耕地减少和质量下降等生态环境问题，除少数大力投入的地区外，恶化的形势没有得到有效的遏制。

就我国的产业结构"类发展困境"来说，中国的产业结构该小的，如第一产业（农业）没有小起来，或没有小到该小的程度；该大的如第三产业（服务业），没有大起来，或者没有达到该大的程度。我们与发达国家这方面的差距十分巨大。它从一个侧面反映出我国产业结构调整的艰难。

就中国的社会差距"类发展困境"来说，城乡差别、东西部差别、群体间差别、部门差别，都在程度不等地扩大。这样，我们就有了强势地区和弱势地区的差别、强势群体和弱势群体的差别、强势部门和弱势部门的差别。这些差别的扩大，归结起来，都贯串着贫富差距这一中心差别的扩大。中国加入世界贸易组织之后，城乡差距会进一步扩大。受冲击最大的是弱势地区、弱势群体、弱势部门；受益最多的是强势地区、强势群体、强势部门。如何对待这一种发展困境的苗头，或者叫类发展困境，我认为正确的态度，应该是正视现实，在发展困境还是苗头的时候，想办法化解，把损失控制在最小范围之内，如果视而不见、听之任之，那么苗头就会转化为真正意义上的发展困境。顺境中的困境，就会变成困境当中的困境。南非这一些问题，也不是说跟我们一点儿关系也没有，其实如果我们不注意，也会这样发展的，当然程度可能不一样了。

三、我国"类发展困境"的背景

现在社会学界越来越达成共识，即在我国 20 多年改革、发展、稳定的过程中，20 世纪 80 年代与 90 年代是有很大区别的。正是这种区别，构成 20 多年过程的两个有明显特点的阶段，也可以说，正是这种区别导致了"类发展困境"现象。所以不了解这种区别，就很难弄清问题的所在。究竟有什么区别？从宏观的趋势看，区别主要在于两个方面：

第一，就社会资源配置的走向来看，20 世纪 80 年代基本上是社会资源和社会机会的向下扩散，向农村、向边远地区扩散。因此，总体上看，农村受益，农业获利，农村经济实心化，农民负担较轻，致富面较大，乡镇企业异军突起，欣欣向荣。当然也不是没有问题，如差距开始拉开，环境开始污染，但还不明显，而且有些差距还在合理的范围之内。

20 世纪 90 年代则基本上是社会资源和社会机会的向上集中，向城市、向中心地区集中。城市，特别是大城市日益繁荣，不少城市甚至提出"提前实现现代化"，这样一种只看局部不看整体、因而脱离中国实际的口号；由于大城市的带动和辐射，郊区农村，特别是近郊的情况，发展得不错，不过，它们只占中国广大农村的小部分。而农村的情况却与 80 年代不同，出现了相反的趋势：许多地方农业生产，特别是粮食生产，不获利，越丰收，亏得越多；经济空心化；乡财政负债、村负债上亿元；农民负担加重；青壮年往外跑，农村往往留下"三八、六一、九九部队"，即妇女、儿童和老人；乡镇企业几乎多走下坡路，开始了衰落的过程。所以有"农村穷、农民苦、农业危险"之说。

第二，就社会公平度来看，由于 20 世纪 80 年代社会资源配置向下扩散的走向，农村的社会公平度也随之呈现提高的趋势。社会公平度提高，是城乡差距、农村贫富差距相对缩小的综合反映。反之，由于 90 年代社会资源配置向上集中的走向，农村的社会公平度也随之呈现下降的趋势。它意味着各方面的社会差距重新大幅度拉开。特别是农村一些强势利益群体形成的乡土势力，往往截留中央政策中有利于自己的方面，将不利的方面转嫁给普通农民。有的地方，乡霸、村霸横行，乡民、村民敢怒不敢言，弱势利益群体的权益，得不到很好的保护。所有这些都增加了社会的不公平感和不公平度。这些都为邪教、黑道、迷信、宗祠等沉渣泛起提供了可乘之机。我们要十分警惕，不要让这样一些强势利益群体形成的乡土势力进一步演变成一种"社会分利集团"，一种类似旧社会的农村"豪绅集团"。

上述两种情况，不能不严重影响社会安定。2001年年底召开的中央经济工作会议，再一次强调把农业放到首位，强调增加一般农民的收入，确实不是偶然的。这是当务之急。如果农村畸形凋敝，城市畸形繁荣，绝不是好现象；这样的不协调所包含的危险性，对那些对我国历史和现实情况有所了解的人，是不言而喻的。

四、我国"类发展困境"的社会学简析

从社会运行和社会转型的角度看，我国社会在20世纪80年代和90年代都是一种快速转型状况下的中性运行。总的来说，良性因素在增加，社会结构有优化的方面，如果没有优化这一方面，那么就无法理解为什么我国经济持续、快速发展，社会充满机会、充满生气，老百姓的实际生活比哪个历史时期都好，也无法理解为什么我国综合国力和国际地位明显提高，全世界的炎黄子孙至少自1840年以来从来没有像现在这样自豪过。

另外，经济体制转轨引发的社会结构的快速转型，又导致出现大量的社会消极现象、社会问题。有些问题还十分严重，恶性因素或者恶性因素的萌芽居高不下。如贫富差距拉得过大，新贫困层和新弱势群体由小变大，犯罪率居高不下，腐败现象广为蔓延等，而且原有问题与新生问题交叉。原有的问题，如人口问题、贫困问题、环境问题、北方的水资源短缺问题等。新生的问题，如红黄蓝白黑灰俱有："红"——雇杀手杀人见红；"黄"——制黄、贩黄；"蓝"——通过蓝色的海洋走私；"白"——贩毒、制毒；"黑"——黑道、黑社会、带有黑社会性质的恶势力；"灰"——权钱交易、灰色收入。其中，黄、毒、赌在有些地方还形成一定规模的地下产业。

具体到20世纪八九十年代，可以这样说：在80年代，由于此前的拨乱反正，无论城乡，无论在政治、经济、文化等社会系统中都是良性因素增加或呈增加的趋势，恶性因素减少或呈减少的趋势，城乡的反差不甚明显。加之人们在经历了"文化大革命"中恶性因素横行、猖獗之后，在心理上，容易感受到来之不易的并正在增加的良性因素。到90年代之后，城乡的反差明显表露出来了。城市的良性因素增加得多，恶性因素相对减少。而农村，总的说来，则相反：良性因素减少，恶性因素增多。

因此，如何采取一些相应的措施，发展良性因素，引导各种中性因素，遏制恶性因素，是极为重要的。

（作者工作单位：中国人民大学）

坚持"三个解放出来"，促进理论创新

李景治

　　江泽民同志在"七一"讲话中，向全党发出了解放思想、实事求是的庄严号召，而且提出了贯彻这一思想路线的明确目标和主要要求，他强调，要坚持实践是检验真理的唯一标准，在党的基本理论指导下，一切从实际出发，自觉地把思想认识从那些不合时宜的观念、做法和体制中解放出来，从对马克思主义的错误的和教条式的理解中解放出来，从主观主义和形而上学的桎梏中解放出来。"三个解放出来"，是继 1978 年邓小平"解放思想、实事求是、团结一致向前看"的讲话和 1992 年邓小平"南方谈话"之后，又一个思想解放和实事求是的宣言书。

　　学习和贯彻落实"三个解放出来"的重要思想，是实现理论创新的根本保证。要做到"三个解放出来"，必须坚持两条原则：一是必须坚持一切从实际出发，实践是检验真理的唯一标准，要勇于和善于根据实践的要求进行创新。二是必须坚持党的基本理论的指导，否则就会迷失方向，误入歧途，甚至背道而驰。

　　"三个解放出来"，是相互统一的。贯彻"三个解放出来"的关键是自觉地把思想认识从对马克思主义的错误的教条式的理解当中解放出来。因为只有做到这一点，才能为我们提供正确的理论基础，分析问题和解决问题的科学方法，从而有效地克服主观主义和形而上学，才能使改革开放和社会主义现代化建设事业具有正确的指导方针，从而可以摆脱那些不合时宜的旧观念，改变那些脱离实际的旧做法，改革那些阻碍生产力发展和社会进步的旧体制。

　　马克思主义是我们立党、立国的根本指导思想，是全国各族人民团结奋斗的共同理论基础。我们必须始终坚持马克思主义的基本原理。然而马克思主义具有与时俱进的理论品质，也就是说马克思主义不是固定不变的，而是随着实践的发展不断丰富和发展的；不是僵化的，而是充满着新鲜活力和时代精神的。正如列宁所说，我们的理论不是教条，而是行动指南。这就要求我们在坚持马克思主义科学原理的同时，必须善于把握客观情况的变化，善于总结人民群众在实践当中创造出来的新鲜经验，不断丰富和发展马克思主义理论。

坚持马克思主义和发展马克思主义，是辩证统一的。不坚持就谈不上发展，不发展也不能更好地坚持。坚持马克思主义基本原理，要同实际情况相结合，在实践当中发展马克思主义，在发展当中坚持马克思主义。要真正做到把思想认识从对马克思主义的错误的教条式的理解当中解放出来，应该从以下四个方面努力。

第一，要准确领会马克思主义科学理论的原意和精髓。要分析这些论断是对人类社会发展规律、社会主义革命和社会主义建设规律，以及国际共产主义运动经验教训的概括和总结，还是对具体人和事的具体社会现象的分析评论。要认真学习和真正弄懂这些论断是在什么情况下讲的，针对什么讲的，怎样讲的，其思想倾向和目的是什么。搞清楚这些论断是马克思主义经典作家的一贯思想，及其在新的历史条件下的发展变化，还是在个别情况下偶尔论及；不能把这两方面的论述混为一谈，更不能出于实用主义、功利主义的目的，曲解这些论断为我所用。值得注意的是，国际共产主义运动中的一些党和一些社会主义国家在具体历史时期所采取的一些做法，所总结的一些经验，所形成的一些观点，乃至教科书的一些看法，其中一些被实践证明是行不通的，却仍在传播和捍卫，甚至被盲目当成区别马克思主义和反马克思主义、社会主义和资本主义的主要标准，并在客观上形成这样或那样的"凡是"，长期束缚着人们的思想，严重阻碍人们解放思想和实事求是地认识现实问题。这个情况不改变，我们的思想认识就难以从对马克思主义的错误的教条式的理解中解放出来。

第二，要用发展的变动的眼光看问题。马克思主义是完整的科学体系，是无产阶级解放的革命理论，要从根本上学会运用马克思主义的世界观、方法论和基本理论，武装全党思想，指导我们的路线、纲领和方针政策的制定，以及重要实践问题的解决。为此，我们必须用发展的变动的眼光来看待马克思主义，分析和解决实践问题，而不能以教条主义的态度对待马克思主义。教条主义不顾历史条件和现实情况的变化，把某些个别论断从特定的历史条件和具体情况中抽象出来，到处套用，贴上政治标签，甚至将其作为阻碍社会主义改革、否定新鲜事物的理论依据，致使人们思想脱离实际，不能实事求是地分析问题和解决问题，发生这样或那样的失误；或者变得谨小慎微，在改革大潮中畏手畏足，不能解放思想，不敢率先进行理论创新、体制创新；不敢或不愿进行改革，不求有功但求无过，不求创新但求稳妥，实际上却背离了科学精神。

第三，要正确理解实践和理论的辩证关系。坚持实践是检验真理的唯一标准，这是众人皆知的，为大家所认同的普遍道理。但是，有些人遇到现实问题，就忘了这一点，往往颠倒实践和理论的关系，自觉或不自觉地把理论当做检验实践的标准。面对前进中的困难，他们不是在马克思主义理论的指导下，而是一门心思地从马克思主义理论中寻找现成答案。面对广大人民群众的伟大创新，不仅不支持，更不能将其中的新鲜经验加以概括和总结，用以丰富和发展马克思主义理论，反而总是搬出马克思主义经典作家的个别论断，作为依据来衡量创举是否准确；面对中央经过深入调查和反复论证后出台的改革开放的方针政策，他们不去观察其结果如何，不管方针政策调动起了人民群众的积极性、主动性、创造性，解放了生产力，改善了人民生活，推动了社会进步，反而千方百计地搬出经典作家的个别论断，证明方针政策和老祖宗的不一样，甚至拐弯抹角地说方针政策不符合马克思主义，这是典型的用理论检验实践的教条主义、形而上学的做法。生活中，教条主义还把马克思主义当做一个自我封闭的固定不变的体系，不是用它来指导实践，在实践中丰富和发展它，而是力图用鲜活的实践适应它所设定的理论体系。

第四，要勇于进行理论创新。科学区分和判断马克思主义著作中哪些个别论断和个别提法，已经被实践证明过时了，不再照搬。与此同时，要在坚持马克思主义指导和继承前人研究成果的基础上，寻求新发现、新见解、新思想、新成果，给马克思主义理论增添新的内容，使之更加丰富，更富有时代精神，更能贴近现实和指导我们的工作。也就是说，要大胆探索马克思主义经典作家因时代局限而未论及的新问题，勇于解决他们没有遇到过的新课题，敢于提出他们没有提出过的新观点。

总之，要把思想认识同对马克思主义的错误教条式的理解中解放出来，这本身就是一个了不起的思想解放过程，是一个进一步学习、领会、运用党的解放思想、实事求是的思想路线的过程，只有解放思想，我们才能正确地以马克思主义、毛泽东思想、邓小平理论解决我们所面临的和新出现的一系列问题。

（作者工作单位：中国人民大学）

学·术·前·沿·论·坛·十·周·年·纪·念·文·集

2002·学术前沿论坛

小康社会：创新与发展

释"小康社会"

何兹全

一、小康与大同

《礼记·礼运》曾谈到"大同"和"小康"。这大概是"小康"在文献中的始见。（《诗·大雅·民劳》有"民亦劳止，汔可小康"。但那里的"小康"是和后面"小休""小愒""小安"对称的，没有"小康社会"时代的含意。）大同是：

> 大道之行也，天下为公。选贤与能，讲信修睦。故人不独亲其亲，不独子其子，使老有所终，壮有所用，幼有所长，鳏寡孤独废疾者皆有所养。男有分，女有归。货恶其弃于地也，不必藏于己，力恶其不出于身也，不必为己。是故谋闭而不兴，盗窃乱贼而不作。故外户而不闭。是谓大同。

小康是：

> 今大道既隐，天下为家。各亲其亲，各子其子。货力为己。大人世及以为礼。城郭沟池以为固。礼义以为纪，以正君臣，以笃父子，以睦兄弟，以和夫妇，以设制度，以立田里，以贤勇知，以功为己。故谋用是作，而兵由此起。禹、汤、文、武、成王、周公，由此其选也。此六君子者，未有不谨于礼者也。以著其义，以考其信，著有过，刑仁讲让，示民有常。如有不由此者，在执者去，众以为殃。是谓小康。

《礼运》说，这两段话都是孔子说的，是孔子答他的弟子言偃（子游）的问而说的。

"大同"，在孔子是指夏商周以前的尧舜时代。用我们现在的历史观点来看，这应该是孔子根据传说而美化了的"原始社会"。

"小康"是指夏商周三代，是从禹开始的禹、汤、文、武、成王、周公"六君子者"的时代。"小康"，是出现私有制、有了礼（法）的社会。

小康社会，到西周末年幽、厉时期，就遭到破坏。《礼运》提到"孔子曰：于呼哀哉！我观周道，幽厉伤之。吾舍鲁何适矣！鲁之郊禘，非礼也。周公其衰矣！"幽、厉以后，社会上出现的坏现象，《礼运》指出的有：幽国，僭君、胁君、乱国等。这里已隐约有大同、小康、乱世三世说的影子。

近世早期的改革家康有为著有《大同书》，有三世说——据乱世、升平世、太平世，应该说是从《礼运》大同、小康、乱世三世说推演出来的。不过《礼运》的三世，是由古向今、由远向近说的，说的是社会的倒退，由好变坏。康有为的三世，是由今向未来说的，说的是社会的进步，由坏向好处走。我们今天所提出的小康，也是由今向未来的。由小康走向大同，由小康走向社会主义、共产主义、未来的世界大同。

大同、小康的传说，是东周乱世人民对过去美好社会的怀念。怀念过去，就意味着幻想未来，希望于未来。这是中国的优良文化传统。

二、小康与社会主义

先概括的提出我对小康和社会主义的关系的想法，然后再稍加解说。

我的想法是："小康"或说"小康社会"，是建设中国特色社会主义大道上的一个阶段，它在理论上和在社会发展阶段上，约略等同指列宁的新经济政策或毛泽东的新民主主义加邓小平的社会主义初级阶段。中国的历史和实践证明：它是社会经济落后的国家，在社会主义革命后，在建设社会主义社会中必经的阶段；它是中国在社会主义革命走了一段弯路之后摸索到的一条宝贵的经验，一条在社会经济落后的国家建设社会主义必经的大路；它是全世界落后的地区、落后的国家、民族，所共有的建设社会主义的宝贵的理论财富。

苏联十月革命后，曾实行了一段战时共产主义，后来发现不行，列宁就倒回来实行新经济政策。列宁当时曾经说过，革命时期口号要响亮些，革命成功后的建设时期，要往后退一步，要结合社会实际，走现实的道路。于是提出新经济政策。新经济政策，主要是向农民让步，允许资本主义存在。

列宁说，退是为了进。他说：

　　新经济政策:一个奇怪的名词。这个政策之所以叫新经济政策,是因为它在向后转。我们现在退却,好像是在向后退,但是我们这样是为了先后退几步,然后再快跑,更有力地向前跳。

　　毛泽东把中国革命分为两个阶段,新民主主义阶段和社会主义阶段。他说:

　　中国革命……是要建立以中国无产阶级为首领的中国各个革命阶级联合专政的新民主主义的社会,以完成其第一阶段,然后再使之发展到第二个阶段,以建设中国社会主义社会。

　　毛泽东中国革命的两阶段论,是非常符合中国社会实际的,是完全正确的。显然他是受俄国十月革命一声炮响送来的列宁主义的影响,其中重要的也有列宁新经济政策的影响。

　　遗憾的是不久苏联的列宁主义被斯大林主义所代替,70年后导致苏联的瓦解。在中国,毛泽东在革命胜利后却自己放弃了或者说缩短了新民主主义社会阶段,甚至部分地区很短时间还越过社会主义而进入吃饭不要钱的“共产主义社会”。最终导致3年困难时期和“文化大革命”。

　　邓小平复出后,面对即将崩溃的社会经济,提出了“社会主义初级阶段”说。记得新中国成立后,刘少奇曾说过:中国是先进的生产关系和落后的生产力的矛盾,意指先进的社会主义生产关系和落后的前资本主义的生产力。邓小平的“社会主义初级阶段”,就包括新民主主义阶段,生产关系已是先进的社会主义,生产力却是落后的,要补课。

　　1979年12月,邓小平接见日本首相来访时,首次提出“小康”的概念,他用“小康”来说明中国四个现代化的水平。他说:

　　到本世纪末,中国的四个现代化即使达到了某种目标,我们的国民生产总值人均水平还是很低的……中国到那时也还是一个小康的状态。

　　江泽民同志对小康和小康社会就提得更明确,内容更丰富了。他在中国共产党第十六次全国代表大会上的报告,就是用《全面建设小康社会　开创中国特色社会主义事业新局面》为题的。

江泽民同志在报告里说：

必须看到，我们正处于并将长期处于社会主义初级阶段，现在达到的小康还是低水平的、不全面的、发展很不平衡的小康……

我们要在本世纪头二十年，集中力量，全面建设惠及十几亿人口的更高水平的小康社会……经过这个阶段的建设，再继续奋斗几十年，到本世纪中叶基本实现现代化，把我国建成富强民主文明的社会主义国家。

从邓小平和江泽民同志的话里，我们可以理解到：社会主义，是说的社会性质；小康、小康社会，是指社会经济、文化的繁荣水平，贫富的水平。从社会性质来讲，中国的小康、小康社会都属于社会主义，都是社会主义的初级阶段。但从实质来说，邓小平提出的"社会主义初级阶段"是包含着新民主主义阶段的，包含着对新民主主义的补课。小康社会的生产关系是先进的，已经是社会主义初级阶段，生产力仍是落后的，落后于一些发达的资本主义国家。

马克思在《政治经济学批判·序言》里说过：

无论哪一个社会形态，当它所给以充分发展余地的那一些生产力还没有展开以前，是绝不会灭亡的；而新的更高的生产关系，当它所藉以存在的那些物质条件还没有在旧社会胞胎里成熟以前，是绝不会出现的。

2002年11月18日《北京日报》刊登了冯东书先生写的一篇文章，题目是《〈共产党宣言〉发表47年后恩格斯对资本主义的重新认识》。

从马克思、恩格斯的话和中国革命的实践中，我们可以体会到：革命不能早熟，革命走了弯路，应作反思，勇敢地做自我否定。

由上引马克思、恩格斯的话和冯东书的文章看，说小康和小康社会是社会主义初级阶段，其中包含着列宁的"新经济政策"和毛泽东的"新民主主义"这一过渡阶段，大约是无误的。这样做是完全正确的。

总之，小康或小康社会，是从社会生产和社会生活水平方面说的。从生产关系方面说，它在社会主义建设大道上，是属于社会主义初级阶段，但生产水平还是很低的，它的现代化水平不超出新民主主义社会的生产和生活水平。它还有很强的补课性质。

小康或小康社会，是邓小平、江泽民等吸收新经济政策、新民主主义社会思想理论和苏联、东欧社会主义国家垮台的经验教训而提出的生产水平低下、落后的国家建设社会主义的光明正确的大道。这经验是极其宝贵的。如果马克思主义的发展道路有阶段性、有里程碑的话，邓小平理论、小康社会的理论、中国特色社会主义理论，才真是第三阶段的里程碑。这也是辩证法的发展，马克思是正，斯大林是反，中国特色社会主义、小康社会的提出是合。正、反、合的发展。

"三个代表"重要思想在马克思主义思想理论发展道路上，是更大的突破和创新，有更丰富的理论内容。

（作者工作单位：北京师范大学）

总体小康水平与全面小康社会

贺　铿

在 20 世纪末，我们胜利实现了现代化建设"三步走"战略的第一、第二步目标，人民生活总体上达到了小康水平。党的"十六大"又适时提出了在 21 世纪头 20 年全面建设小康社会的奋斗目标。这是凝聚党心、鼓舞民心的宏伟目标，是邓小平关于社会主义建设理论的延伸和发展。本文的主题是阐述总体小康水平与全面小康社会的关系，并说明全面建设小康社会的重点和难点。

一、小康社会概念

小康社会这一概念源于《礼记·礼运》，是我国战国时期儒家所说的"天下为家"的社会。儒家所设想的小康社会有三个特征：其一是私有制社会。"今大道既隐，天下为家，各亲其亲，各子其子，货力为己"；其二是封建世袭，国家安定的社会。"大人世及以为礼，城郭沟池以为固"；其三是礼治文明的社会。"礼义以为纪，以正君臣，以笃父子，以睦兄弟，以和夫妇，以设制度……"总之，礼是"天之经也、地之义也、民之行也"。

儒家思想的小康社会是一种理想或空想，因为他们还未认识到经济基础与上层建筑的辩证统一关系，没有、也不可能提出包括物质文明建设、精神文明建设和政治文明建设的全面主张。

邓小平和江泽民同志用历史唯物论观点为小康社会这个概念赋予了全新的内容，主张在建设小康社会的过程中，要坚持解放生产力，发展生产力，消灭剥削，消除两极分化，最终实现共同富裕的社会主义原则，把建设小康社会的目标落实在物质文明、精神文明和政治文明三个文明建设上。邓小平1979 年 12 月接见时任日本首相时首次提出了中国 20 世纪末的目标是实现小康。从 1979 年到 1992 年的 13 年中他有十余次谈到建设小康社会的问题，每次都与坚持社会主义方向和在中国如何建设社会主义的问题相联系。他说："十一届三中全会以后，我们探索了中国怎么搞社会主义。归根结底，就是要发展生产力，逐步发展中国的经济。第一步到本世纪末翻两番，达到小康水平。第二步，再花三十年到五十年时间，接近发达国家水平。"他还说："所谓小康社会，就是虽然不富裕，但日子好过。我们是社会主义国家，国民收入分配要使所有的人都得益，没有太富的人，也没有太穷的人，所以日子普遍好过。"1992 年，邓小平在"南方谈话"中进一步强调："走社会主义道路，就是要逐步实现共同富裕。"他认为，一部分地区先发展起来，先发展起来的地区带动后发展的地区，社会主义制度应该而且能够避免两极分化，解决的办法之一就是先富起来的地区多交税和实行技术转让，支持不发达地区。但是太早这样办也不行，"什么时候突出地提出和解决这个问题，在什么基础上提出和解决这个问题，要研究。可以设想，在本世纪末达到小康水平的时候，就要突出地提出和解决这个问题"。江泽民同志适时提出了这个问题："我们要在本世纪头 20 年，集中力量，全面建设惠及十几亿人口的更高水平的小康社会，使经济更加发展、民主更加健全、科教更加进步、文化更加繁荣、社会更加和谐、人民生活更加殷实。"要使"工农差别、城乡差别和地区差别扩大的趋势逐步扭转"。要"以共同富裕为目标，扩大中等收入者的比重，提高低收入者收入水平"。由此可见，我们建设小康社会与儒家倡导的小康社会根本不同，我们所建设的是社会主义性质的小康社会。

二、关于总体小康水平

根据邓小平建设社会主义的战略构想，到 20 世纪末我国经济实现了国内生产总值翻两番的目标，人民生活总体上达到了小康水平。2001 年，我国人均国内生产总值已超过 900 美元，在世界上我们由低收入国家进入了中下收入国家的水平。按照 1991 年国家统计局联合 12 个部门的研究人员进行研究、结合我国实际、参考国际标准所提出的小康评价指标进行测算，到 2000 年年底，16 个评价指标中已有 13 个指标达到或超过了小康标准，只有农民人均纯收入、人均蛋白质日摄入量和农村初级卫生保健基本合格县百分比三个指标没有完全实现，但分别实现了 85%、90% 和 80%（详见下表）。这个成绩来之不易，这是中华民族发展史上一个新的里程碑。

全国小康水平基本标准及实现程度

指标类别	指标名称	单位	实际值				小康实现程度（%）		
			1980 年	1990 年	2000 年	2001 年	小康值	1990 年	2000 年
一、经济水平	人均国内生产总值	元	778	1 634	3 850	4 104.6	2 500	49.7	100
二、物质生活								50.0	95.8
收入	人均收入水平								
	(1)城镇人均可支配收入	元	974	1 523	2 925	3 137	2 400	38.5	100
	(2)农民人均纯收入	元	315	686	1 066	1 111	1 200	41.9	84.85
居住	3. 人均居住水平								
	(1)城镇人均使用面积	平方米	5.5	9.45	14.9	15.5	12	60.8	100
	(2)农村人均钢木结构住房面积	平方米	4.5	11.06	19.76	20.74	15	62.5	100
营养	4. 人均蛋白质摄入量	克	50	62	73（估算数）	73（估算数）	75	48.0	90
交通	5. 城乡交通状况								
	(1)城市每人拥有铺路面积	平方米	2.8	6	9.1	11.6	8	61.5	100
	(2)农村通公路行政村比重	%	50	74	≥85	≥85	85	68.6	100
结构	6. 恩格尔系数	%	60	56.8	45	45	50	32.0	100
三、人口素质								66.9	100
文化	7. 成人识字率	%	68	77.7	93.28	93.28	85	57.1	100

续表

指标类别	指标名称	单位	实际值				小康实现程度（%）		
			1980年	1990年	2000年	2001年	小康值	1990年	2000年
健康	8. 人均预期寿命	岁	68	70	71.4	71.4	70	100.0	100
	9. 婴儿死亡率	‰	34.7	32.9	28.38	28.38	31	48.6	100
四、精神生活								47.2	100
	10. 教育娱乐支出比重	%	3	6.27	11.67	13.69	11	40.9	100
	11. 电视机普及率	%	11.9	59.1	100	100	100	53.6	100
五、生活环境								23.3	90
	12. 森林覆盖率	%	12	13	16.55	16.55	15	33.3	100
	13. 农村初级卫生保健基本合格以上县百分比	%	—	13.383	(1999年)	—	100	13.3	80.4
总计	共13项分指标							48.3	96.6

注：表中价值量指标均按 1990 年价格计算。

三、总体小康是低水平的、不全面的、发展很不平衡的小康社会

江泽民同志在"十六大"报告中指出："必须看到，我国正处于并将长期处于社会主义初级阶段，现在达到的小康还是低水平的、不全面的、发展很不平衡的小康，人民日益增长的物质文化需要同落后的社会生产之间的矛盾仍然是我国社会的主要矛盾。"

第一，生产力水平还很落后。2000年我国人均国内生产总值达到 900 美元，按世界银行 1990 年的分类标准，我们还处在中下收入组的下限附近（低收入组≤545 美元，中下收入组 545 美元到 2 200 美元，中上收入组 2 200 美元到 5 999 美元，高收入组≥6 000 美元）。我国国内生产总值总量今年可望达到 1.2 万亿美元，居世界第 6 位。但是，按比例算还不到世界经济总量 32 万

亿美元的 4%，而美国占 30%，日本占 15%，欧洲占 31%，三大经济体合计占世界经济总量的 76%。2001 年我国居民年收入人均 500 美元，是 1980 年的 3 倍多，但是与发达国家比较我们还是很低。美国人均年收入超过了 2 万美元，英、德、法、意也在 1.5 万美元以上，刚刚进入中等发达国家水平的韩国也超过了 6 500 美元。

第二，城乡二元经济结构还没有改变。我国城镇化率很低，按 2000 年人口普查资料推算，城镇化率只有 36.2%，而发达国家的城镇化率为 75%，发展中国家的城镇化率为 38%，世界平均城镇化率为 47%。

第三，城乡和地区差距扩大的趋势没有扭转。从总体小康的实现程度看，东部 11 省市全部实现小康，中部 8 省实现 78%，西部 12 省市区实现 56%；从城乡小康实现情况看，到 2000 年 16 个指标中城镇全部达到了标准，农村有三个指标没有达到；从经济发展水平看，东部 11 省市人均国内生产总值 2001 年为 1 600 美元，而西部 12 省市区为 610 美元，相差 2.6 倍，其中上海市已达到 4 500 美元，而贵州省只有 350 美元，相差 13 倍；从城乡居民的收入差距看，1990 年农村人均纯收入 686.3 元，城镇人均可支配收入 1 510.2 元，相差 2.2 倍。2000 年农村人均纯收入 2 253.4 元，城镇人均支配收入 6 280 元，相差 2.8 倍。2001 年农村人均纯收入 2 366.2 元，城镇人均可支配收入 6 859.6 元，相差 2.9 倍。预计今年城乡居民的收入差距将超过 3 倍。城乡居民收入差距不断扩大。

第四，经济体制还不完善，民主法制建设和思想道德建设还存在不容忽视的问题。

四、全面建设小康社会的重点和难点

全面建设小康社会应当在"全面"二字上下工夫，对上层建筑和经济基础进行整体改革，努力建成让最广大人民生活更加殷实，全社会更加和谐的全面小康社会。全面小康绝不单指物质文明，还应加强精神文明和政治文明建设。全面小康社会应当是民主、法治、文明的社会。在人民生活总体上达到了小康水平的基础上全面建设小康社会，将是一个伟大而艰巨的奋斗目标。为顺利实现这一目标，在全面建设小康社会的过程中，应当明确重点、抓住难点。

全面建设小康社会的重点有两个：其一是法制建设和制度建设。法制健全、制度完备是实现全面小康社会的保证条件，也是重要标志。在小康社会里，所有干部和大多数公民都应做到非法勿视、非法勿听、非法勿言、非法勿动，一切都按法律和制度办事，只有这样才是真正有序与和谐的社会；其二是加强国民教育，培育"中产阶级"。这里的"中产阶级"并非是按生产资料占有情况划分的政治意义上的阶级，而是代表国民素质水平的社会阶层。经过一二十年的努力，那些经济上比较殷实、思想文化和道德素养比较高的"中产阶级"应当成为中国全面小康社会的主体。培养"中产阶级"并非易事，必须在文化教育、法制建设、道德建设等方面全方位地开展工作，努力培育一代讲诚信、守法纪、热爱国家、热爱人民、热爱事业，有文化有道德的社会公民。如果没有形成这样的"中产阶级"而且成为社会主体，我们就不能认为真正建成了全面小康社会。因此，加强国民教育，培育"中产阶级"，发挥其作为先进文化的创造者和消费者的积极作用，成为当务之急。

全面建设小康社会所面临的主要难点是解决居民收入差距扩大，城、乡和东、中、西部经济发展水平不平衡问题。解决发展中存在的问题只能用发展的方法来解决。要加快改革，尽快形成经济正常增长的机制。保持国民经济的健康、稳定增长。充分运用宏观调控手段，促进城、乡和地区经济平衡发展；努力规范分配秩序，扩大中等收入者比重，提高低收入者收入水平。

（作者工作单位：国家统计局）

论大学精神

王梓坤

"大学精神"，此处分成三段来讲。第一段是这个问题的提出；第二段谈一下我所知道的几所学校，如哈佛大学、牛津大学、剑桥大学、北京大学、北京师范大学等；第三段是大学精神的核心。

第一个问题，关于这个问题的提出。

全面建设小康社会需要有世界一流的大学。关于如何建设一流大学，已有许多讨论，大多是关于经费、学科、人才等。读后受益良多，但同时也感到有所不足，似乎少了些什么。少了什么呢？一时也说不清。想来想去，终于想到大学精神。而大学精神，相对地说，似乎谈论得很少。我还未见到这方面的文章，只是隐约地感到这是一个重要问题，值得认真探索和研究。以下只是个人粗浅的思考，请大家批评指教。

做任何大事，物质与信息是必要的，精神力量也同样重要，而在一些关键的时刻，精神力量甚至可以起到决定性的作用。正如民族有民族精神、每个人有精神状态一样，各所大学也有各自的精神。

何谓大学精神？它有什么内涵？与校训有何关系？它有什么作用？

大学精神是抽象的，也是具体的；是无形的，也是有形的；是不成文的，但却铭刻在人们的心中。它无时不在，无处不在，无事不在；它活跃在讲台上，在校园里，在人们的言谈和行动中。学生在学校中学到的知识，可以由时代的进步而老化，而淡忘，但大学精神却影响学生的事业，长久、长久，直到永远。

校训大多是领导或名流制定的，大学精神则主要是由群众在长期教学和科研中逐步凝聚而成的，有更广泛的群众基础和历史传统，两者一般是相辅相成的，这是我说的第一个问题。

第二个问题，说说我了解的情况。由于历史条件不同，各校的精神也不完全一样，异彩纷呈，各具特色。

哈佛大学的校训说："以柏拉图为友，以亚里士多德为友，更要以真理为友。"哈佛的校徽是"veritas"，即拉丁文"真理"的意思。

英国人特里·伊格尔顿写了一篇文章《牛津的魅力》："我一个人徜徉在牛津街头，中世纪的塔楼古色古香；文艺复兴风格的建筑弥漫着浪漫的气息；城东的摩德林城堡被称为'凝固了的音乐'，的确优美异常；位于民众方庭的图书馆建于 1371 年，是英格兰最古老的图书馆；大学植物园建于 1621 年，是英国最早的教学植物园；蜿蜒曲折，幽深绵长的皇后小巷，从牛津建校（1168 年）一直保留到现在，路边的石凳长满了青苔，让人回想起牛津的过去……王尔德坐过的木凳，萧伯纳倚过的书架，照原样未动。走进楼内，让人更感觉到图书馆里的时光仿佛是静止不动的，寂静充满了这书本的圣殿……牛津的魅力在哪里？很显然，英国人把牛津当做一种传统，一种象征，一种怀念和一种追求。"

另两篇文章中写道："剑桥和牛津的风格迥然不同，牛津雍容华贵，有王者的气派。剑桥幽雅出尘，宛若诗人风骨。"（袁效贤、李春晓）"剑桥的调子是轻柔的，舒缓的，她不稀罕你赞美，她大方高贵中还带几分羞涩。在云淡风轻的午后，在夕阳晚照的傍晚，从容地踱进三一学院伟大的方庭，小立在克莱亚学院的桥头……倾听奇妙的钟声，那么，你算是遇到了剑桥，拥有了一刻即是永恒的精神世界。"（金耀基）

正如徐志摩在《再别康桥》那首名诗中所歌咏的："但我不能放歌，悄悄是别离的笙箫；夏虫也为我沉默，沉默是我的康桥！"

看来，牛津和剑桥都非常注重自己辉煌的历史。用诗一般的氛围去影响每一个学子和游人，这就是氛围教育。它洗涤着人们的灵魂，无情地驱走心灵深处沉积的下流和无耻，让正义、博爱、奋发向上的精神在心中熊熊燃烧。

再来看看莫斯科大学，我曾在数学力学系读了三年研究生。那里是大师云集的学府。墙壁上到处是学术报告的通知。除了学术报告，还是学术报告。人们谈论的是新的学术进展，或是讨论某一项研究成果，数学像一支有形的火箭，你看到它每天都在前进。如果讨论班少去了一次，下次便会感到很吃力，如果三次缺席，就再难赶上了。每一篇数学论文，都是沉甸甸的，字印得很小，决不放过一寸版面。师生们都像上紧了发条的钟，争分夺秒地奔跑在学术发展的大道上。

北京大学的校园精神是"民主与科学"。北大不仅学术上有很高成就，而且关心国家大事。这正是校园精神的体现。北大有自己的校格，不随波逐流而得到世人的尊重。

北京师范大学以治学严谨著称，无论是做人做事做学问，都以很高的科学标准和道德规范来衡量。北师大人默默奉献，从不张扬，诚如校训"学为人师，行为世范"所要求。而在国家危难关头，北师大人总是挺身而出，让人想起了刘和珍等烈士。

我想说一下大学精神的核心，应该是：追求真理，厚爱人们。大学的任务首先是传授知识和锻炼能力，这是最原始的，进一步发展成为研究、创新，即发现新的规律，发现新的真理。近几年来由于科技、经济的迅速发展，大学有了第三个任务——服务社会。这三个任务分别主要由本科，研究生院和工、商、医、远程教育等专业学院所承担，虽然不是绝对的分工。无论如何，要出色完成各项任务，必须要有追求真理、厚爱人们的精神。发现真理需要智慧，而维护真理需要勇气。没有厚爱人民的精神，不可能在紧要关头维护真理。

尊崇大师，学习先进。他们的文章、气节、精神和建树，将垂训百代，炳耀千秋。这是鼓舞广大学子奋发上进、追求真理的永恒动力。

在办学思想上要有博大宽容的气度。这一点要向蔡元培先生学习。专业的设置可以有先后，但不能歧视或存偏见。对人文科学的支持力度要增大。不拘一格引进和培育人才。要百花齐放，百家争鸣，允许学术自由，像当年辜鸿铭先生那样，也可以在北大施展才华。要爱护学生，有才能的、力求上进的，特别是家庭贫寒而努力学习的，都要慈心厚爱，让他们感到温暖，安心学习。当然，博大宽容与科学管理互不矛盾，而是治校的两方面，都是很重要的。

评价一所学校最重要的、决定性的标准是：它的毕业生对社会的贡献，对人类进步的贡献，这是最根本的。可惜现在五花八门的评比太多了，为了获得所谓的荣誉和资助，学校不得不做一些本来不必做或不应该做的事，屈从于某种不正常的压力或引诱，有损于大学的精神。这方面，我们应该想起马寅初先生。其实钱多未必出好成果；相反，历史上一些大成果往往是在平淡但长期艰苦奋斗的条件下获得的，就像司马迁的《史记》、曹雪芹的《红楼梦》一样。

健康的氛围教育，是大学精神的体现。每当我们登上天安门，便有"登高壮观天地间，大江茫茫去不还"的浩荡气概。进入人民大会堂，肃穆庄严的气氛迎面而来，精神为之大振，可见环境对人影响之深、之大。校园是做学问之地，是创新之地，是人才成长之地，是大师讲学之地，是真理传播之地，是新发现新发明发源之地，是道德人格磨炼之地，是国家未来的栋梁诞生的地方，这里应该是宁静的、祥和的、有礼貌的相互尊重的学府，应该是充满了激情、开展友好竞赛的、焕发青春火焰的、朝气蓬勃的竞技场所，应该是美丽的，具有诗情画意的地方。要珍惜每一寸土地，让每一寸土地散发出清香；要爱护每一个角落，让每一个角落流传着美好的回忆，都催人奋发。在教室内和操场上，每周都有学生的表演和竞赛，也有大师们的报告。学校大有大的好处，小也有小的好处，如果诚心追求美好，小应该是更好的，每一所大学都有自己的标志性建筑，是自己校园里的天安门，人们来去匆匆，但是天安门则岿然不动。

大学精神有什么作用呢？青年人成才有四个条件是非常重要的。第一是强烈的追求，有崇高的理想和志向。第二要有浓厚的兴趣，对他所追求的目标有浓厚的兴趣，不断的追求。第三要有长期的奋斗和艰苦努力的精神。第四要有高尚的灵魂。这四者正是大学精神的用武之地。

（作者工作单位：北京师范大学）

全民学习奔小康

顾明远

党的"十六大"是我党在新世纪召开的第一次代表大会，具有重要的历史意义。大会总结了改革开放，特别是十三届四中全会以来，我国在建设有中国特色的社会主义方面所取得的巨大成绩和经验，描绘了全面建设小康社会的宏伟蓝图，为全党全民指明了奋斗的目标。作为一个普通共产党员，读了"十六大"文件，感到无比兴奋，备受鼓舞。

十多年来，我国社会主义建设的成绩是举世瞩目的。就拿教育事业来说，这十多年教育的发展是空前的，是我国历史上最好的时期。我们仅仅用 15 年的时间就基本上普及了九年义务教育，基本扫除了青壮年文盲。这是世界各国用了几十年甚至上百年才做到的。高等教育有了很大的发展：全国普通与成人高等学校的在校生从 1990 年 382 万人增长到 2001 年的 1 214 万人，增长了两倍多，高等教育的毛入学率今年达到 14%。教育体制的改革也取得了很大的成绩。

"十六大"文件中，把教育放到重点的战略地位。江泽民同志在"十六大"上作的报告中，全面阐述了"三个代表"重要思想，讲到贯彻"三个代表"重要思想强调必须尊重劳动、尊重知识、尊重人才、尊重创造。在讲到全面建设小康社会的奋斗目标时，把全民族的思想道德素质、科学文化素质和健康素质明显提高，形成比较完善的现代国民教育体系、全民健身和医疗卫生体系；人民享有接受良好教育的机会，基本普及高中阶段教育，消除文盲；形成全民学习、终身学习的学习型社会，促进人的全面发展，作为四大目标之一。作为一名教育工作者读了这个报告既感到备受鼓舞，又感到责任重大。

推进教育的改革和发展是贯彻"三个代表"重要思想最具体的措施，教育要为科技创新，为先进生产力提供知识和人才的基础；要为精神文明建设服务，创造中华民族的先进的新文化；要为满足广大人民群众的学习需求服务，建设学习型社会的终身学习体系。全面建设小康社会就要极大地提高全民族的素质，只有通过全民教育、全民学习才能达到。

我国教育事业虽然取得了很大的成绩，但是问题不少，困难很多，要达到"十六大"所提出的目标，非下大力气不可。就拿基础教育来说，虽然基本上普及了九年义务教育，但是普及的水平还是很低的，近年来学生的辍学率居高不下，有一些地区已经达到了十分严重的地步；推进素质教育步履维艰，学生的学业负担越来越重，学生的个性和创造能力得不到发展。这些问题不解决，必然会拖社会主义建设的后腿。当前教育事业发展中的主要矛盾是教育资源严重不足和需求旺盛之间的矛盾。资源不足表现在量上，又表现在质上：优质教育资源不足，发展不均衡，引起教育的激烈竞争，从而阻碍了素质教育的推行。

教育改革的出路在于创新。江泽民同志在北师大百年校庆大会上提出教育创新，把教育创新和理论创新、制度创新、科技创新放在同样重要的地位，并且认为教育创新是其他一切创新的知识和人才的基础。他还提到推行教育创新要在教育思想上创新、教育制度上创新、教育内容和方法上创新。

推进教育创新，首先要更新教育观念。要克服狭隘片面的教育价值观，把教育的工具性和本体性结合。任何时候教育都必须为当时社会的政治和经济服务，但是不能急功近利，要在发展人的全部才能的基础上为社会政治经济服务。换句话说，只有人的素质提高了，才能更好地为社会服务。尤其要克服那种为了将来谋取优裕的职业而不顾学生身心健康发展的观念和做法。最近出了不少情况，这些情况都相当严重。例如，大家看过中央电视台的《社会经纬》，一个天津医学院的学生把自己的爸爸和奶奶杀死了。这种事情发生过几起，这都是由于心灵扭曲产生的，是由于社会教育价值观的不正确造成的。要树立正确的人才观。在当今社会，只要有社会责任感，勤奋工作，为社会作出贡献的都是人才。社会需要拔尖创新人才，每个家长也都希望自己的子女成为拔尖人才，但是这种人才毕竟是少数。今天的社会是一个多元结构、多层次的社会，需要多种多样多层次的人才。各种人才的协调发展，才能使社会正常运转。同时，现代社会的人才是不断流动的，在建立终身学习体系以后，每个人都会有充分发挥才能的机会。

推进教育创新，关键是教育制度要创新。有了制度的保证，才能巩固教育观念的转变。江泽民同志在北师大百年校庆大会上的讲话中有一句很重要的话：要扫除制约教育发展的体制性障碍，努力提高教育资源的利用效益，优化教育结构，扩大教育资源。我们需要认真研究，有哪些体制性障碍？如何克服这些障碍？我认为当前主要表现在教育投资体制上和教育管理体制上。教育投资不足，教育资源的配置不尽合理，基础教育的投资近几年严重削弱；多种渠道集资并未打通，对民办教育顾虑重重。根据国外的经验，只有多种渠道吸收资金才能使教育发展。但是，现在我们在吸收民间资金办学方面却很保守。任何领域中都有惟利是图的人，民间办学也不例外，关键是要有严格的监控。现在的状况是既不放开也不监控。民办教育处于一种无序的状态：公立学校利用公立资产，也在办民营学校，教育行政部门对民办学校不闻不问，没有纳入自己的管理范围。这种状况不改变，不利于教育的发展。

要认真研究，如何建立学习型社会的终身学习体系。学习型社会是与终身教育联系在一起的。20世纪下半叶，科学技术迅猛发展，由此而引起了生产的变化、社会的变革。这种变革使得一个人不可能一生固定在一个工作岗位上。资源的变革和人员的流动，使每个人都要不断的学习，终身学习，因此在20世纪后半期出现了终身教育的概念。首先是联合国教科文组织提出的，在1965年召开的联合国教科文组织的成人教育会议中提出来"教育将会伴随人的一生进行，教育应当借助这样的方式，满足个人及社会永恒的要求"。这种思想一经提出，就受到社会的极大关注，许多国家把它作为国家的发展战略，有的国家以法律形式加以保证，如法国1972年通过了《终身教育法》，日本1990年通过了《终身学习法》等。起初人们把终身教育看做成人教育的同义词，后来逐渐认识到以成人教育的角度来理解是不够的，需要把整个教育体系纳入终身教育的体系当中，特别是知识经济的到来，使终身教育具有更新的意义。知识的不断创新，必然会引起生产的不断变革和社会的不断进步。知识的掌握和创造，不能光靠学校教育，还要靠职工在生产实践中结合自己的工作，不断的学习和创新，要靠学校教育，也就是职前教育和职后教育结合起来，因此终身教育具有十分重要的意义。

终身学习，或称终身教育是一种完全不同于传统教育的教育理念和教育方式。它冲破了学校教育的限制，把教育扩展到人的一生和社会的各种组织，为每个社会成员在他们需要的时候提供学习机会。建立终身教育制度，就要做到各级各类学校的沟通和衔接，打破职业学校与普通学校的壁垒，允许学生根据社会需要和个人的爱好转换专业，学校之间要互相承认学分等。当然，转换专业或互相承认学分等都需要有一定的规则，按照规则办事。现代社会是重视能力的社会，应该根据学生的能力来给他提供各种学习的机会，而不是束缚在一类学校或一种专业中。这样才能激发每个人的学习积极性，同时不至于在高考时都挤向普通高校的独木桥。

在未来的社会里，终身教育已经不只是谋生的需要，已经成为人们生活的一部分，成为提高生活质量的重要手段，正如联合国教科文组织21世纪委员会1996年提出的报告，教育在个人生活中的地位越来越重要了，因为它在促进现代社会发展方面起了越来越大的作用，今后整个一生都是学习的时间，而每个人的知识都会影响和丰富其他人的知识。为了满足终身教育的需要，必须构建学习型社会，也就是学习社会化、社会学习化。在这样的社会里，全体公民都是学习的对象，同时也是学习的主体，拥有广泛而平等的受教育机会，要建设学习型社会，就要做到以下几点。

第一，要把整个教育体系纳入到终身教育体系中。以往人们把教育分为正规教育和非正规教育、普通教育和成人教育、学历教育和非学历教育，而且总是重视前者轻视后者，学习型社会要打破这种分界，要重视非正规、非学历的教育。学校教育还要按照终身教育的理念来加以改造，着重培养学生终身学习的意识和能力，学会学习。

第二，要把学校、家庭、社会结合起来，建立社区教育新体系。教育在时间延伸的同时，也要在空间上拓展。学校要打破围墙，向社会开放，吸引家长和社区成员到学校来学习。社区也要向学校开放，要吸纳社会的教育职能，为提高教育质量而服务。

第三，社会上的各种企、事业单位，都要成为学习型的组织，也就是说各种社会组织，都要把组织成员的培训和继续学习纳入到组织发展和管理之中。通过学习促进创新，通过创新促进发展。学习是人类自我超越的一种手段，人类越来越发展，越来越超越自我，通过学习使自己不断发展，学习型社会将会为人类的发展提供更好的条件，人们的素质将会达到更高的境界。

全面建设小康社会，需要提高全民族的素质，教育工作者任重道远，我们有许多工作要做。

（作者工作单位：北京师范大学）

社会分层与小康社会

李　强

非常高兴能够参加北京市社科联和北京师范大学联合举办的"2002·学术前沿论坛"。我们知道党的"十六大"报告提出了"全面建设小康社会"的奋斗目标，报告也指出了我们目前的小康社会还是低水平的、不全面的、发展很不平衡的，并且提出了要逐步扭转工农差别、城乡差别和地区差别继续扩大的趋势。所以报告实际上提出了一个很重要的问题，即我国社会发展的不平衡问题，笔者认为，这是目前全面建设小康社会中最为突出的问题。本文试从四个方面对于发展不平衡的问题，特别是社会分层问题作一剖析。

一、如何从总体上认识我国的社会分层现象

我们知道，社会的层化现象是普遍存在的，对于我国社会分层现象的认识，笔者以为，有七个特点很值得我们注意。

第一个特点，中国历来是差异性很大的社会，从古至今，莫不如此。有些人以为只是近年来社会差距才拉得很大，其实差距从来没有小过。当然，对于差距的认识，人们会有不同角度，比如，20世纪八九十年代以来，收入差距、贫富差距是明显拉大了。但是，在80年代以前，其他方面的社会差距难道就小吗？我写过一篇文章，分析比较了"经济分层"与"政治分层"。我认为，在"文化大革命"时期，社会方面的差异程度并不小。那时候，虽然经济上的差异不是很大，但是，政治上的差异十分突出，出现了政治歧视，这难道还是差异小吗？当时政治斗争的激烈性，也反映出了社会方面的巨大差异。所以我感觉到，如果想弥合这样一种巨大的差异性，一定要认识到这是几千年形成的。当然人们会提出问题，为什么差异会这么大？我认为秦统一以来，

建立了集中型的社会，社会财富和资源的集中性很强，秦以后的社会更强化了这样的体制。毛泽东曾经说"历代都行秦政事"，也就是说，后来的社会都是复制秦朝的集中型政治体制。集中型的体制自然形成了社会中心区域和社会边缘区域，各种社会资源的分布首先集中于中心区域，然后向周边扩散，所以资源在中心地带和边缘地带当然会有巨大差别。

由此导致了第二个特点，中国自古以来就是城乡差异巨大的社会。我们历来是城乡分布很不平衡的社会，许多人以为是20世纪50年代建立了城乡户籍制度造成的，但实际上，城乡差异的形成历史是很久远的。古代中国有所谓"国人""野人"之分，"国人"就是指在城市里面居住的人，"野人"就是指在城外、乡下居住的人。中国是世界上建立城墙最多的国家，城墙就是用来区分城里人和乡下人的。由历史的传承看，要消除城乡差别，也是难度很大的事情。

第三个特点，是金字塔形的社会结构。社会学在分析社会结构的时候，常常使用结构图形的方法。比如，按照人口的收入分布，将高收入的放在上面，低收入的放在下面，这样就可以看到社会分层的结构图形了。中国自古以来就是一个金字塔图形的社会结构。也就是说，是锥形，上层很小，中下层很大的结构图形。中国自古就是一个皇权社会，皇室、贵族、高层官宦人数是很少的，绝大多数还是贫苦的农民。虽然有士绅阶层，处在中上层的位置上，但是其人数也是很少的。早年康有为在批判科举制度时就曾提到这一点，说考科举的人数本来就不多，而考中者仅占千分之一、甚至万分之一。新中国成立以后、改革开放以后，中国的社会结构，确实已经发生了不小的变化，但直到今天还是大体上属于金字塔形的，为什么呢？其实，我们从城乡的分化就可以体会到上面小、下面大的总体结构。迄今为止，我国城市的人口只占37.6%，农村的人口还是占到62.4%。所以说，我国现代化的社会结构还没有形成，如果想形成现代结构，就只有把农民占的比重大大缩小，不断扩大社会的中间阶层。

第四个特点，我国历来是十分重视身份的社会，身份、等级是很森严的，比较突出地体现在官民身份上和官员的等级层次上。改革开放以前，由于户籍制度与利益的挂钩和单位制等，强化了身份制度。当然，改革开放以来，我觉得我们社会对于淡化身份制，应该说有了很大的推进。过去那样一种非常强化的，比如说农民都不能够进城的体制已经大大弱化了，但是我们也不能忽视身份制是几千年形成的，是不能在很短时间解决的问题。

第五个特点，我们这个社会历来是上层群体对社会影响很大的社会，指令都是从上面发出的。在上、下层的比较中，上层当然影响作用很大，包括我们的改革开放，也是这样的政策取向。所以在认识这个问题时，不要简单地套用西方社会理论，有人爱讲市民社会，培育市民阶层等，思想也是很重要的，但是同时不要忘记，在这个社会发挥作用的，真正影响这个社会的，最主导的力量是从哪里来的。

第六个特点，社会分化历来对社会不稳定产生巨大的影响。毛泽东主席总结说我国是农民起义次数最多的国家，搞历史的人都知道，中国历史像有一个内在的周期一样，新王朝刚建立的时候总是蓬蓬勃勃，一直发展到鼎盛时期，到了后期财富过于集中，社会矛盾激化，于是底层发动暴力起义，推翻上层建立新王朝，总之，数千年间底层起义总是连绵不断的，所以自古以来当局就强调稳定。一个好的时代，叫做大治，如文景之治、贞观之治等，实际上讲的就是由于社会的分化与社会整合造成的治乱兴衰。历代的统治者，在新王朝兴起时一般都是采取宽松一点的政策，翦伯赞教授称之为"让步政策"，使分化的程度降低一些，缓和了社会矛盾，降低了社会紧张度，于是恢复了社会稳定。

第七个特点，自古以来，我们就创造了比较好的流动机制，这是很有中国特色的东西。虽然我们自古以来分层明显、社会差异性很大，但是中国社会从公元587年就建立了科举制度，这个制度当时在全世界是领先的。当时的欧洲社会以及其他社会，大多还是贵族制度，通过家庭关系、血统来继承爵位，他们都还没有建立通过考试来选拔人才的制度。而且，科举制度不是一般的考试选才制度，它能够将精英人物通过考试直接输送到社会上层去，比如，出任官职，成为很重要的社会管理者。当然有人会问，考中科举的究竟是富家子弟还是贫家子弟多呢？历史文献可以证明，中国直到明朝的时候，科举登第者的家庭背景，有约50%的人来自"前三代俱无功名"的贫寒家子弟。所以应该承认，有比较好的流动机制，当然，后来西方社会发展出了市场机制之后并且也学会了文官制度，就在体制上大大突破了，因为市场是面对每个人的，人人都可以在市场上竞争。所以在这些方面，西方逐渐地就超过了我们。可见在流动机制上，我们也要不断创新。

以上第一方面是从总体上把握一下怎样看中国的社会分层的现象，历史的分析有助于全面地了解分层现象，知道我国社会分层的一些特点是古已有之的。

二、当前社会分化中出现的一些问题

下面试对于我国近期社会分层变化的积极因素和消极因素，或有利方面和不利的方面作一剖析。先看看不利的方面，笔者以为它主要表现为五点变化。

第一，贫富分化的程度还在加深。首先遇到的是测量的方法问题，中国这样大、人口这样多，怎样才能测量准确呢？我们也是反复印证多种调研数据，根据长期的数据分析经验，对于贫富分化的了解大体上还是准确的，还是比较有把握的。测量贫富差距，我们常常用一种方法叫做"五等份"的方法，即将人口分成五等份，看每20％的人口层在总收入中所占的比例，特别是比较最高收入的20％人口和最低收入的20％人口，看他们占有总收入比例的差距。改革开放以前的数据，我们是通过家庭经济史调查得出的。数据大体是这样，20世纪五六十年代的时候，经济收入的差距不太大，最高收入的20％的人口，在全部收入中占的比例大约为36％到37％的水平，最低收入20％人口占有大约7％到8％。到了20世纪90年代初期至中期的时候，最富有的20％的人口在总收入中所占比例上升到约47％的水平，最低收入的20％人口所占份额下降到4％到5％的水平。到了最近这一两年，最高收入20％人口所占份额突破了50％，不同的调研数据也有所差异，但一般都超过了50％，较高的数据突破了55％的水平；而与此同时，最低收入的20％人口所占的份额下降到了3％的程度。这样的贫富差距在国际上比，也算是比较高的了。由此我们可以理解，为什么党中央的"十六大"报告特别指出要注意发展不平衡的问题，要在全面建设小康社会的过程中，逐步扭转此种局面。

第二，财富集中化的程度有了较大的上升，如果用指标来测算的话，在前述的各人口组收入分布中，我们再详细分析更小比例的人口，比如看最高收入的10％的人口、5％的人口、1％的人口，看他们在总收入中占的比例，结果发现，越是小比例的人口所占有的收入份额比例越高，而且近几年这种相对比例比20世纪90年代中期又有了上升。近来做社会调研，总的印象是，城市经济、特别是集中型大城市经济都比较繁荣；相比较之下，边缘地带的发展，特别是农村的发展、农民的生活状况，却令人忧虑。换言之，越是集中区域，经济越繁荣；反之，越是乡镇基层、农村基层，经济状况越是相对严峻。财富的集中使用当然也有一些好处，但是，财富集中化程度太高了，显然不利于社会中下层群体的发展，地方、基层没有积极性，反而不利于有效地使用资金。

第三，城乡分化和区域之间的分化问题比较突出。如果动态地看，就会吃惊地发现，我国城乡之间的差距居然达到了共和国成立以来的最高值。其中一个指标是对比我国城市居民与农村居民的人均消费水平，即一个城市居民的消费水平相当于一个农村居民消费水平的倍数，在改革开放以前，高的时候曾达到 2.9 倍，改革开放初期由于农村改革充当了先锋，倍数曾有所下降，低的时候曾降至 2.2 倍。然而，随着市场改革在城市的推进，到了 20 世纪 90 年代初期以后，城乡消费差距比例就不断攀升，到新世纪初叶，已经超过 3.8 倍。另一个指标是城乡居民的收入差距。去年城镇居民的平均可支配收入为 6 860 元，农村居民的人均纯收入为 2 366 元，城市为农村的 2.9 倍。据国家统计局负责人丘晓华的估计，如果将城镇居民享有的非货币收入算在内的话，实际差距还要大得多，而且呈逐年扩大之趋势。

第四，低收入群体和社会保障体系有脱节的现象。改革以前，经济发展程度很低，但是，当时的体制却能够将几乎全体人口都覆盖在政治管理体系之内，农村依靠人民公社制度，城市实行广泛就业的单位管理体制。近些年来，市场体制发展十分迅速，经济效益和经济水平均有极大地提高，然而，利弊总是互生的，市场的无情竞争和淘汰原则，也使得一部分人进入低收入群体，有些人甚至生活保障都出了问题。相比较而言，农村的问题更突出一些。最近笔者的调查发现，一方面，农民内部的分化非常严重，一部分农民的贫困程度非常严峻，负债的情况也比较突出，而且，农村分化的困境在于基层组织基本上失去了控制，城市还可以通过街道、社区、单位来控制分化，但农村的分化却难以控制。因为人民公社解体后，农村缺少管理有效的基层政权组织来控制农村分化的局面。另一方面，与主要的社会保障体系相脱节的劳动力的比例也相当高。现在我国有 7.3 亿的劳动力，而真正能够进入正规就业体系的不到 2 亿人，加入世界贸易组织以后，由于要与国际劳工标准比较，对于正规就业要求更高了，多数人（包括广大农民）很难进入对于工资、福利、保障等要求较高的正规就业体系，只能处在一种非正规的就业状态中，当然，非正规就业也是国际劳工组织认可的一种就业状态。

第五，违规违法的财富积聚占有一定的比例。这方面我并没有确切的数据，实际情况也难以用通常的方法调查，但是在调研中感到，腐败蔓延的范围是比较大的，近来的一些腐败大案、要案涉及的金额数目巨大。我们知道违规违法所造成的分化是最容易激化社会矛盾的。因此，对于腐败的治理决不能手软，严惩腐败，遏制腐败发展的势头也是恢复社会平衡发展的一项重要措施。

三、社会分化中的一些正向因素

谈到社会分化，人们常常以为它仅仅是社会的负面因素，其实分化也有积极的方面，社会从传统结构向现代社会结构过渡就是从分化开始的。水如果没有落差就不会流动，只有在这个意义上，我们才能理解在改革初期，为什么邓小平同志提出"允许一部分人先富起来"的口号。近来，社会分层的变化中有没有积极的因素呢？笔者也一直在考虑这个问题。近一段时期以来，学者们也常常提出警告，认为出现了问题，很严重了，但事实是经济与社会发展的速度不慢，20年以来，10年以来，经济的发展指标还可以，社会大方向的发展，还是朝上升的势头，显然其中有不少正向的因素。所以，我们不要仅仅看到消极的因素，也应该看到积极因素，否则就无法解释发展的动因。笔者仔细想了一下，在社会分层方面，主要有五个积极的因素。

第一，从社会流动上看，有明显的积极因素。我们知道把人们分成垂直地位差异的分层现象只是事物的一个方面，事物的另一个方面是，人们究竟怎样进入位置较高的层次和位置较低的层次？人们究竟是长久处在一个位置上还是人们的地位有较高流动的流动率？人们的地位为什么上升了、为什么下降了？对于这方面的社会现象，我们称之为社会流动现象。我国近年来，这方面的变化有明显的积极因素。关于影响人们的地位上升、下降或收入上升、下降的因素，通常分为两类，一类是一个人后天努力的因素，或者说是凭个人本领的因素。另一类是非个人努力的因素或先天的因素，比如，一个人的家庭出身不是自己能够决定的，再比如一个人的出生户籍也不是自己能够决定的。对于我国最近的一些数据的分析发现，在影响地位和收入变化的因素中，凭个人本领的作用明显上升了，非个人努力的因素作用下降了，这是非常重要的积极因素。因为，后天努力的作用大了，会引导人们增强个人本领或重视个人的实干，这显然会促进经济效应和社会活力。仅以教育程度对收入的影响为例（教育是人们后天努力的结果），我们最近做了一个统计发现，我国的教育收益率大约是 4%，也就是说平均算起来，一个人每多上一年学，将来工作以后可以比少上一年学的人多获得 4% 的收入。这一点，确实是一个非常积极的因素。这个数据和 20 世纪 80 年代相比有根本性的变化。80年代我国曾出现"脑体倒挂"现象，即教育努力越多收入越低，这种教育负收益的现象经过十多年的市场化改革终于被根本扭转，而且教育的收益率还在逐步增加。当然，我国的教育收益率和美国相比还是低了一些，美国的教育收益率已达到 12%。

另外，也要注意，虽然个人后天努力的因素在不断上升，但是，如果全面地比较，究竟是个人努力因素作用大，还是非个人努力因素作用大，就会发现，在总体的比较上，从我国目前的数据来看，还是非个人努力因素的作用大一些，换句话说，在决定一个人收入高低的问题上，起主要作用的还是非个人努力的因素，诸如，你是城市人还是农村人，是在北京、上海、广州等大城市里工作，还是在小的城镇里工作等。所以，即使在流动方面，需要改革的方面还有很多。

第二，正向指标也还是流动方面的。我国社会结构演变处在一个非常有利的时期，即处在多数社会群体的社会地位整体上升的阶段。我们知道社会结构演变是有规律的，群体结构的演变主要是受到产业结构演变的影响。目前，我国处在产业升级迅猛发展的时期，即第一产业农业向第二产业制造业，第二产业向第三产业，以及向第四产业急速变迁的时期。体现在社会群体结构上，就是农业劳动力大规模转化为工业劳动力，在城市工业劳动力中，逐渐演变为以从事专业技术、管理、销售、办公室工作的白领为主体的社会。在这样一个特殊的社会转变时期，会产生一个特殊的现象，即众多社会群体的社会地位会整体上升。最近的研究表明，总体地位上升是一个好事情。当然，目前的整体上升主要发生在大城市里，我国一些沿海大城市出现了城市居民就业者中，白领劳动者超过蓝领劳动者的现象。职业地位是人们的首要社会地位，职业地位的普遍上升是非常积极的正向指标。

从很多人的主观感受看，也有整体上升的现象。我们曾经在全国性的调查中询问人们主观感受的生活水平，并且用这个数据和东欧的数据相比较，结果发现，我国多数人认为生活水平上升了，而苏联、东欧的数据却显示，多数人的生活水平没有上升。

第三，社会利益结构多元化的发展。其实一个社会不分化，就等于"在一棵树上吊死"，并不是好事情。现代化本身就是一个分化的过程，世界上所有国家的现代化都是从分化开始的，分化也具有某些正向的、积极的作用。过去人们以为，分化只能带来社会的不稳定，其实不尽如此。我们知道社会分化如果是简单的两极分化，那当然是不好的，但如果社会分化是利益的"碎片化"，人们的利益是多元的，那样，反而不容易发生利益纠纷。比如，过去我国绝大多数城市居民都就业于按照全国统一工资标准的国营集体企业中，那时候，涨工资都需要中央颁布全国涨工资的命令。如今，绝大多数就业者就业于各种类型的公司、企业之中，涨工资是千百万公司、企业自己的事情，大家不用"齐步走"、不会产生"共振"。就业者的利益被众多类型的公司、企业所分化。最近我们的研究表明，我们社会的利益分化是多元化的，群体相当的复杂，这样的多元利益分化，从社会学的角度来看，是有利于社会稳定的。换句话说，使得社会的多重利益交织在一起，不是壁垒森严的裂痕形的分化。

第四，我们感到有一个很正向的因素，就是社会团结的指数有所上升，社会紧张的指数有所下降，这是很好的社会现象。表现为社会主要群体的结盟现象，最近的一些研究表明，中国出现政治、经济、技术、管理精英结盟的现象，这对于中国社会的长期稳定是非常有好处的。美国是精英结盟的社会，因此国力发展得非常强大。我们知道，中国历来是上层社会对社会的发展产生很大影响的国家，现在在上述重要社会群体的团结和结盟是中国社会稳定的最重要的保证。所谓社会紧张指数下降，是指社会各群体之间的关系。社会如果能够创造宽松一点的环境，可以缓解社会的矛盾。社会紧张的指数有所下降，这也是一个正向的指标。

第五，中等收入层的比例有所扩大。党的"十六大"报告提出要"扩大中等收入者"的比重，这是一个非常重要的战略。从最近的数据看，中国所有的省会地区，中层在社会中占的比例都有明显扩大，特别是表现在北京、上海、广州三个城市居民中，首次出现了白领群体总数超过蓝领群体的现象，即从过去的直接操作型工人为主，转变为管理型、技术型、办公室型、销售型的就业为主体，这是非常重要的、积极的结构变迁。就全国的情况而言，笔者认为，新产生的中层群体主要由以下四部分人构成。第一部分是所谓"新中间阶层"。笔者以往的研究已经证明，中国大城市中正在出现一个新生的"中间阶层"。这个阶层的基本特征是：年龄比较轻，一般都具有较高的学历，有新的专业知识，懂外语，会电脑，大多就职于新兴企业、新兴行业，如金融、证券、信息、高新技术等领域；该群体收入较高，在消费行为上有着很强的高消费倾向。新崛起的一代人实际上是一种标志，它不仅是产业结构变化的结果，而且是社会结构变化的产物。第二部分是传统干部和知识分子层，该部分曾经是中国最重要的中间层，他们收入稳定，上升机会较多，在住房、医疗、养老保障等方面具有比较好的条件，迄今为止仍然是中间层的最主要的组成部分。第三部分是效益比较好的国有、股份制企业以及效益好的其他类型企业的职工层，近年来，一些效益不好的企业职工已经从这个队伍中分离出去了，但效益好的企业的职工仍然属于中间阶层。第四部分是大量的个体、私营经营者，在城市里它包括大批下海的、从事工商业活动的中小工商业业主、独立经营者、中小公司经理等，在农村里也包括那些经营比较成功的富裕起来的阶层。这也就是说，该群体在城市和农村都有发展的苗头。

当然我们知道，庞大中层群体的培育还需要较长的时间，特别是在农村社会，富裕起来的只是少数人，农村富裕阶层的壮大需要更长的时间。

四、逐步地解决我国社会发展不平衡问题的对策

那么，怎样才能缓解社会分化的矛盾呢？当然，最直接的手段就是调节收入分配，比如高额累进税。然而，从发展的角度看，笔者以为，以下四方面均为不可忽视的对策。

第一个对策是针对农村问题而言的，我觉得主要是推进城市化的建设，缩小农村与城市的差异，减轻农村的贫困程度。我们考察全世界的国家究竟是怎样最终解决农村问题的，基本经验就是积极推进城市化建设。我们知道，农业本身天然就具有劣势，农业产品弹性需求小、可替代性低，易受自然灾害侵袭、风险大，生产周期长、量大、价低、不易保存，所以几乎所有的国家，包括加入世界贸易组织的国家，都采取不同形式给农业以各种保护，实质上，工业化国家的农业是得到各种补偿的。如果要给农业以补偿，农业人口就不能太多，像我国现在这样，农村户籍人口仍然占总人口的62.4％，农业户籍人口仍然有近8亿人之多，这样补贴和补偿就只能是"撒胡椒面"式的，不会起到太大作用。在现代化国家里，随着城市化的推进，农业人口大多降到了低于5％的水平，即使像日本这样非常重视农业的国家目前农业人口也只占到就业者的5.27％。所以，解决中国"三农"问题的根本出路就在于，在今后大约20年到30年的时间里比较快地推进中国城市化的步伐，根据区域不同情况，采取大、中、小城市并举的战略完成我国的城市化任务。

第二，不断创造新的就业机会，扩大就业群体，解决城市中的失业下岗问题，同时也吸纳更多的农村剩余劳动力。从世界各国的经验看，缩小不平衡的基本方法就是扩大就业队伍。因为，在现代社会中，就业与失业成为生活富裕与贫穷的分水岭。目前，我国进入就业人口压力的高峰期，每年净增近1 000万人口，而与此形成悖论的是，我们的经济改革是以提高效益为导向的，因此其导向是吸纳少而精的劳动力。所以，如何能够创造新的就业机会就成为今天最重要的任务。劳动要与资本结合才能创造就业的位置，在这方面，我国2002年发展的势头比较好，吸引的外资有明显上升。笔者以为，同时应该承认多种就业形式的正当性，比如，小时工、临时工、多次就业、阶段就业、非全日制就业，这类就业是数以亿计的劳动力长期就业的主要形式，对于此类就业应该扶植，而不应在政策上对它们不利。当然，毋庸赘言，发展劳动密集型的产业，而不是资本密集型的或技术密集型的产业，应该成为

产业发展的重要内容，近来大力开拓的社区服务业就是很好的例子。

第三，继续推进覆盖面更广泛的社会保障体系的建设。首先是农村中的保障问题。虽然国家对这个问题作了很长时间的探索，但迄今为止仍未能建立一套像城市那样的保障体系。城市的保障体系，大体上我们已经有思路了，而农村的保障体系还没有明确的思路。千百年来，农民都是"养儿防老"的模式，基本上是通过家庭自保而实现保障的。迄今为止，国家还没有能力建设能够覆盖全体农村人口的统一的社会保障体制，这就需要因地制宜地采用多元保障的战略。包括，社会救济制度、社会保险制度、优抚安置制度，一些有条件的地方建立"五保"供养制度、残疾人福利制度和建设集体福利和公益事业，同时也大力提倡发展农村的互助制度。当然，在全面实现小康以后，在城市化水平达到现代化标准以后，最终还是要建立能够覆盖全部农村人口的社会保障体制。

与此同时，我们也要认识到，在城市里面建设社会保障体系任务的艰巨性丝毫不亚于农村。以往，大家都以为城市经济发达，生活水平比农村高，因此问题会小一些；但是，从相对贫困的角度看，城市所隐伏的危机并不亚于农村。因为，激化社会矛盾、引发社会不稳定的往往是相对贫困、相对剥夺问题。已经经过验证的"相对剥夺理论"认为，如果一个人原来生活水平不错，后来下降或跌落，或者与周围的人比他的收入相对下降了，这种相对的下降比那些在贫困地区生活水平一直不高的人，更容易引发社会问题。所以，城市中的相对剥夺是社会不稳定的导火线。这就意味着，在城市里缓解不平衡发展的任务同样艰巨。目前，在城市里的主要任务是继续推进下岗职工基本生活保障、失业保险和城市居民最低生活保障，三条保障线的全面落实。

第四，完善与市场经济相配套的多次分配环节。什么叫完善多次分配环节呢？市场只是配置资源的第一个环节，在市场完成配置以后，还需要通过多次分配，才能实现比较公平的社会分配。我们国家的分配体制在改革以前是由国家来配置资源的，改革以后很大程度上是由市场来配置的，市场主张优胜劣汰，所以必然会产生很大的不平衡和分化。当然，市场只是分配的一个环节，在市场体制完善的国家，与市场经济相配套的还会有多种环节，对于分配进行调节，最终实现平衡发展。虽然政府在调节收入分配上可以发挥较大功能，但是，财富能够从高收入层流向低收入层，从来都不是仅仅由政府一方完成的，它需要全体人民的参与。

我国过去是计划体制，总是试图一次实现公平分配，多次分配的手段不多，途径渠道也十分有限。比如，慈善事业就比较弱。慈善活动不是行政命令性的，而是自愿行为。中国自古以来有这个传统，现在一部分人先富了，也有财力基础，社会上又有这种需求，可惜渠道不畅通。如果我们能够多创造一些渠道，创造一些环节，建立让更多的公民参与的机制，比如捐献、志愿者活动、社会服务等，创建多种民间渠道，使得我们调节分配的渠道更多一些，调节的手段更全面一些，这样对我国 20 年以后或 30 年以后逐渐缓解不平衡，实现全面的小康社会，将是又一项巨大的贡献。

（作者工作单位：清华大学）

学·术·前·沿·论·坛·十·周·年·纪·念·文·集

2003·学术前沿论坛

小康社会：文化生态与全面发展

以完善为主题，推进市场经济体制建设

张卓元

我主要谈谈学习十六届三中全会决定的体会，主要有以下两点体会。

第一点体会，在全面建设小康社会的时候，应该首先从深化改革、完善体制入手。因为，当前存在很多现实的急需解决的体制问题，已经妨碍了经济的发展，所以，为了进一步解放和发展社会生产力，需要从解决体制问题入手。比如为了解决"三农"问题，需要改变城乡分割的体制。同样，为了从根本上解决腐败问题，就要解决政府职能转化的问题，审批经济体制改革和政府职能的转换，越来越提到议事日程上来。此外，消除非公有制经济发展的体制性障碍，也是当前非常迫切需要解决的问题，因为中国的就业压力非常大，而就业问题最主要的要靠发展非公有制经济来解决。

垄断行业的改革问题是当前中国国有经济改革中的重头戏，因为现在国有经济最主要的是集中在垄断行业，垄断行业中行政垄断和自然垄断结合起来，不但搞高价高收费，而且服务也很差，老百姓意见很大。垄断行业的发展潜力非常大，但是要推进垄断行业的改革并不容易，因为有既得利益集团在阻挠。

1994 年实行了分税制的改革，制定了以增值税为主的流转税制度，但是税收制度还存在很多问题。这次三中全会的决定中有几条税制改革意见，每一条只有一句话，但是每一句话的含金量都在几百亿元、几千亿元。比如出口退税改革，就要解决现在中央财政欠全国企业 3 000 亿元的问题，今后出口退税的退税率要适当降一点，从明年开始，新增出口退税中央财政负担 75％，地方财政要负担 25％。改革出口退税制度牵连到几百亿元、几千亿元的利益关系的调整问题。

还有我们现在的金融体制改革，最大的四大国有独资商业银行的股份制改革，要提到议事日程上来，否则就不能适应加入世贸组织以后国外银行进来的挑战。但是国有独资商业银行的股份制改革首先遇到的一个问题是不良资产率太高。

如果不很好地深化改革，完善体制，解决这些当前体制中存在的一系列的问题，就会影响经济的发展，所以三中全会首先要以完善体制作为主题。

其次，社会主义市场经济体制初步建立以后，为了更好地促进小康社会的建设，完善新体制，也要有纲领性文件的指导。1993 年中央《关于建立社会主义市场经济体制的若干问题的决定》(以下简称《决定》)，对于社会主义市场经济的建设，起了非常好的指导作用，使得改革步伐加快。根据这样的经验，我国的改革进入新世纪，要对已初步建立的社会主义市场经济体制逐步完善，也要有一个纲领性文件的领导。这一次三中全会的决定就给出了一个非常严格的规定和明确的目标，是今后指导我国深化改革，完善体制的纲领性文件。这次的决定，一方面既针对当前现实生活存在的很多体制问题，给出了明确的改革措施和原则；另一方面，对今后十几年建成完善的社会主义市场经济体制给出了一个非常明确的目标和方向。这次决定应该说既有非常重要的现实意义，又有非常深远的历史意义。

第二点体会，按照五个统筹的要求来完善新的体制。三中全会的决定在论述完善社会主义市场经济体制的目标和任务的时候，提出了关于五个统筹问题，《决定》提出，要按照统筹城乡发展，统筹区域发展，统筹经济社会发展，统筹人与自然和谐发展，统筹国内发展和对外开放的要求，为全面建设小康社会提供强有力的体制保障。五个统筹本身是发展问题，三中全会的文件对于五个统筹本身没有非常明确的具体论述。这五个统筹的问题，也是全面建设小康社会需要很好解决的突出问题，因此深化改革、完善体制就是要形成有利于实现五个统筹的体制和机制，就是说从体制，从机制的角度，来使五个统筹能够很好地实现。五个统筹，事实上就是我们现在所说的全面协调可持续发展观的基本要求。

这五个统筹的提出，表明我们对发展问题的认识比过去更加全面、更加准确，在这个意义上，它又很有新意，也就是说是新的发展观。人和自然的和谐发展被列为五个统筹中的一个，意义非常重大。五个统筹表明我们对当前的经济发展、社会发展和人的全面发展有很多新的认识，所以今后深化改革，完善体制，要根据对发展观的更加全面、更加准确的把握来进行。就是说，我们对发展问题有了新的认识，更加全面、更加准确，那么我们就要按照新的更全面更准确的认识来推进改革，完善体制，以便更好地促进经济和社会的发展。正是在这个意义上，有的同志也说这是个发展观和改革观的创新，或者是由发展观的创新带动了改革观的创新。

从上述可以看出来，改革和发展的更加紧密的结合。今年年初，中央十六届二中全会将国家发展计划委员会同国家体改办合并组成国家发展改革委员会，就是考虑到随着改革的深化，经济的发展，改革和发展更加密切不可分。从前两年我们对几个垄断行业改革方案的实施来看，凡是能把改革和发展紧密结合的方案都是可行的，凡是孤立地推进改革，跟垄断行业的产业结构调整、产业升级脱离开来设计改革方案的，都是不可行的。所以，经济和社会发展到今天，改革深入到今天，需要把经济和社会的发展和改革的深化更紧密地结合起来。我们现在按照五个统筹要求，来完善新体制，正是体现了这样一个新的认识，新的改革的思路。

（作者工作单位：中国社会科学院）

创新人才的心理学研究

林崇德

全面进行生态建设，促进小康社会的健康发展需要人才，特别是需要江泽民同志 1998 年在北京大学百年校庆时所提出的高素质、创造性的人才。江泽民同志指出，创新是一个民族进步的灵魂。

我们课题组遇到了困惑，困惑之一，为什么中国的公民没有得过诺贝尔奖？世界上承认智商最高的是华人和犹太人，但犹太人得奖数是华人的 28 倍，笔者的结论是高智商并不等于高创新。困惑之二，应该看到，我们的教育特别是基础教育质量是高的，成绩是大的，经验是值得推广的，但是我们的学生，考试成绩很高，在国际奥林匹克竞赛中获奖每年保持第一，但是却缺乏创造力。我们曾经进行了中英青少年科学创造能力的趋势研究，在科学创造力方面不如英国，我们得出的结论是高知识不等于高创新。困惑之三，如何解决李约瑟悖论，他指出，尽管我们中国古代有四大发明，但是现代科学所需要的学科一个也没有在中国出现。于是我们进行了思考，我们认为缺乏创新人才、创造性人才。

当前科学技术突飞猛进，知识经济初见端倪，国际竞争日渐激烈，高科技、高新技术迅速的产业化，要加快知识创新，加快高新技术的产业化，关键在于人才。我们思考为什么没有创新人才或者缺乏创新人才？后来认为那是因为我们教育的失衡。因此我们检讨了这个问题，特别是通过中英青少年科学技术创造力的比较研究，看到了我们的教育思想、教育内容、教学方法、考试方式与英国都有差异，思考以后的结论是只能从教育创新入手。我们认为教育创新、培养创新人才将关系到民族的前途和命运。我们通过理论研究认为从物质资源到职业资源，从职业资源到创新人才，关键问题是在于教育创新。因此，我们提出一个研究目的，题目叫创新人才与教育创新的研究，我们研究了以下几个问题。

研究1，研究校标群体特征。换句话说，我们利用访谈法、档案法、评定法准备请国内最有声望的院士和社会科学专家对自然科学特别是数学、物理和新兴学科，对人文科学与社会科学，特别是艺术、文学和经济学的120位创新的专家进行校标群体特征的研究。

研究2，我们准备根据前一个研究，并根据我们以往一系列的研究基础来制定创造性人才或创新人才评价测定的体系，也就是制定量表。我们制定量表准备从两方面入手，一方面是创造性思维；另一方面是创造性个性或创造性人格。至于我们在120位最有声望的创新的专家、学者、特别是院士们，他们的成长经历将放在我们的研究3、研究4、研究5、研究6中间去执行。那么我们在研究2中假设，这也是我们多年研究的结果，认为创造性人才应该是等于创造性思维加上创造性人格，我们假设创造性思维有五个方面或主要有五个方面的特点：第一，思维活动是新颖独特且有意义的。第二，思维的内容。第三，我们准备研究灵感，它是创造性思维的重要特征。第四，我们假设创造性思维，它是按部就班、逻辑推导的严密思维和知其然不知其所以然的突然袭来的直觉思维的统一。第五，发展思维，也就是一题求多解的思维和一题求一解的思维两者之间的一致。我们围绕着这五方面内容来制定创造性人才的创造性智力的量表，我们与前一个研究同步进行。创造性人才等于创造性思维加创造性人格，笔者认为，创造性人格应该包括健康的情感，也就是情感的强度，情感与认知的性质和求知欲；坚强的意志；积极的个性意识倾向性，这就是需要的形态像兴趣、动机和理想等；刚毅的性格；良好的习惯。我们按照一系列的研究的结果对创造性个人来制定量表，同时我们还要研究其他的一些问题。

研究3，研究创新的理论。研究4是研究青少年创造性发展的特征及其影响因素。研究5是我们分别作中美、中英青少年创造性发展的文化的比较研究。我们把研究3、研究4、研究5统统叫做创新人才培养的基础理论研究。

我们还研究创造性人才培养的实践，在这个研究基础上，研究新兴技术环境下，学生创造性培养的问题；研究创造性、创新性教师的培养问题，还要研究在中小学、大学里边开展创新教育教学评价体系的实验研究。

我们获准了教育部重大课题的攻关项目，是因为我们具有这样的条件。首先我们有一支研究的力量，我们有北京师范大学教育学院、心理学院、信息学院三个学院的专家，因此研究力量是强大的，我们的研究人员具有高学历，同时我们的凝聚力、年龄结构都是合理的。我们有前期研究基础，已经有了几部著作，还有下面一系列的论文，这些论文，在国外发表的已经被 SCI 和 SSCI 所收录。我们在研究过程中还要考虑到我们研究的环境，这就是：第一，北京师范大学有丰富的图书资料，第二，我们已经跟国内外学术界有广泛的联系，并且有长期的合作，除此以外，我们北京师范大学发展心理研究所，拥有在全国 29 个省市、自治区的 3 000 多个实验点。那么我们研究的特色是依托了北京师范大学优势特色的学科组成了一个团队，我们建团队室、攻关室、资料所，要代表北京师范大学的标志性成果，这就是我们的工作模式。

（作者工作单位：北京师范大学）

从走向小康社会看中国城市规划与城市建设文化生态的发展

彭培根

　　我就本人的专业学科和亲身经历来谈一点小康社会与中国城市规划及建筑设计的文化生态和发展。我的讲题很简单，就是三大块，第一个是回顾；第二个是现况；第三个是前瞻。回顾的部分就是讲走向小康社会，现况的部分就是讲城市规划和建筑生态的文化生态，前瞻部分是小康社会新兴工业的发展对未来城市规划和建筑设计的生态发展，里面包括海洋太阳能、风力的开发，生物工程的发展，纳米技术对人的生活、生态的改变，城市规划等。那么，我现在就从第一个讲一下。

　　讲到走入小康社会，我们这一家人就是亲身经历中国大城市由较落后的生存环境逐渐走入到今天小康社会最好的亲身经历的见证人之一。我是在大陆出生，在中国台湾成长，在美国上研究生，在加拿大教学和做建筑师，1982 年回国定居，在清华已经教了 21 年了。1985 年为了教学与生产的结合，创办了中国第一家中外合资的建筑师事务所——大地建筑事务所。1986 年，创办了一个大地乡村建筑发展基金会，回馈社会，捐了 209 万元，在全国边远穷的地方，做了 73 个项目，包括周庄的项目。我们 1982 年刚刚回国的时候，还有布票、粮票，还有各种配给的票据，牛奶每家只有一斤到两斤，所以我们家里人是亲身经历了祖国这 20 多年翻天覆地的经济的发展，中国人能够到今天，只能用"刻骨铭心"四个字来形容。

　　我作为一个建筑师，一直很重视和学习与经济有关的理论和数据，因为它们和广义的建筑有非常密切的关系，现在我就中国逐渐进入今天小康社会的问题回顾一下非常有历史意义的一个经济概念。1840 年鸦片战争之前，英国国会议员开会辩论是不是要对中国开战，反对开战的英国议员看到当时中国的人口是占世界1/7，当时依赖机械工业生产力的比重还不大，中国的手工业还是世界上一流的水平，所以那些议员们意识到中国的生产力大约占世界的1/3，这就等于美国今天占世界的国内生产总值的34%。中国大陆在1987年，就是改革开放初期的时候，国民生产总值只占世界的2.5%，中国台湾已经占到世界国民生产总值的1.8%，经过邓小平领导的改革开放下来，中国大陆从2.5%的国民生产总值，达到了世界的5%的国民生产总值，1999年已经达到9%，而中国台湾在过去这12年以来只是从1.8%爬到了2.2%。世界银行，还有国内外研究中国经济的机构，都预测在2012年左右，中国的人口和国内生产总值都将占世界的16%，这是日本人在今天占世界国内生产总值的比例。

现在我们讲讲现况，就是讲城市规划和建筑文化的生态。我举几个例子来说明由于工业发展促成的小康社会是如何改变了人们的时空理念和生活方式，并且进一步改变了城市规划和建筑设计的基本理念和设计方法，也就是对人类住和行影响最大的城市规划和建筑设计的改变。第一个例子就是2002年我在美国4个城市巡回，坐飞机的时候，我太太突然大叫一声，整个飞机的人也往这边看，这个是2002年1月30号那一天12点半的太阳，和一个飞机翅膀，看到一个21 800平方千米的印第安人自然保护区，这是印第安人的圣地，不让人参观的，这正好是冬天，结冰了，所以看到湖面，宽度大概是20千米，平时印第安人是不准人参观的，印第安人认为他们的祖先是从天上掉下来的一对龙。后来根据这个造型，我和我的美国合作者，就设计了全中国最大的购物中心，65万平方米，在经济技术开发区这里。我这个灵感就是来自中西文明冲突，和而不同，这是两个龙，购物中心是美国的龙，中国的龙和它又打架又交流，不打不相识。这就变成了我们的这个设计，中间是30万平方米的购物中心，旁边是办公楼。为什么讲这个设计呢？这就是生活形态改变以后影响到以后，小康社会发展影响到城市的文化生态。1973年和1974年我在芝加哥做建筑师，5点钟下班，晚上8点钟上班，临街的时装店职员上班的第一件事情就是把白人模特换成黑人，因为到了9点钟以后，芝加哥的大街是一个白人的死城，然后经过20年走入小康社会，慢慢改变文化生态。美国纽约的市长，他就规定晚上8点钟以后每一节地铁车厢坐一个荷枪实弹的警员，这就是小康化的一部分，芝加哥也做了很多努力，白领也慢慢搬到城里来了，晚上11点45分满街都是人，大部分是白人，治安非常好。我说这是新城市运动的一部分，我们现在给你做的不是美国过去的购物中心，也不是美国今天的购物中心，而是美国人20年努力以来想要达到的理想目标。

现在我们回到小康社会这个话题上，最近这十多年来，在城市规划与建筑设计上大量引进国际智力，但是如果不在开放市场与国际规划的同时也来培养中国自己的建筑师和规划师，并且扶持他们进入国际市场，那么中国的城市面貌和建筑风格的文化生态就会被全面西化，丧失了区域化文化。建筑两个字的意义到底是什么？建筑学在欧美国家是属于人文或艺术学院，在中国则属于工学院。我讲的建筑的定义很简单，一个好的建筑，应当是反映当代人类文化成果的，创造明日更好生活环境的科学、哲学及艺术的综合结晶，那么按照老子的万物相对的哲学论来看呢，它是一把两面有刃的剑，因此以上的定义是这把剑的正面，它的反面副作用呢？反映文化成果是副作用的一面，当然它不但不会创造明日更好的生活环境，反而还会破坏环境，就像我们钟校长刚开始的时候所讲的，这两年来，由 51 位两院院士，还有 114 位知名建筑师，包括我在内，联名上书强烈反对法国人设计的国家大剧院方案就是一个实例。过去 20 年来，国际建筑师协会 UIA 每四年一次的宣言，都是大声疾呼规划和建筑设计要体现区域性的文化特色，这是后现代主义的核心思想。我相信，在 21 世纪支柱科学和新兴工业的发展上，不久的将来，就能与国际并轨。我也相信 13 亿人口的中国，五千年灿烂文明，还有目前新中国的复兴，配合新工业发展对人民生活方式预防负面的影响，也能造就出一批世界一流的建筑师来为自己的国家做出世界一流的现代文明与文化结合的规划和建筑，这样做到的才能达到邓小平希望的中国城市建筑的文化生态，就会含有邓小平希望的有中国特色的社会主义。

（作者工作单位：清华大学）

审美与人的全面发展

童庆炳

近年来有两个词语在各种场合频繁的出现，这就是以人为本、人的全面发展。在今年4月14日发表的中国共产党十六届中央委员会第三次全体会议的公报中提出了五个坚持，其中就指出，坚持以人为本，树立全面、协调、可持续发展观，促进经济发展与人的全面发展，在这段话里就包括了以人为本和人的全面发展。我觉得这两个词，给文学艺术开辟了广阔的生存空间，因为作为审美的高级形态的文学艺术，它的本质特征就是以人为本，以人的情感为本、以人的本质力量为本，它的最大的功能就是促进人的全面发展。

当代世界的学术思潮中出现了一个十分引人注目的现象，那就是各门学科从不同的视角观察研究人自身。这种现象的出现并不是偶然的，随着现代工业文明的突飞猛进，经济的快速发展，人的物质生活有了很大提高，显然这一切都是现代工业文明给人类带来的好处。但是工业文明给人类带来的是双重的礼品。人在发挥自己的聪明才智、获得极大的物质利益的同时，也付出了昂贵的代价，这主要就是人的断片化。总的来说，就是说资本主义现代工业的一大特征就是劳动分工的进一步的发展，人变成了机器的一个手段，所以从这个意义上说，现代工业文明实际上是很不文明的。这是我们搞文学、搞美学的人的一种话语，现代工业文明实际上是很不文明的，因为在这里，人不再是人，人本来是完整的人，变成了机器的附属品，人变成了一种断片。那么现代人本性的内在纽带就这样断裂了，人的知、情、意就这样活活地被割裂了，那么资本主义文明带来的是感觉迟钝的人。可能有人会说，这个事情已经过去了，在资本主义经过了一个多世纪的调整以后，劳动者并没有出现绝对贫困化，在这个新条件下，人的这种断片化的问题，似乎已经解决了。

因为人们会想随着信息时代的到来，机器可以自动运转、劳动者的生活也改善了，人的劳动的强度大大地降低了，闲暇时间也越来越多，人类是不是可以免除人性断片化的这种危险呢？我觉得情况并非如此。实际上，集中营、大屠杀、世界大战、原子弹这些东西，恰恰是现代科学技术和统治自然的结果，人对人的最有效的征服和摧残恰恰发生在文明之巅，恰恰发生在人类的物质和精神成就仿佛可以使人类建立起一个真正自由的世界的时刻，我觉得这是一种警告。

今天我们讨论的是文化生态，我觉得我们需要科学文明、需要科学技术的文明，但是我们同时也需要其他各种文明，构成一种和谐的、生态的这种协调状态。文学艺术是非常非常重要的，我觉得文学艺术是可以使人从断片的人到人的全面发展的一个中介的环节。为什么文学艺术的这种审美活动、人的这种审美需要可以被称为从断片的人到全面发展人的一个中介环节呢？从一定的意义上来说，断片的人被束缚在单一的感觉上，其他的一切肉体的、精神的力量都被牺牲了，当然他们已经丧失了感受音乐的耳朵，感受形式美的眼睛，他们丧失了自己的精神家园，就像一个远离故乡的游子茫然无所依归，他们的感觉钝化，已经不能够领略杜甫的"细雨鱼儿出，微风燕子斜"，那种自然景物的细微的变化。他们的情感已经麻木，不能够体会贺铸的"若问闲情都几许，一川烟草，满城风絮，梅子黄时雨"的那种无尽的愁思和范成大的"昼山耘田夜绩麻，村庄儿女各当家。童孙未解供耕织，也傍桑阴学种瓜"那种温馨的田家乐，更不会有李白的"人生得意须尽欢，莫使金樽空对月。天生我材必有用，千金散尽还复来"的豪情胸襟和陶渊明的"采菊东篱下，悠然见南山"的闲情逸致。他们的想象力已经萎缩，他们无法相信女娲补天、后羿射日和孙悟空的七十二变，他们的理解力已经下降，难以理解屈原的"路漫漫其修远兮，吾将上下而求索"和王维的"行到水穷处，坐看云起时"和刘禹锡的"沉舟侧畔千帆过，病树前头万木春"和苏轼的"横看成岭侧成峰，远近高低各不同"等诗句中的深刻的哲理。心理功能严重的障碍已经成为断片人的基本的特征，而审美体验恰好就是清除心理障碍的适当的途径，它可以帮助人恢复各种心理功能，使人的心灵进入到一个无障碍的、自由和谐的境界，使人既有感性的经验性，和理性的成验性，为人的全面的实现创造条件。在审美体验的这一瞬间，各种心理因素之间不是这个压倒那个，也不是那个压倒这个，而是各种心理器官完全运动，达到自然和谐的境界，正是在这个意义上，我们说审美是自由在瞬间的实现。审美是苦难人生的节日，审美是由断片的人到全面发展的人的一个中介。

　　需要强调的是，实现人的全面发展，审美性的文学艺术起着重大的作用。大家都知道，中国古人煮食物的那个器具叫做鼎，鼎有三足，那么鼎因为有三足，它才能够在地上站得稳，我认为人类的精神生活，也是鼎之三足，这就是和人的心理结构知、情、意相对应的科学、哲学和艺术。科学、哲学和艺术是人的精神生活的鼎之三足，三足缺一不可。大体而言，科学赋予人一种客观的语言，使人能够跟自然对话，使人能够在改造自然中又能够与自然和谐相处；哲学赋予人另外一种特殊的语言，使人不但能够与别人对话，而且使人能够回答人提出的最后的问题；而艺术则赋予人一种审美语言，使人能够与自己的心灵对话，使人能够把自己的精神、潜能全部释放出来，所以文学艺术是非常重要的，因为我们是在一种文学艺术成为商品这样一个时代，大家都不感到文学艺术的缺乏，但是你们想一想，在"文化大革命"期间，8亿人只有8个样板戏的那个时代，你们就会感觉到审美的一种缺失。你说文学艺术重要不重要？很重要，这是我们人的一种精神家园，所以，当科学、哲学、文艺都以人为本之时，那么人有希望达到全面发展之日，那么我们期待这一天的到来。

（作者工作单位：北京师范大学）

学·术·前·沿·论·坛·十·周·年·纪·念·文·集

2004·学术前沿论坛

和谐社会：公共性与公共治理

和谐社会与科学发展观

李京文

一、关于和谐社会及发展观的发展

和谐社会是指公平、合理和有序的社会，是以人为本，全面、协调与可持续发展的新型社会。这是人类追求的理想，源于马克思规划的共产主义宏伟蓝图，类似于孙中山先生毕生追求的大同社会。

从康有为到孙中山都提出了建立大同社会的理想。康有为明确提出"天下大同"，孙中山指出"人尽其才，物尽其用，地尽其利，货畅其流，天下大同"。费孝通先生倡导"各美其美，美人之美，美美与共，天下共同"。在这种社会里，"以人为本，以德为先，人为为人"。

共产主义的宗旨是："各尽所能，按需分配"。马克思预见未来社会是"自由人联合体"，人是"全面发展的人"。列宁说："只有用人类的全部知识武装自己才能成为共产主义者。"我认为马克思说的"自由人联合体"就是东方先哲们说的大同社会，是公平、合理、和谐的社会，是全面、协调、可持续发展的健康社会。

和谐社会和科学发展观的关系极其密切，实践科学发展观是建设和谐社会的主要手段，而和谐社会则是确立和实践科学发展观的目的。发展观是关于发展的本质、目的、内涵和要求的总体看法和基本观点。有什么样的发展观，就有什么样的发展道路、发展模式、发展战略和发展结果。第二次世界大战后50多年的时间里，在世界各国致力于战后重建的大背景下，人类的确创造了前所未有的经济增长奇迹，但是，也引发了生态恶化、能源短缺、失业人口剧增、两极分化严重、社会动乱频繁等一系列严峻的问题。这些问题是经济发展的必然产物，还是在经济发展中可以避免的现象？究竟应该遵循什么样的发展思路？基于对这些问题的思考和问答，先后形成了以下几种发展观。

（一）追求经济增长的发展观。其发展模式是：发展＝经济增长

20 世纪 50 年代以后，大多数国家、特别是广大发展中国家普遍把国内生产总值（GDP）作为评判发展的首要标准，把发展单纯归结为物质财富的积累。结果在有些国家出现了"有增长无发展"，甚至是"负发展"的现象。

（二）追求经济社会协调发展的发展观。其发展模式是：发展＝经济增长＋社会变革

20 世纪 60 年代末以后，人们在肯定经济增长是发展的基础上，更多地注意到发展中质的变化，认为发展不只是国内生产总值的增长，而且包括经济、文化和社会的发展。虽然这一发展观没有考虑到后代的发展空间问题，但它比单纯追求经济增长的发展观要全面、成熟些。它表明人们的发展观开始由单一性、片面性向多元性、全面性转变。

（三）追求合理、可持续发展的发展观。其发展模式是：发展＝合理＋可持续性

20 世纪 70 年代初期，由于全球性环境污染、资源短缺、经济发展不平衡等问题越来越突出，罗马俱乐部的报告《增长的极限》和联合国斯德哥尔摩会议通过的《人类环境宣言》，明确提出"持续增长"、"合理的持久的均衡发展"的概念，强调以未来的发展规范现在的行为，主张实现在保护地球生态系统基础上的人与自然和谐相处的人类社会的永续发展。它表明人们的发展观在多元性、全面性的基础上又向前迈出了一大步。

（四）发展＝以人为中心＋社会综合发展＋可持续性

20 世纪 80 年代，联合国推出法国经济学家佩鲁的发展学论著《新发展观》，强调发展应该是"整体的"、"综合的"和"内生的"，提出发展应以人的价值、人的需要和人的潜力的发挥为中心，促进生活质量的提高和社会每位成员的全面发展。这种发展观虽然提出"以人为中心"，但含义不够明确。尽管如此，总的来说已经比较接近科学发展观了。

第一，发展必须是全面的。全面发展就是以经济建设为中心，全面推进经济、政治、文化建设，促进物质文明、政治文明和精神文明的协调发展，实现经济发展和社会全面进步。

第二，发展必须是协调的。协调发展就是统筹城乡发展、统筹区域发展、统筹各产业、部门的发展、统筹经济社会发展、统筹人与自然的和谐发展、统筹国内发展和对外开放，促进生产关系和生产力、上层建筑和经济基础相协调，促进经济、政治、文化建设的各个环节、各个方面相协调。

第三，发展必须是可持续的。可持续发展就是要促进人与自然的和谐，实现经济发展和人口、资源、环境相协调，保证资源一代接一代地永续利用，保证人类一代接一代地永续发展。要满足人类的需要，也要维护自然的平衡；要注意人类当前的利益，也要注意人类未来的利益。要改变那些只管建设、不管保护，滥开发、不治理，只顾眼前的增长、缺乏长远的打算，重局部利益、轻整体利益的错误做法，走上生产发展、生活富裕和生态良好的文明发展道路。

第四，发展必须坚持以人为本。以人为本是科学发展观的本质与核心。以人为本就是以最广大人民的根本利益为本，努力实现人的全面发展。要从人民群众的根本利益出发谋发展、促发展，不断满足人民群众日益增长的物质文化需要，切实保障人民群众的经济、政治和文化权益，让发展的成果惠及全体人民、惠及子孙后代。要把满足最广大人民的根本利益和实现人的全面发展作为经济社会发展的出发点和落脚点。

二、关于科学发展观的内涵和理论来源

党的十六届三中全会提出"坚持以人为本，树立全面、协调、可持续的发展观"，这是新一届中央首次提出的新科学发展观，是21世纪中国现代化建设的指导思想。胡锦涛同志强调："树立和落实新科学发展观，这是20多年改革开放实践的经验总结，是战胜非典疫情给我们的重要启示，也是推进全面建设小康社会的迫切需要。"

(一)新科学发展观的内涵

发展，是人类永恒的主题。人类在社会发展中不断前进，而发展观也是在与时俱进、不断演变的。要聚精会神搞建设，一心一意谋发展。但不同时期对"发展"的理解并不一样。传统的狭义的发展观把发展等同于经济增长、财富积累，忽视社会的全面进步，忽视人的全面发展。

《增长的极限》，是一份关于人类困境的报告。它以令人信服的资料和论证指出，人类自工业革命以来，奉行着工业化的经济增长模式，"征服自然"为人类服务。这条传统的工业化道路，已经导致全球性的人口激增、资源短缺、环境污染和生态破坏，不仅使人类社会面临严重的困境，而且经济必将走向"零的增长"。人类如此一味片面地追求经济增长，实际上是走上了一条不可持续的绝路。为此，专家们提出了一个划时代的理念：用"发展"代替"增

长"，从而把追求"可持续发展"引入了人类历史进程。

新的科学发展观是指导我国现代化发展的崭新思维理念，其基本内涵：一是全面发展，二要协调与可持续发展。

所谓全面发展，就是要着眼于经济、社会、政治、文化、生态等各方面的发展；所谓协调，就是各方面发展要相互衔接、相互促进、良性互动；所谓可持续，就是既要考虑当前发展的需要，满足当代人的基本需求，又要考虑未来发展的需要，实现"代际公平"，即子孙后代拥有与当代人相同的生存权和发展权，当代人必须留给后代人生存和发展必需的资源与空间。

科学发展观的核心是以人为本，这包括三重含义；一是发展的目的是为了人，为了人的全面发展；二是发展要依靠人的力量与努力；三是要处理好人与自然的关系。

美国学者威利斯·哈曼博士说："我们唯一最严重的危机主要是工业社会意义上的危机。我们在解决'如何'一类的问题方面相当成功"，"但与此同时，我们对'为什么'这种具有价值含义的问题，越来越变得糊涂起来，越来越多的人意识到谁也不明白什么是值得做的。我们的发展速度越来越快，但我们却迷失了方向。"在处理人与自然的关系问题上，过去片面强调"人定胜天"、"征服自然"、"改造自然"，结果遭到了大自然的报复。人们才开始觉察到，人与自然的关系是双向的，必须和谐相处。

科学发展观坚持发展的质和量的统一。经济增长尽管是经济发展的核心内容，但经济发展不仅仅限于经济增长，不仅仅反映社会财富在数量方面的变化，还包括经济结构的变化和经济质量的提高。另外，经济发展也不能代替社会发展，经济发展与社会发展互为前提，它们相互促进、相互制约。

科学发展观强调发展动力的多维性。事物的发展不是取决于哪一对矛盾的相互关系，而是取决于系统内部各要素以及系统与环境之间的多因素的非线性的相互作用。

"五个统筹"使新科学发展观的发展途径更加具体化。"五个统筹"即统筹城乡发展、统筹区域发展、统筹经济社会发展、统筹人与自然和谐发展、统筹国内发展和对外开放。

(二)新科学发展观的理论来源

科学发展观的形成有扎实的理论源泉和深厚的实践基础。理论源泉主要是马克思主义的唯物辩证法和历史唯物主义，它又包括两个方面：一是以马克思主义"人"的全面发展为历史源头；二是以邓小平的发展理论为当代源头。

1. 来源于马克思主义"人"的全面发展

马克思认为，未来新社会的本质特征是"建立在个人的全面发展和他们共同的社会生产能力成为他们的社会财富这一基础上的自由个性”。

未来社会应该是“以每个人的全面而自由的发展为基本原则的社会形式”。

未来社会应该是“各尽所能，各取所需”的社会。

马克思晚年提出社会主义本质二重性的理论，认为社会主义本质是保证社会生产力与人的自由全面发展的统一。

马克思指出：社会主义本身已经创造出一种新的经济制度的因素，它同时给社会劳动生产力和一切个体生产者的全面发展以极大的推动。他还指出："人类才能的发展，虽然开始时要靠牺牲多数的个人，甚至靠牺牲整个阶级，但最终会克服这种对抗，而同每个人的发展相一致。"社会主义革命和建设的根本目的，就是要克服这种对抗，实现人与社会的全面发展。

人的自由全面发展指人的能力、素质、独特个性、社会关系等诸方面自由充分的发展，指由自然和社会长期发展所赋予每个人的一切潜能的最充分、最自由、最全面的调动。人的自由全面发展包括自由、全面、充分、和谐四个环节。

20世纪初，列宁坚持把“不仅满足社会成员的需要，而且保证社会全体成员的充分福利和自由的全面发展”，写进俄国社会民主工党的纲领中去。

毛泽东指出：“我们的教育方针应该使受教育者在德育、智育、体育几方面都得到发展，成为有社会主义觉悟的有文化的劳动者。”

实现人的全面发展，是社会主义区别于其他社会的基本性质，是社会主义优越性的集中体现。

社会主义的目的是要解放生产力，发展生产力，消灭剥削，消除两极分化，最终实现共同富裕，为实现每个人的自由全面发展创造条件。

2. 来源于邓小平的发展理论

发展是邓小平理论的一个核心问题。在《邓小平文选》中，一共有1 066处使用了“发展”这个词，从一定意义上说，中国特色的社会主义就是邓小平关于在经济文化较落后的中国如何发展、如何实现现代化的理论。

邓小平发展理论是新科学发展观的理论来源，新科学发展观是对邓小平理论的继承和发展，主要表现在以下四个方面。

(1)对邓小平以经济建设为中心理论的新运用。

对党和国家的以阶级斗争为纲转向以经济建设为中心，是邓小平对中国的社会主义建设事业的伟大贡献。

(2)对邓小平人民利益发展观的新提升。

邓小平的发展观就是人民利益的发展观，他指出社会主义的根本任务就是解放生产力，发展生产力，创造比资本主义更高的劳动生产率和经济社会繁荣。

实现人民利益不仅仅是邓小平发展理论逻辑的起点、实现目标、判断标准和最终归宿，而且是他的发展理论最基本、最本质的规定。这表现在：

——他强调人民的利益高于一切的价值观，而又把人民的利益建立在社会主义生产力发展的基础上，建立在综合国力增强的基础上。

——他充分肯定人在经济社会发展中的主体地位和作用。把人民群众的首创精神，视为中国特色社会主义事业的推动力。

"以人为本"的新科学发展观对邓小平人民利益的发展观的继承和发展，突出表现在：一是对发展目标的提升；二是对执政理念的提升。

从邓小平的"发展是硬道理"到江泽民的"发展是执政兴国的第一要务"，都深刻揭示了发展是我们党执政的核心内容。执政是为了发展，发展是为了人，表明了人在我们党执政掌权、建党治国中所占的很重要地位。

邓小平的发展理论还有一个重要观点，就是发展是全人类的时代主题。邓小平多次指出：当代世界上有两个问题，一个是和平问题，一个是发展问题。

(3)对邓小平全面、协调、持续发展理念的新拓展。

邓小平强调以经济建设为中心，同时也注意到对发展的协调、统筹问题，注重发展的协调性，提出一系列"两手抓，两手都要硬"的方针。他还强调非均衡到均衡的发展：

——在发展突破口的选择上，先农村后城市；

——在发展整体推进方式上，先经济后政治；

——在发展区域上，先沿海后内地；

——在发展途径选择上，先富带动后富。

新科学发展观在继承邓小平全面、协调、持续的发展理念基础上突出了两方面的创新：

首先，突出了发展的全面性、整体性。

——从发展的概念上，坚持在经济增长基础上速度与效率相统一的发展；

——从发展本质上，坚持"以人为本"的全面发展；

——从发展的社会角度上，坚持物质文明、政治文明和精神文明的共同发展；

——从发展的主要内容上，坚持经济、政治、文化、社会各方面的协调发展；

——从发展与自然界的关系上，坚持人与社会、自然环境相和谐的可持续发展；

——从发展动力上，坚持理论创新、体制创新、科技创新的发展；

——从发展效果上，坚持经济效益、社会效益和生态效益相统一的发展。

其次，新科学发展观突出了发展的系统性、协调性。其构架的组成要素：一是人本，二是全面，三是协调，四是持续。其中人本是核心，全面、协调、持续是由人本派生出来的。"以人为本"是发展的出发点和落脚点，是发展的动力系统、工作系统、控制系统和监测系统。

——"以人为本"就是以人的全面进步为本。它要求经济和社会同步，物质和精神齐飞。全面最需要协调，协调是全面的保证。

——"以人为本"还包括以后人为本，以子孙万代为本。

（4）对邓小平"三个有利于"检验发展标准的新丰富。

新科学发展观和邓小平发展理论一脉相承。邓小平发展理论是新科学发展观的理论来源，新科学发展观是对邓小平发展理论的发展和创新。

新科学发展观对邓小平发展理论不是简单的继承，而是有发展的、有创新的。它不是解决要不要发展的问题，而是解决发展什么、怎么发展以及怎样发展得更好的问题。

新科学发展观是在新的历史条件下对邓小平发展理论的继承和创新。

总之，新科学发展观是构建和谐社会的指导思想与理论依据，和谐社会的建成是科学发展的实践结果。

（作者工作单位：中国工程院、北京工业大学）

社会和谐与公共性

郑杭生

　　党的十六届四中全会将构建社会和谐的能力，明确地列入加强党的执政能力建设的总体目标之一，这表明在中国，和谐社会的构建第一次被提升到国家的层次而具有普遍性的意义。和谐社会也就是全体人民各尽所能、各得其所的社会，用我们社会学的术语来表达，就是良性运行和协调发展的社会。用另外一个社会学理论，即用社会互构论的术语来表达，就是社会主体间行动关联及其模式化结构的最佳状态，这种状态是以社会与自然的和谐关系为基本前提的。不管是科学发展观，还是和谐社会，其本质就是双赢互利。也就是说，在和谐社会当中，生活在这个社会当中参与发展的各方，比如我们的城市、农村，我们的东、中、西各部，我们的自然、经济、社会各个方面都能够共赢互补。如果靠牺牲一方来实现另外一方的利益，这个社会是不可能和谐的，不可能全面发展的，不可能协调发展和可持续发展的。

一、公共性含义的演变及其内容

（一）公共性的初始意义

　　"公共"一词在古希腊有两重的意义。一重是指具备公共精神和公共意识，就是古希腊男人身体上成熟到一定程度的时候，他才有这样一种公共精神和公共意识，才能够参加公共事务；另外一重意思是人与人之间在相互交往中互相关心和照顾的状态。所以，在初始阶段，"公共"一词更多的是指社会性而非私人性，蕴涵着和谐社会的要素。随着时代的发展，"公共"一词演变成为政府和政治的同义词。这种公共性在阿伦特的眼中，与体现主观情绪和个人感受的私密性完全不同。黑格尔将公共性视为国家的产生基础，他将公共性界定为统治的合法基础。上述表达所传递出的意思只有一个，就是公共性与公共权力和公共利益有相同的意义。

(二)公共性问题的再次突出

社会发展的趋势一个是国家与社会的相对分离，而且社会本身又分化为公共领域与私人领域。与此相应，国家的职能也由此分解为统治和管理两大职能。由此，公共性的问题再一次得到突出和彰显。国内外的学者对公共性问题进行研究的时候，一般都聚集于公共性丧失这一面。哈贝马斯就把公共性的丧失归因于公、私两大领域的相互渗透、融合而致边界模糊。有些学者把公共性的丧失归因于政府出于对自身利益的追求、对自己内部的权力运作与官僚程度的关注而出现的普遍的政治冷漠，导致国家与公民之间的距离扩大和公民民主参与能力的削弱。

(三)新型的公共性的主要内容

公共性初始意义中的一些丧失，引发了对现代公共性问题的大讨论。在社会背景发生了很大变革的时代，公共性也具有一些新的内容。有的学者将它概括为这样五点：第一，作为一种描述现代政府活动基本性质与归宿的重要分析工具的公共性；第二，作为一种现代行政公共精神的公共性，这种精神包括民主的精神、法的精神、公正的精神、公共服务的精神四个方面；第三，作为价值理念的公共性；第四，作为一种公平和正义的公共性；第五，作为一种理性与法的公共性。

(四)新型公共性有两个主要功能

一个就是对公共事务的治理，也就是公共服务，用现代公共理念管理国家与社会是公共性最重要的环节。同时，它也催生了一种能改变现代社会结构的领域，即不同于传统公共权力领域的公共领域。另外一个功能就是在政府和市场都失灵，在资源配置都达不到的一种领域。公共性在本质上属于在私人领域的市民社会中离析出的一种公共领域动员的社会资源，处理各种公共事务和向社会提供公共物品与服务促进社会公正与社会公平，在市场和政府都无法有效配置资源的地方承担起有效的角色功能，在制度创新和社会治道的变革中起着基础性的作用。由此可见，新型公共性是构建和谐社会的一种重要的调节手段和基础保证，这种公共性所努力实践的正是构建和谐社会的条件和机制。

二、公共性与和谐社会的内在联系

公共性与和谐社会的内在联系主要包括三个方面：第一，公共性在它初始意义中就有和谐社会的要求；第二，公共性既然能在市场与国家都无法有效配置资源、都失灵的地方发挥作用，显示出它具有天然的减少或者排除不和谐因素的特征与功能；第三，公共性与和谐社会最重要的内在联系则充分体现在公共性的核心内容——公共事务——的治理，包括善治与和谐社会的关系之中，这里着重展开讲第三点。

什么是治理？英语中"治理"（Governance）一词可以追溯到古典拉丁语和古希腊语中的"操舵"一词，原意指控制、指导与操纵。自从20世纪90年代以来，西方政治学和经济学家赋予了它新的含义，不仅其涵盖的范围远远超出了传统的经典意义，而且其含义也与英语的意思相去甚远，所以Governance和Government是两个非常不同的概念。

治理理论的创始人罗西拿认为治理就是一种由共同的目标支持的活动，这些管理活动的主体未必是政府，也无须依靠国家的强制力量来实现。

全球治理委员会给治理所下的定义是：治理是各种公共或私人的个人和机构管理其共同事务的诸多方式的综合。

治理是统治方式的一种新发展，其中的公司部门之间以及公司部门各自的内部界限均区域模糊。治理的本质在于它所偏重的组织机制并不依靠政府的权威或制裁。

治理与统治的本质区别主要表现在以下几个方面。

第一，统治的主体只能是公共权力部门，权威的来源只能是政府。而治理的主体可以是公共权力部门，也可以是私人部门，还可以是二者的合作，其权威来源主要依仗的并非是政府，而是合作主体之间的持续性互动。

第二，统治的权力向度是自上而下的单向度动作过程，而治理则是多元的、上下互动的过程，它通过合作、协调及共同目标的确定等手段达至对公共事务的治理。

第三，统治遵循的是正式规则、制度与程序，而治理则以信任为基础，遵循的是主体间协商与同意的规则与程序。

善治是世界银行提出的最新口号，已经成为世界银行向第三世界提供贷款政策的主导思想。俞可平将善治定义为使公共利益最大化的社会管理过程。善治的本质特征就在于它是政府与公共生活的合作管理，是政治国家与公民社会的一种新型关系，是两者的最佳状态。俞可平认为善治有六要素，即合法性、透明性、责任性、法治性、回应性和有效性。

善治与和谐社会的关系实际上是一体两面。善治是一种和谐社会的治理过程，是构建和谐社会的条件与机制的最佳实施过程，它产生的结果只能是特定时期的和谐社会；另一方面，由国家力量和社会力量，公共部门与私人部门，政府、社会组织与公民共同治理一个社会同样是对现阶段构建和谐社会所作出的最佳尝试性选择。由此可见，和谐社会只能是一种动态平衡，今天的和谐可能就是明天的不平衡，因此善治也永远是一个发展过程。今天善治不会是永远善治，所以它是一个不断动态平衡的一种过程。善治和和谐社会就是在这种相互的促进过程中起作用的。

三、公共性在当今中国和谐社会构建中的地位与作用

(一)作为客观要求的公共性和善治

20多年来，经济体制转轨、社会结构转型、政府职能转变，带来了中国社会全方位的深刻变化，最突出的就是多元化的利益群体和社会需求的出现。人们价值观的巨大改变，对治道变革提出了迫切要求。这些经济、社会、行政的变革再次加速了社会的分化，循环的结果是产生了新的社会结构要素，同时也导致了结构脱节点和种种社会鸿沟的出现。这些在我们现实生活中都能够深切地体会到。我们今天同样也有深切的体会，政府管理职能的转变与市场机制的局限性，使分化后的社会出现了某种治理的"真空地带"——这两个都管不到的地点，给社会的良性运行带来了潜在的危机。现在我们一些"三不管"地带，真是什么东西都有。市场的作用、政府的作用基本在"三不管"地带不能体现出来。另外，中国加入世界贸易组织和全球经济一体化，给中国与国际的多方面接轨提出了更高的要求。这说明，现在的公共性和善治是客观的要求，是一种客观的趋势。

(二)新型公共性为善治提供坚实的基础

作为构建和谐社会最佳选择之一的新型公共性，为新型管理体制提供了理论基础。这种新型公共性，这种领域能满足结构日益分化、利益日益多元化的社会需求。在公共事务的治理中出现了非政府组织、基层自治组织等新型的社会治理主体，它不仅改变了社会的治理结构，而且还增加了社会主体行动结构的相关度和和谐性。最后，公共性对政府与人民关系的说明，也为构建和谐社会过程中政府的活动提供了指导性原则。

（作者工作单位：中国人民大学）

社会公平和善治是建设和谐社会的两大基石

俞可平

中共十六届四中全会提出了建设社会主义和谐社会的目标，这一目标的提出引起了广泛关注。许多人认为这是四中全会的重要创新之处，它使中国特色社会主义现代化建设的总体局面从建设社会主义市场经济、民主政治和先进文化的三位一体的格局，发展到包括建设社会主义和谐社会在内的四位一体的格局。和谐社会是一个内涵相当丰富的概念，它涉及人们的政治生活、经济生活、精神生活和日常生活，因而可以从不同的角度去认识和理解和谐社会，并提出建设和谐社会的不同途径，在这里我仅想从政治学的角度谈谈对和谐社会的一点认识。

"十六大"在提出全面建设小康社会的长远目标时，就提出了要使社会变得更加和谐的重要内容，这次四中全会提出建设社会主义和谐社会，其实是全面建设小康社会的一项重大战略部署。但它之所以在全社会引起强烈的共鸣，并迅速在全社会范围达成广泛的共识，应当还有更深刻的原因。在我看来，至少有两个方面的原因。首先，使社会变得更加和谐，这本来就是人类所追求的基本价值。和衷共济、和睦相处、和谐有序、尚同一义、博爱互助等，既是我国古人追求的"大同世界"，也是西方人向往的"理想国"。马克思主义所追求的共产主义社会则是人类迄今最理想的和谐社会。按照马克思的设想，在共产主义社会，阶级差别、城乡差别、工农差别完全消灭，私有制和社会分工带来的不平等和社会冲突不复存在，人性得以完全解放，人们的创造力获得充分释放。可见，使社会更加和谐，一直就是人们孜孜不断的追求。其次，以人均国内生产总值突破1 000美元为标志，中国的社会主义现代化建设进入到了一个新的发展阶段，在这个阶段，各种利益关系变得更加复杂，利益矛盾和冲突变得更加明显，我们在社会和谐方面正面临着改革开放以来新的严重挑战。这些挑战主要体现在以下几个方面。

其一，社会利益分配在城乡之间、地区之间和个人之间出现分化，不同的利益群体开始形成。这突出地表现在收入差距的拉大，体现收入差距的基尼系数已经超过公认的国际警戒线，并且还在继续增大。基于收入差距悬殊之上的社会利益的急剧分化，直接对社会公平构成极大的威胁。众所周知，社会公平是社会和谐最深刻的基础，没有社会公平，就不可能有真正的社会和谐。

其二，在中国目前特殊的社会政治现实条件下集中反映社会利益冲突的信访数量呈现出持续上升的趋势，特别是群体性上访事件的年均增速近年来更是达到了惊人的程度。造成信访和群访数量长期攀升的主要诱发因素涉及土地征用、房屋拆迁、下岗失业、司法不公、环境污染和干部腐败等，而所有这些诱发因素也都是破坏社会和谐的直接因素。

其三，公民对政府的不满甚至抵触，在一些地区和部门相当严重。近两年来，在全国范围内有一定影响的事件，都是深刻地体现出了人民群众对一些政府权力部门的不满意和严重抵触。

其四，社会利益群体之间开始产生严重的不信任和不合作。所谓的"朗顾之争""宝马事件"在相当程度上反映了不同利益群体之间的这种对立，在一部分民众中开始露出端倪的仇富心态，则是这种对立情绪的典型表现。

其五，刑事犯罪率持续上升，人们日益明显地感到安全感的缺乏。就其深层原因而言，刑事犯罪行为本身就与社会的不和谐行为直接相关；日益严重的刑事犯罪行为反过来又会进一步加剧社会的不和谐感。尤其值得注意的是，近年来开始频繁发生的旨在报复社会的重大恶性刑事案件，如苏州的幼儿园伤害案、重庆的茶馆爆炸案和各地的投毒案等，严重地摧残着社会和谐的公共心理基础。

我们在社会和谐方面存在的这些问题，主要是因为市场经济发展到一定程度时难以避免地产生新的社会利益矛盾，例如，利益分配的不公平，新的弱势群体的产生，利益群体之间开始分化等。但是，应当看到，除了这些原因，也还有其他的因素导致社会和谐方面出现新的问题。

首先，制度建设与社会的经济政治发展不相适应。原来的许多制度已经难以有效调节新的利益矛盾，新的利益协调机制尚未健全，在面临一些新的利益冲突时甚至出现了制度缺失。例如传统的信访制度，已经很难真正有效地担负起调节重大利益冲突的责任。

　　其次，政府管理体制改革滞后。政府职能的错位、缺位和越位现象仍然相当严重地并存，以致在一些地方和部门，政府公共权力经常是该管的没有管好，不该管的则越俎代庖，在公共教育、公共安全和公共卫生领域，这样的现象相当严重。

　　再次，政府公共服务的质量与人们的期望有相当的差距。一些政府机关的形象工程、政绩工程、公款追星现象，以及"门难进、脸难看、事难办"的服务态度，加上不少干部的特权腐败、失职渎职、官僚主义和形式主义，直接损害了公民对政府的信任，破坏了公民与政府的亲密关系。

　　此外，一些政府部门还存在重大决策失误。在一些事关公众利益的重大问题上，如果政府没有实行民主的和科学的决策，从而造成了政策失误，损害了公众的利益，就必然引起公众对政府的不满。近年来在各地相继发生的公民暴力对抗基层政府事件，大多数就肇始于地方政府在企业转制、城市拆迁、环境保护等方面的重大决策失误。

　　最后，没有及时建立起新的社会公共管理体制。市场经济必然要求政府日益从一些传统的管理领域中撤退出来，将更多的领域交给社会去管理。如果政府从一些社会公共领域中撤退出来后没有及时建立起相应的社会管理机制，或者本来应当交由社会管理的领域政府仍然在行使传统的行政管理，那么就极有可能导致秩序的失控和局面的混乱。

　　按照这样的分析，要建设一个社会主义的和谐社会，既要有总体要求，又要有具体措施。从总体要求来看，主要是努力发展经济，提高全体人民的生活水平，不断增强社会和谐的物质基础；关心群众疾苦，做好群众工作，密切干部群众的关系；调动一切积极因素，团结一切可以团结的人，增强全社会的凝聚力和创造力；协调好各方面的利益关系，努力实现财富和权益在全体社会成员之间的合理分配，避免重大的利益冲突，维护和实现社会公平；倡导社会公共道德，弘扬优秀的传统文化，营造团结合作的社会氛围以及和睦相处的人际环境；推进社会主义政治，完善利益冲突的调节机制，依靠法律和制度来维护社会稳定和生活秩序。

　　要达到上述这些总体要求，需要从各个方面采取切实有效的措施。如果从公共治理的角度看，那么，社会公平和善治就是建设和谐社会的两块基石。

　　社会公平就是社会的政治利益、经济利益和其他利益在全体社会成员之间合理而平等的分配，它意味着权利的平等、分配的合理、机会的均等和司法的公正。这样的社会公平是社会主义的本质要求，是社会主义的核心价值之一，是衡量社会全面进步的重要尺度，是中国共产党长期追求的根本目标，也是社会主义和谐社会的深厚基础。社会主义之所以最终要消灭经济上的剥削和政治上的压迫，归根结底是为了消除社会的不平等和不公正，使全体人民在政治、经济、文化诸方面享有同等的权利，从而实现人的全面发展和个性的充分解放。因此，维护和实现社会公平，不仅关系到社会的稳定与和谐，关系到人民群众对党和政府的信任与合作，关系到党和国家的长治久安，而且关系到公民的基本权利，关系到社会主义的基本价值，关系到人的全面发展和社会的全面进步。

维护和实现社会公平不是一个抽象的口号，必须具备现实的社会经济条件和切实可行的政策措施。应当认识到，要在我国社会主义现代化建设新的发展阶段满足公民对社会公平提出的新要求，就必须使全社会具备较高的经济发展水平和较好的物质生活条件。因此，在改革开放的新的历史背景下，要切实维护和实现社会公平，根本的途径仍然是努力发展社会经济，最大限度地提高社会全体成员的物质生活水平，为实现更高水准的社会公平奠定必要的物质基础。经过 20 多年的改革开放，我国的综合国力极大地增强了，人民的生活水平明显地提高了，这为我们进一步解决社会公平问题创造了基本的条件。但我们也要清醒地看到，我国的经济文化发展水平还不高，人均国内生产总值不到世界平均数的 1/5。所以，处理社会公平问题必须从实际出发，既要尽力而为，又要量力而行。一方面，必须制定相关的政策措施，努力解决本地区本部门存在的社会公平问题；另一方面，又要考虑到实际的财力和各方面的承受能力，不能提一些不切实际的目标和口号。

维护和实现社会公平必须处理好公平与效率的关系，既避免社会差距悬殊，又防止平均主义倾向。公平和效率是社会主义的两大基本价值，不可偏颇。按照马克思主义经典作家的设想，在社会主义条件下，公平与效率从根本上说应当是不相矛盾的。公平与效率的根本性统一正是社会主义优越于资本主义的重要特点之一，资本主义并不缺少效率，它所缺乏的是真正的社会公平。马克思主义经典作家批判资本主义的最大弊端之一，就是资本主义造成财富的两极分化，使贫者愈贫，富者愈富，这种经济上的不平等最终又导致政治上和社会上的普遍不平等。将公平当做社会的基本价值，追求公平与效率的统一，是社会主义的内在要求。虽然在社会主义条件下，公平与效率从根本上应当是统一的，但在局部的问题上，特别是在社会主义初级阶段的条件下，公平与效率的暂时性矛盾是不可避免的。一定的收入差距常常是追求效率的必要代价，有时为了追求效率甚至不得不牺牲公平。但在社会主义条件下，必须把包括收入差距在内的社会不平等加以必要的限制，最大限度地实现全体社会成员之间的社会公平。例如在经济公平方面，既要坚持鼓励一部分地区、一部分人通过诚实劳动和合法经营先富起来，同时也要在经济发展的基础上，通过改革税收制度、增加公共支出、加大转移支付等措施，合理调整国民收入分配格局，逐步解决地区之间和部分社会成员之间收入差距过大的问题，使全体人民都能最大限度地享受到改革开放和现代化建设的成果。

维护和实现社会公平必须正确处理好经济生活与社会生活的相互关系。维护社会公平需要相应的物质基础，合理的收入分配是社会公平的物质基础。维护和实现社会公平首先要求通过合理的分配制度，把社会成员的收入差距控制在合适的范围内，避免收入差距的过分扩大和经济利益的两极分化。然而，社会公平的内容绝不只是合理的财富分配，还包括公民的政治权利、社会地位、文化教育、司法公正、社会救助、公共服务和社会福利等。要全面维护和实现社会公平，除了缩小收入差距、扩大社会保障、使人民群众享受基本的经济公平外，还必须从法律上、制度上、政策上努力营造公平的社会环境，保证全体社会成员都能够比较平等地享有教育的权利、医疗的权利、福利的权利、工作就业的权利、劳动创造的权利、参与社会政治生活的权利和接受法律保护的权利。正是从这个意义上说，社会公平是衡量社会全面进步的重要尺度。

如果说市场行为是实现效率的主要手段，那么，政府行为则是实现社会公平的主要手段。各级政府应当清醒地认识到，市场经济绝不会自发地导致社会公平，政府的干预是维护和实现社会公平的基本手段，国家的法律、制度和政策则是维护和实现社会公平的基本保障。因此，各级政府应当把维护和实现社会公平当做自己的主要任务和道义责任，统筹经济社会发展，努力实现经济的持续增长和社会的全面进步。

善治即是使公共利益最大化的社会管理过程和管理活动。善治的本质特征，就在于它是政府与公民对公共生活的合作管理，是政治国家与公民社会的最佳关系。在这里，我仅从政府公共治理和善治的角度提出建设和谐社会的若干建议。

第一，要努力扩大公民参与公共事务和政治生活的范围，提高公民的政治参与和社会参与程度。公民的政治参与，既是一个实现民主的过程，也是一个自我管理的过程。只有在积极的参与过程中，公民才能最大限度地表达自己的愿望、实现自己的利益。没有公民的积极参与，政府单方面很难有效地协调复杂的利益矛盾。让公民参与公共管理或自我管理，既是执政为民的必然要求，也是民主政治的最高表现。善治实际上是国家的权力向社会的回归，善治的过程就是一个还政于民的过程。善治表示国家与社会或者说政府与公民之间的良好合作，从全社会的范围看，善治离不开政府，但更离不开公民。善治有赖于公民自愿的合作和对权威的自觉认同，没有公民的积极参与和合作，至多只有善政，而不会有善治。

第二，努力增大政府行为的合法性。这里的合法性不是法学意义上的合法性，而指的是社会秩序和权威被自觉认可与服从的性质和状态。它与法律规范没有直接的关系，从法律的角度看是合法的东西，并不必然具有合法性。只有那些被一定范围内的人们内心所体认的权威和秩序，才具有政治学中所说的合法性。合法性越大，善治的程度便越高。取得和增大合法性的主要途径，是尽可能地增加公民的共识和政治认同感。所以，善治要求有关的管理机构和管理者最大限度地协调公民之间以及公民与政府之间的各种利益矛盾，以便使公共管理活动取得公民最大限度的同意和认可。

第三，大力推进社会主义法治国家建设。法治的基本意义是：法律是公共政治管理的最高准则，任何政府官员和公民都必须依法行事，法律面前人人平等。法治的直接目标是规范公民的行为，管理社会事务，维持正常的社会生活秩序，但其最终目标在于保护公民的自由、平等及其他基本政治权利。从这个意义上说，法治与人治相对立，它既规范公民的行为，更制约政府的行为。法治是善治的基本要求，没有健全的法制，没有对法律的充分尊重，就不可能有公民与公民之间，以及公民与政府之间的良好合作，也就不可能有真正和谐的社会秩序。

第四，提高党政权力机关的责任心。既然执政为民是对公共权力机关的基本要求，那么，对人民负责便自然成为党政权力机关的基本职责。公共权力机关的责任主要体现在其主动责任和被动责任两个方面。首先，各级党政权力机关及其干部都必须主动地自觉地履行宪法和法律明确规定的各项职责，只要接受了公共权威职位，就意味着同时承担了相应的法定责任。权力机关及其官员如果没有履行这些基本职责，轻则是违约，重则是违法。其次，权力机关及其官员必须对其管辖的公民的正当要求有及时的回应，这是权力机关的被动责任。如果权力机关没有对公民的正当诉求在规定的期限内做出适当的回应，也是一种失职。因此，一个负责任的权力机关，不仅要在公民对其提出直接的诉求时被动地有所作为，更要在公民没有直接诉求时主动地有所作为，创造性地履行它对公民所承担和许诺的各种责任。

第五，扩大政府公共服务的范围，为社会提供更多的公共服务。毫无疑问，政府权力部门是社会公共秩序的主要管理者，它必须行使对公民的管理责任，包括强制性的管理措施。但是，随着社会主义民主政治和政治文明的发展，政府的管理职能将逐渐减少，而其服务职能则日益增加。从某种意义上讲，政治现代化和民主化的过程，也是一个从管制政府不断走向服务政府的过程。社会主义市场经济和民主政治的发展要求政府要日益强化其社会服务职能，主要体现在三个方面：其一，政府要积极提供更多的社会公共产品，特别是在环境保护、生态平衡、义务教育、基础交通、公共安全、社会保障、社会福利等方面，政府要通过提供更多的社会服务，来增进公共利益；其二，政府要日益放松对社会经济事务和公民私人事务的管制，更多地让公民和社会民间组织进行自我管理；其三，即使在政府必须履行管理责任的地方，政府也应当有服务意识和平等意识，而不是进行居高临下的家长式管理。

第六，提高公共服务的质量。政府是市场产品质量和社会服务质量的管理者，它自己也同样有一个质量问题。正像消费者对商品有质量要求一样，公民对政府提供的管理和服务也同样应当有质量要求，甚至是更高的质量要求。一个良好的政府必须为公民提供优质的公共产品、公共服务和公共管理。政府应当成为优质服务的模范，对政府的各项工作都应当有明确的质量要求和质量标准。对政府的质量要求主要体现在三个方面：其一，政府所制定的政策和法规应当科学合理，具有可持续性，而不是短期行为；其二，政府在提供公共服务和公共管理时必须诚信可靠、公平公正、合理合法；其三，政府为社会所提供的各种公共产品应当比市场产品有更加严格的质量要求。实现优质政府的关键，是必须有一支高素质的政府工作人员队伍，无论在道德素质、文化素养和专业能力等方面，政府官员都应当是社会中一个较高素质的群体。

第七，不断提高政治透明度。政治透明指的是政治信息的公开性。每一个公民都有权获得与自己的利益相关的政府政策的信息，包括立法活动、政策制定、法律条款、政策实施、行政预算、公共开支以及其他有关的政治信息；每个选民都有权获得应当由自己选举产生的政府官员的相关信息。政府的透明程度直接关系到政府决策的科学化和民主化，关系到公民的有序政治参与，关系到公民对政府官员的有效制约，关系到政府自身的廉洁。透明性要求上述这些政治信息能够及时地通过各种传媒为公民所知，以便公民能够有效地参与公共决策过程，并且对公共管理过程和政府官员实施有效的监督。透明程度愈高，公民对政府行为的理解程度和信任程度也愈高。

第八，提高公共管理机关的廉洁程度，建设廉洁政府。廉洁政府要求党政干部必须奉公守法，清明廉洁，不以手中的公共权力谋取个人私利，党政机关公职人员不以自己的职权寻求额外的"租金"。公共权威机关的廉洁直接关系到社会政治的清明和治理状况的优劣。严重的政治腐败不仅会大大增加交易成本，从而直接增加公共支出、浪费国家的钱财、打击投资者的信心，而且会破坏法治、腐蚀社会风气、败坏公共道德、损害社会公正、削弱公共权威的合法性。因此，一个良好的政府必须是一个廉洁的政府。古人云"公生明，廉生威"，只有一个廉洁的政府，才能真正在人民群众中树立崇高的威信，具有最广泛和最坚实的支持基础。

总而言之，建设社会主义和谐社会，与建设社会主义市场经济、民主政治和先进文化是不可分割地联系在一起的。从公共治理的角度看，建设社会主义和谐社会，首先必须努力维护和实现社会公平，努力推进公共权力与公民社会对社会事务的共同管理。正是从这个意义上说，社会公平与善治是建设社会主义和谐社会的两大基石。

（作者工作单位：中共中央编译局）

小康社会建设：公共资源与公共管理

黄　平

小康是中国古代儒家宣扬的一种社会理想，意指个体的经济生活达到温饱水平即过上小康生活就应该满足、小富即安了。这与我们今天全面建设小康社会的目标并不完全一致。首先，全面建设小康社会是以社会整体的全面和谐与可持续发展为目标的，而不应简单地还原为个体的利益实现；其次，全面建设小康社会必须将个人与社会整体联系起来，把社会的经济、政治、历史、文化等各种维度和需要都纳入总体的视野，而不只是经济与技术意义上的增长。

改革开放以来，我们在技术和制度方面都有创新。但是前者强后者弱，尤其是与经济增长关系不大的公共社会资源、社会公共事业方面的制度（例如公共防疫与公共卫生制度）推进滞后。在全面建设小康社会的指导思想中，不能用技术创新取代制度创新，不能用经济增长取代社会发展。

关于社会稳定。应该看到，首先，社会稳定与否，绝不只是简单地取决于国内生产总值的增长速度，法治程度、管理体制、公共事业、道德水平、社会心态（公众的安全感、信任感与公平感）等也是社会稳定的重要条件和重要指标；其次，即使只在经济领域内，也完全有可能随着经济的增长而出现通货膨胀、偷税漏税、贪污腐化等，从而导致社会不稳定；最后，在全面建设小康社会的过程中，也会出现利益多样化，地区行业等的分化，法治、管理、公共服务跟不上等，这些也都可能使社会变得相对不稳定。

一、何谓公共社会资源

所谓公共资源就是由个人组成的社会群体在进行集体行动时以规范形态

（如基于互动的共享风俗、风尚、道德、规则等）或组织形态（如基于制度的章法、程序、法纪等）存在的公共社会资源。它们的共同特点是：（1）非私人，即非个人性；（2）非商品，即非资本性；（3）非物质，即非自然性；（4）非经济，即非财政性。

我的基本假设有两点。

第一，公共的社会资源是一种基础性资源，这部分资源对于改善社会绩效具有难以替代的重要作用。用好了可以激活公共自然资源、公共经济资源，推动各类型资源的重组和有机整合，使之成为公益性的要素（Public Goods）。用得不好，会对公共自然资源、公共经济资源起抑制作用，导致资源浪费，降低社会效益、损害公共利益，成为公害性的要素（Public Bads）。

第二，在广大西部农村社区（包括西部的乡县），自然的可利用资源（水、土、林等）稀缺，经济和财政能力低下，如何组织和利用公共社会资源，是确保西部农村社区发展、稳定与公正的关键因素，也是西部在今后 10 年到 20 年内全面建设小康社会的创新点和生长点。全面建设小康社会将有赖于如何认知、理解从而运用这些更为无形的公共社会资源。

西部地区是我国经济发展水平较差的地区，依靠传统的发展手段会导致经济的单一指标化，使得西部地区更加趋于依赖性。在科学发展观指导下全面建设小康社会，就要研究如何在西部建立、动员、管理和使用公共资源的有效机制。

第一，政府在西部地区的发展中起着重要的作用。在现行体制下，西部地区的资源动员能力较弱，发展的资源有很大一部分来自中央政府或地区之外的援助，包括地方政府和当地居民对这部分资源的动员和使用能力都缺少影响力。

第二，西部所面对的问题不仅仅是经济发展和提高收入的问题，包括教育、环境和人文精神在内的诸多因素，若不加考虑，建设小康社会将会流于形式。而公共社会资源是公共资源体系中的基础性资源，对于其他公共资源起着激活或者抑制的作用。

第三，以往的开发与研究，过分重视公共资源的物质性和技术性，因而部分地区经济发展了，环境却破坏了；收入增加了，人伦却降低了；个体强了，集体却弱了。这些都有悖于小康社会发展目标。

现在西部的发展存在着两个互相依存的现象，一是大量公共资源来自外部投入（包括中央政府投入），各种资源之间不能相互协调，导致资源的浪费；二是地方性资源动员不足，地方和少数民族中存在的公共社会资源往往被看做是落后现象而不被重视。

经验证明，当面对集体行动困境的时候，缺乏高科技素质和技能的农民往往能够运用固有的文化和自组织资源，订立规则、自行融资，依靠自己的力量解决社会问题，但是这种无形资源常常不被重视，只有在其他力量不存在或非常缺乏情况下才显露出来和发挥作用。这类无形资源与其他有形资源之间存在着一种不平衡。

这种不平衡有两个负面效果：一是某些政府官员和有势力者可利用这种不平衡进行寻租，夸大资源使用成本以获得额外资助，导致其他有形资源的实际效益常常大打折扣；二是这种不平衡会破坏社会组织和个人之间应有的相互依赖和互惠的关系，导致非正式组织无法通过与正式组织的沟通，强化自己的资源利用。

二、如何激活公共社会资源

社会生活中存在着多种公共社会资源，也存在着多种提供公共服务的主体，还存在着多种资源整合的方式，关键在于如何激活它们。

全面建设小康社会，落实到具体的地方，也是如何重建社区的问题。社区既不是一个简单的行政划分，也不是在任何情况下都存在的实体。相反，在公共资源（自然的、经济的、社会的）不存在或被破坏的环境中，社会本身也面临着解体和瓦解的可能，在这种情况下，如何重建社区，特别是在西部欠发达地区如何重新整合（潜在的）公共社会资源、如何重建乡村社区（也包括乡县，或小流域、小山脉），是一个关键。

这里的"重建"，不是复旧或复古（事实上也不可能复旧或复古），而是在新的发展格局（包括市场化和信息化格局）下实现公平、合理、有效利用（潜在的）公共社会资源，从而使社区发展走上可持续的、以人为本的，并且从长远说，是城乡一体化的道路。

（作者工作单位：中国社会科学院）

和谐社会与政府责任

张秀兰　徐月宾

和谐社会是一种积极的生产力要素，而要建成一个和谐的社会，就必须加强对社会风险的管理。这两点都依赖于政府强有力的主导地位。

一、国际社会对这一问题的思考

关于社会和谐对于社会经济发展的重要作用，在我们这个有着儒学传统的文明古国，人们会有许多朴素的认识，"家和万事兴"就是这些认识的反映。应当说，和谐社会的理想不仅属于中国，它也是全人类对于美好社会的期盼。

简而言之，在这方面，学者要论证的是社会和谐对经济发展的贡献。学者是从两条路径进行论证的：一条是提供数据；一条是基于经验的理论概括。先说第一个，提供数据。世界银行北京经济部主任 Deepak Bhattasali 曾做过一个研究，很多的经济学家在研究经济增长时，总是要收集很多的经济发展指标，重要的指标有生产要素，如劳动力、资本、技术等。但是 Deepak 采取的一个研究就是先不去管很多的多变量分析，不去考虑复杂的经济模型，单看社会稳定状态对经济发展的作用和贡献。显然研究这个问题，非洲的情况最具有解释意义了。他所采取的研究是将非洲 50 多个国家的国内生产总值的增长率都拿来，算一下平均增长率，为 4.3％，然后他将那些社会动乱的和不稳定的国家去除，重新算了一下国内生产总值的增长率，为 1.4％，然后他又将那些独裁的、不按照市场经济原则运行的国家去除，再重新算了一下国内生产总值的增长率，为 5.4％。这个简单研究的结论很明显，社会稳定和社会和谐对经济增长的贡献率是 5.7％，而其他社会经济要素的贡献率是 4.0％。

在 2004 年英国剑桥大学出版社的 *Growing Public* 一书中，美国的著名经济学家林德特（Peter Lindert），通过对实际发达国家和发展中国家过去几十年的公共支出与经济增长的关系进行实证分析，证明政府公共支出对经济增长有着积极的推动作用，而不像很多新保守主义经济学家所说的公共投入对经济增长有负面影响。而且他的研究不仅证明了公共支出对经济激励的作用，也分析了其对长期经济发展的正面效果。

再说第二条论证的路径，基于经验的理论概括。很多学者都阐述了一个稳定和谐的社会对投资的吸引力，以及给经济发展提供一个良好的稳定的社会环境有多么重要。也就是说，和谐社会既是我们发展的目标，也是发展的保证。可以简单明了地说，社会和谐是有经济效益的，它是一种积极的生产力要素，可以成为发展的加速器。20 世纪 90 年代以来，国际上许多新的研究结果都从不同角度阐述了和谐包容的社会对经济正面影响的道理，同时也有学者从负面，即通过研究社会动荡和社会风险的社会成本，来阐述社会不和谐的社会代价。在过去的 10 多年中，对促进社会和谐的社会保护政策的研究成果中比较有代表性的有：英国的学者古柏提出的人力资本投资理论即提高人的能力和机会，以第三条路为其代表理论的吉登斯提出的社会投资国的概念和以美国社会政策专家梅志力的发展性社会政策框架，都分析了以促进社会和谐为目的的社会政策对发展的正面意义。此外，分析得最明白的是 1998 年诺贝尔经济学奖获得者阿玛蒂亚·森，他提出了"资财"的概念，把它视为一个国家生产财富的能力，而这个资财就包含了丰富的社会内容。美国博德公司国家竞争力咨询项目负责人迈克尔·费尔班克斯（Michael Fairbanks）根据阿玛蒂亚·森关于资财的观点，列出了七种资财：自然资源、金融资源、人造资本（建筑物，基本设施）、体制资本、知识资源、人力资本、文化资本、与创造有关联的态度和价值观。在这七种资财中，后四种都是社会资本。足见，在社会财富的增长中，社会因素居于多么重要的位置。

近一二十年来，众多学者从不同路径得出了这么相似的结论，可以认为，这是人类经过几个世纪的经济快速发展后理性反思的结果。而这一反思，正在逐步地扭转很多人的关于社会支出影响经济增长的观念。

这一认识在应对亚洲经济危机中曾发挥了积极的作用。在 1997 年至 1998 年亚洲经济危机之后，很多国家和国际组织开始重新反思这些国家的发展模式，提出了社会保护和社会安全网的建设问题。如世界银行强调对人力资本的投资、增强个人的能力、增加个人的机会、强调社会投资，OECD 所强调的人力资本和社会资本对国家的重要性，欧盟所提倡的将社会保护作为一个生产因素并收集实证案例，联合国开发署对社会发展的重视，世界银行推动的社会资本在反贫困中的作用等。

二、中国转型社会的实际尖锐地提出了社会发展失衡的经济代价问题

随着我国社会经济的超常规发展和国际化的大环境，我们今天的社会日趋多元化，这个多元化包含着经济成分、利益主体、组织形式、分配方式、价值取向等多个方面。这种多元化本身是一种很好的现象，它使得我们的社会充满了活力和生机。但是，如果没有一个社会的主流价值被认同，没有一个对社会所有成员的包容，就不能将社会的多元力量凝聚起来，就会造成社会的分化与不和谐。在中国历史上的动乱中，流民是主要的力量。所以，今天怎样对待进城打工的农民，是一个关乎国家长治久安的大问题。兰德公司的一个报告就提出了对付中国，要利用进城农民的力量制造动乱的看法。而我们的体制是，城市不能接纳农民。他们在某种程度上不认同我们的国家，不认同自己的公民身份，不分享主流的价值观。进城农民对于城市没有认同感，于是，破坏性行为广泛发生。以北京为例，我们的井盖、电缆线为什么总被破坏？铁路上为什么有那么多的"铁耗子"？这都是社会和谐不完善的表现。这还只是表面现象，为了应付群体性突发事件，我们又投入了多少行政资源和公安资源。这一趋势如果不能遏制，我们的投资环境就会恶化，其经济损失就会非常巨大。

进入 21 世纪以来，很多的研究都将全球化的影响纳入了分析的范畴，特别提出了和谐社会就是一个经济全球化的承载器，全球化的正面作用可以使一个社会迅速分享世界经济发展的成果。但这里有一个条件，即这个社会应当是一个和谐程度比较高的社会。一个和谐的社会可以化解经济全球化的负面影响，进而言之，社会和谐是影响国家竞争力和实现可持续发展目标的一个重要因素。随着资本和劳动力在全球范围内自由流动的趋势加快，国家竞争力主要表现为在资本和劳动力市场的竞争优势。一个稳定的、和谐的并符合人们普遍预期的社会环境是影响这一竞争优势形成的重要因素。

总之，一个和谐的社会对经济增长具有无可置疑的正面影响，一个不和谐的社会不可能有可持续发展。

和谐社会描述的是一种社会中各子系统协调发展的结果。要构建一个和谐社会，需要经济和非经济因素的共同作用。靠经济因素单兵突进显然是不行的。

当前，我们国家正处于转型社会时期。转型社会就是风险社会，这一点几乎不用多说，大家都会看到和感受到。而社会风险的管理，对我们建立和谐社会具有很重要的意义。

与世界上很多国家一样，中国目前的改革就是一次主动的社会转型，但中国的转型不仅面临着全球化的挑战，还面临着从计划经济向市场经济过渡以及从单位制向公民社会转变的挑战。由此可见，中国的社会发展在今后相当长的时间内将表现为社会的转型，而社会转型的最终目标就是建立起一个在国际上有竞争能力的制度框架。在这个过程中，我们的社会多重风险并存，既有传统的个人所面临的社会风险，即工业化中的疾病、退休和失业等，也有新的全球化所造成的社会风险，如全球化的劳动力市场、传染病和气候变化等，还有转型期的各种社会矛盾。在中国社会经济的急剧变化中，贫富差距呈现快速加大的趋势，每年技术和自然灾害波及几千万社会成员，人口老龄化在社会经济基础相对薄弱的条件下快速发生，农村贫困问题的挑战还很严峻，新的城市贫困现象凸现出来，这些社会风险不仅会对现在的社会和谐造成影响，还会对我国的可持续发展形成潜在的威胁。而且很多的社会风险，很难测量其临界点和约束条件，一旦发生，就会给整个社会造成非常巨大的损失。

在一个开放性的全球社会中，公共社会面临着比以往任何时代都多的不确定因素或始料未及的风险，如大规模的失业、金融风险、贫富差距加大、生态风险和社会冲突等，这些风险的发生都会对人民的日常生活安全带来严重威胁。如果政府不能对不断变化着的国际形势做出科学的预测和评估，就不可能形成有效的应对这些变化或不确定因素的政策，甚至会造成本国经济、社会和政治生活的冲突和溃损。风险或变化是任何一个国家都不可回避的，一个国家要想在全球社会中生存和发展，就必须适应变化和风险。因此，政府的公共管理职能就是如何使社会成员更好地适应经济和社会的变化，通过对各种风险的分析、评估和有效的管理，消除或最大限度地减轻其对社会生活的冲击。

全球化隐含的风险，加上我们自己转型社会的风险，二者累加的结果使得中国社会正处于一种高风险的状态，这对我们社会的和谐是一个巨大的挑战。因此，加强对社会风险的管理是保证社会和谐的重要条件。

社会风险的管理策略目前主要有三个：预防策略、减轻损失和应对损失。对社会风险的预防是在风险发生之前，来降低风险发生的可能性。如果不能防止，就需要加强措施来减轻风险的损失。如果损失不能减轻，就要加强对损失的应对策略。而这三种策略的选择，就需要针对不同的社会风险。在一个复杂的社会中，有些风险是现实的，有些风险是中长期的。对风险的确认，对风险所将产生的影响的分析，以及对风险的分类，都需要非常复杂的技术和分析手段。所以社会学家要研究和谐社会，不仅需要理论上的研究，更需要实证和技术层面的研究，才可能提出切实可行的策略来防范、预测和应对社会风险。

不和谐的社会不仅对中国的可持续发展是个威胁，对世界也是一个威胁。所以目前世界上很多人对于中国的和平崛起，也是从社会风险的角度来研究的。一个和谐的中国社会对一个和谐的国际社会也是非常重要的。

最后回到公共管理上来。一种提出公共管理的理论就是公共对社会风险的管理。必须强调的一点就是在发展和谐社会中，政府必须起到主导的作用。我国社会转型的最终目标就是建立起一个在国际上有竞争能力的制度框架。在这一框架中，政府、市场、社区以及公民个人都能够有效地发挥各自的作用。显然，促成这一制度框架的建立不是任何一个系统或部门所能做到的事情，只有政府才有能力实现这一转变。换言之，中国的和谐社会必须在政府的主导之下，通过公共政策的制定和加强公共管理才能够实现。

过去20多年来我国的经济和社会发展的明显轨迹是：伴随着改革开放所激发的经济高速增长，政府在社会发展中的角色经历了一个退出或缩小的过程，"效率优先、兼顾公平"成为中国经济体制和社会保障制度改革的基本原则。加之中国在经济体制改革之初急于打破平均主义局面的"先富带动后富"的假设，以及认为只要经济发展便可使社会问题迎刃而解的观点，其结果是家庭和个人被重新界定为社会保障责任的主要承担者，而政府则只限于补偿或解决从计划经济向市场经济转变过程中部分社会成员的传统权益受到损失的问题。因此，新的社会保障制度的建立主要针对的是国有企业改革引发的下岗、失业、退休养老金发放困难以及由此而产生的城市贫困等直接影响社会稳定的一系列社会问题。其他凡是有家庭或劳动能力的社会成员，则几乎享受不到任何社会保障，而完全需要依靠自己的能力或依赖家庭的支持来抵御和适应经济和社会变革的风险。

然而事实证明，无论是"先富带动后富"，还是只要经济发展便可使社会问题迎刃而解的假设，都不可能是一个自动实现的过程。由于在"先富"与"后富"以及经济增长与社会发展之间政府角色的缺位，我们不仅未能实现共同富裕的目标，反而陷入了所谓"有增长而无发展"的陷阱。改革之初，我们之所以强调增长和效率，而将公平置于次要的地位，是因为我们更多看到的是计划经济时期的平均主义或大锅饭带来的共同贫困和落后的问题。然而，改革以来出现的各种问题则是与未能形成利益共享的机制和结果有关。经过了短短的 20 多年，中国社会便从过去的共同贫困和落后发展到贫富差距几乎接近警戒线的状态，这一事实说明，相当一部分社会成员未能分享到经济发展的成果。加之贫富差距在中国形成的特殊背景，这种贫富分化的局面对社会凝聚力以及社会稳定的冲击力非常之大，不仅带来了现实的社会问题，对中国的可持续发展也将产生很多负面的影响。中国的经济社会发展失衡问题说明了一个事实，即国家政策的缺失会给一个国家的经济发展带来代价。

政府在推动社会和谐上的主导地位，需要在多个层面上体现。在很多社会风险的管理上，政府本身就具有不可替代的作用，如政府可以将社会风险的损失进行代际分担，如老龄化问题，可以在税收和支出上进行全社会范围内的调整等。

三、政府在构建和谐社会上如何体现主导作用

第一，重视对社会风险的预防，构建一个适应风险社会的社会基础，使得每个社会成员能够被包容进来。

国际上，近年来私有化改革的趋势在很多发达国家中进一步演化和发展为"公私伙伴关系"或"社会治理"等政府管理理念或工具，与新行政管理及其理念带动下的全球范围内的政府改革浪潮融为一体。公共管理越来越与全球化形势下一个国家的可持续发展战略和手段联系在一起。可持续发展取决于多种因素的共同作用，包括经济的发展动力和竞争能力、环境的保护和改善、高效的政府治理机制以及广泛、有效的公民参与等，而公民个人角色的有效发挥，或人的价值的实现和发展，则被认为是这些因素发挥积极作用的核心。一个良好的社会基础的作用就是保证高发展、低风险的经济和社会发展。具体来说，首先，预防就是通过积极的公共政策来消除或减少那些容易使社会成员陷入困境的因素，包括提高教育和健康服务的可及性，以及提供增强家庭功能的社会服务等，这种以人力资本投资为出发点的政策是从根本上解决就业和收入等问题的最有效途径。同时，有效的社会保障制度不仅要使人们当前的日常生活需要得到满足，还要使他们对未来的收入有稳定的预期，从而避免或减低各种社会风险的发生。事实证明，在现代社会中，风险可以来自自然或社会的各种威胁，但人们的日常生活保障得不到保证则是最大的风险因素。其次，政府通过对人力资本的投资作用，还会对企业的竞争能力甚至国家的经济能力发挥积极的作用。最后，公共治理和善治是实现社会公正、

促进社会凝聚力的重要手段，因而对建立和谐社会和可持续发展有重要的意义。

第二，政府加强对社会变迁的共识和理解的能力，使得公共价值观得以被认同。

公共管理应该采取更积极的手段，使整个社会对社会变迁所产生的风险有更多的理解和共识。和谐社会建立的基础，是一个多元化的具有生命力和创造力的全体社会成员对公共价值观的认同。不是平均主义，更不是牺牲效率的公平，而是在这个社会中，国家、社区、家庭和个人在社会变化中自我发展得到实现，个人权益得到保障，整个社会经济得以迅速稳步发展，在国际上具有强大的竞争力。政府不仅要对社会风险进行防范，同时要激励其社会成员增强对社会风险的抗击能力，使其社会成员参与到和谐社会的建设中来。政府的主导作用不应取代其他利益相关者的参与。

第三，提高政府的公共管理能力，增加全社会公共服务的提供总量和递送能力。

改革以来，围绕着中国从计划经济时期的全能型政府向市场经济条件下的有限政府转变，政府职能转变不仅是中国政治体制改革的主要内容之一，也是理论界的一个热门话题，包括从经济型政府向公共服务型政府转变、划分政府与社会的界限、放权市场组织、授权公民社会组织以及用市场机制取代政府官僚机制等。总的看来，这些观点的一个明显取向是主张政府从某些领域或过程中退出。然而，直白地说，就现阶段的中国来说，政府没有不该管的事情，或者说，在任何领域或过程中，如果缺少了政府，其结果是不堪设想的。应该认识到，政府退出有两个必要的前提：一是社会上有承载政府所退出功能的载体；二是政府对这些载体的表现，包括其运行的过程和结果，具有有效的监控和评估手段。信息不对称不只是市场中才存在的问题，在政府与各种市场和社会组织的关系中也是一个普遍的现象。只有政府解决了这一问题，使各种组织的运行和结果透明化、规范化，才可以退出，否则便是政府缺位。西方发达国家强调放权和多元化，在很大程度上是因为各种经济和社会组织的运行具备了这些条件，同时也因为在政府之外存在着制衡组织行为和保护个人利益的机制。然而在中国，尚不具备这两个前提。市场经济虽然有了显著的发展，但市场的秩序和规则等尚未完全建立和完善起来，老百姓需要非常警惕地与各种市场组织打交道，否则便会陷入陷阱；而公民社会组织更是处于萌芽状态，不仅远未形成任何制衡的作用，对人民利益的保护作用也非常有限。在这种情况下，政府不仅面临规范和培育社会组织的任务，还需要在各种组织与公民个人的交互行为中承担起维护公平和公正的角色。换言之，在中国，政府仍然是保护和维护公众利益的主要甚至是唯一的主体。特别是在大多数人的基本社会保障尚未得到满足的情况下，任何形式的放权或授权行为都会使弱势群体处于更加不利的局面。

在公共服务的提供上，政府可以采取多种形式，但是其主导地位的建立，是保障公共服务的提供总量和递送能力的关键。对于一个社会来说，公共服务体系的建立、健全和完善，是一个社会和谐的基本保障。

（作者工作单位：北京师范大学）

2005·学术前沿论坛

和谐社会：社会公正与风险管理

论和谐社会的文化建构

李德顺

　　关于构建我国社会主义和谐社会这一战略思想，不仅需要从经济、政治和社会发展等方面去理解，更要关注它的深刻文化内涵和文化意义。

一、"和谐"是一种文化境界

　　"和谐"是一个相对的概念，它与失衡、混乱、危机、冲突和对抗等相区别，是指社会的内部结构均衡稳定、社会运行安全有序、社会管理（自我调节）有效顺畅、能够自主应对环境变化的一种整体状态，即　种高度有效的"自组织化"状态。就是说，和谐不和谐，并不在于有无内外部差别、矛盾和冲突，而在于自身是否能够持续有效地解决矛盾、化解冲突和对抗。所谓社会和谐，指的主要是这样的社会结构、机制、运行方式及其效果。可见，"和谐社会"并不是一个独立于现实社会之外的特殊社会形态，而是每种社会形态下都力求达到的一套整体状态，一种文化境界。构建我国社会主义的和谐社会，并不是要在"全面建设小康社会""建设富强、民主、文明的社会主义现代化强国"等目标之外，再去构造一种什么不同的社会状态，也不应该理解为，它仅仅是为了解决现实突出问题而采取的一套权宜之计。而是说，在沿着既定方向前进、努力实现中华民族振兴目标的过程中，我们要高度重视营造和保持应有的社会和谐，以形成和完善一套使国家长治久安、社会健康稳定、积极发展的良性机制。因此应该说，这里就包含了一个更深层、更具普遍性和长远意义的"文化"建设问题。

　　"和谐"有不同的性质，是多样化和多层次的。在人类历史上，原始社会、奴隶社会、封建社会、资本主义社会、社会主义和共产主义社会等，每一种社会都有自己和谐不和谐的状况，而每一社会的主导者都力图实现和维护特定秩序下的和谐，这是不言而喻的价值选择和文化导向。但马克思主义指出，在人们所寻求和实现的社会"和谐"之间，有着两种根本性质的差别：建立在阶级分裂和根本利益对立之上的社会制度以及维护这种制度的"和谐"，与建立在消灭阶级对抗、实现公平正义基础上的"和谐"之间，属于根本不同的文化性质和水平。作为我们理想的共产主义将是人类史上空前的、走向全面和谐的社会，社会主义是为之创造条件、奠定基础的阶段，担负着"消灭阶级，消除两极分化"，使社会走出人与人根本对立状态的历史使命。正因为如此，构建新型的和谐社会始终是社会主义建设的基本目标，而社会主义制度的不断自我完善和发展，则是构建新型和谐社会的根本条件和根本保证。就是说，社会主义意味着创造和谐、走向和谐，但还不等于充分和谐。经验证明，如果在理念和实践中出现了偏差，如同在大规模阶级斗争已经结束的条件下，仍然不适当地像"坚持以阶级斗争为纲"时期那样，不是把社会和谐，而是把社会封闭和压抑甚至冲突当做解决矛盾的出路，就会破坏应有的和谐，导致不和谐，甚至激化矛盾，加剧冲突和动荡。"文化大革命"和以往接连不断的"准文革式"政治运动给我们留下的教训证明，"以阶级斗争为纲"并不是构建社会主义和谐社会的正确思路。党中央总结已往的经验教训，正视当前的困难挑战，根据新世纪新阶段我国经济社会发展的新要求和我国社会出现的新趋势、新特点，提出了要致力于构建社会主义和谐社会的战略任务。这一战略抉择既着眼于解决当下的主要矛盾，更着眼于建立长远的社会机制。

胡锦涛同志说："我们所要建设的社会主义和谐社会，应该是民主法治、公平正义、诚信友爱、充满活力、安定有序、人与自然和谐相处的社会。"他对这一任务的目标、特征和原则的阐述，既包括政治、经济、文化和生态等各个领域的和谐，更在于指出各个领域的和谐之间共同的、内在的条件和特征。就是说，我们所要实现的社会和谐，是在经济政治文化不断发展的基础上实现，同时又覆盖经济政治文化领域，从而具有基础性、普遍性的社会和谐。显然，这是一种全面的、可持续的社会和谐。而全面的、可持续的社会和谐，总体上就是广义的文化和谐。对于我们说来，构建和谐社会离不开文化和谐。只有造就深层的文化和谐，才能造就"充满活力、安定有序"、全面的、可持续的社会和谐。

二、用改革和发展打造"和谐文化"

"文化和谐"主要有两个层面：一是特殊具体的文化层面，即各个文化领域及其相互之间的和谐，呈现出"和谐文化"的面貌；二是普遍深刻的文化层面，即渗透于社会各个领域的共同思想、组织和行为方式的和谐，使社会达到整体意义上的"文化和谐"。

在我国，具体的"文化"是特指与经济、政治相并列的精神文化领域，包括：哲学社会科学研究和文学艺术创作等精神生产领域，教育、新闻和大众媒介等文化传播领域，休闲娱乐等群众文化生活和文化消费领域，民族历史和民间遗产等文化资源领域，以及在这些方面进行的国际文化交流领域，等等。当前的文化体制改革，首先是在这些领域进行，以使之适应社会主义市场经济的基础，形成与发展着的经济政治相和谐的先进文化，激发文化事业和文化产业更大的活力，以落实人民群众的文化权益，壮大我国的综合实力。这项改革的深度、广度和难度，都不亚于已经进行了 20 多年的经济体制改革，实际上成为继农村（业）体制改革、城市（国有企业）体制改革之后的第三个台阶。这方面改革和建设的目的，就是要构建起一套全新的社会主义"和谐文化"，用它来促进和保障完整全面的社会和谐。

所谓"和谐文化"，是指一个文化体系自身的内容及各种形式、各个环节之间是统一和谐、积极互动的，而不是分裂、冲突和相互抵消的；这一文化体系与它的经济基础、政治导向和生态环境之间也是和谐一致、积极互动的，而不是分离、对立和相互抵消的。我国社会主义和谐文化的建设面临着许多复杂的问题，需要在实践中不断加以解决。例如以下几点

第一，思想内容与价值取向的"一元与多元"问题。从党和国家的指导思想、中华民族整体的根本利益上看，我们的文化必须是，也只能是一元的，不能是多元的；但从国内和国际的现实看，由于有多元的经济和政治主体（种族、民族、阶级、阶层、宗教、不同层次的利益群体和个体等）存在，社会文化实际上是多元的，并不是一元的。在这种情况下，我们实事求是地构建和谐文化的积极态度，就是要更好地建设自己的先进文化，并用它去面对多元文化，以求更有力地影响和引导多元文化，在国内实现社会主义先进文化主导下的社会文化和谐，在国际上不断增强和扩大中华文化的竞争力、影响力。

在一元与多元的问题上，有两种脱离实际的态度是极端错误和有害的。一种是"只此一家，别无分店"的文化自大主义，拒不承认或幻想取消世界上的多元文化。用这种态度去搞我国的文化建设，因为它不知道社会主义文化"先进性"的参照物和对比尺度是什么，就必然导致盲目自负、故步自封、简单化和低标准，甚至失去改革发展的动力；用这种态度去看待世界和多民族文化，因为它不懂得多元文化的主体价值，就会忽视甚至蔑视各国各族人民

群众的文化权益，结果不是走向文化霸权主义、专制主义，就是走向文化投降主义、民族虚无主义。另一种是"把承认多元变成主张多元"的文化自毁主义。它不懂得，"多元化"虽然是社会文化的客观现实，却从来不是任何主体的主观追求。因为就文化和价值而言，"多元"只能存在于多个不同主体之间，而不可能是同一个主体的自我选择。世界上任何主体自身的文化和价值体系，在客观上和主观理性上都只能是一元的，否则就会导致自身的错乱和毁灭。因此所谓"指导思想多元化"实际是一种"精神自我分裂"式的主张，如果不是出于有意的欺骗和虚伪，就一定是出于对文化与价值的无知，对于任何一个主体都行不通。

要实现社会主义文化主导下的文化和谐，我们就必须排除上述两种偏向的干扰，采取"面对外部多元，发展自身一元，用一元引导多元"的立场。一方面要正视国内外文化多样性包括多元性的现实，以客观务实的态度清醒应对，努力扩大自己先进文化的普适性和包容性，增强适应力和竞争力；另一方面更要重视主导文化自身的科学性、先进性建设，以增强马克思主义意识形态的主导力和凝聚力，提高党的文化执政能力，通过切实的行动及其影响来发挥它的主导作用。

在这方面，目前特别值得注意和警惕的，与其说是社会上的"多元化"主张，不如说是在我们自己的实际工作和宣传教育中事实上存在的某些"二元"或"多元"化倾向。例如：在现行的社会经济政策与相关政治理念、道德呼吁之间的"二论背反"；在城市与农村之间、不同性质的企业之间、领导与群众之间存在着的规则不一、标准不一；在实行"法治"还是"人治"，按市场经济规则还是按习惯规则办事等问题上表现出来的"上下不一、前后不一、言行不一、心口不一"，等等。应该指出，存在这些情况的重要原因之一，与基础理论研究和建设方面的准备不足有很大关系。特别是对于改革开放以来我国大量实践经验和创新成果的理论总结跟不上，其中包括对邓小平理论、"三个代表"重要思想和科学发展观的研究和宣传，往往停留于政治和政策的表面，就事论事，对深层的理论发掘和整理不够，不注意将其变成具体而系统的科学理念、方法和规范，因而不能及时向党内外提供切实有效、普遍长久的合理共识，总之是缺少深层文化的积累功夫。在实践中，如果来自主导系统的信息本身不统一，缺乏清晰的逻辑一贯性，就势必造成思想混乱和行动无序，使一元的主导文化难以发挥其缔造和谐的作用。这就是为什么我们一方面产生了伟大的思想理论成果，另一方面却越来越感到思想理论方面压力很大的原因之一。可见，只有在加强社会主义文化深层建设方面下工夫，使它更加科学、先进、完整而具体，并且真正"贴近生活，贴近实际，贴近群众"，才能充分地坚持其一元主导作用。

第二，文化建设的两大基本形式——文化事业和文化产业的关系。党的"十六大"报告提出要积极发展文化事业和文化产业以推动先进文化建设，首先意味着要进行文化体制的重大改革，将我国过去与计划经济相联系的单一"事业"型文化体制，转变为与市场经济相适应的新型文化体制。新型文化体制包括要保持和发展文化公益事业，引导事业单位适应市场经济环境，增强自身的发展活力；同时还要大力发展文化产业，通过完善文化产业政策来支持其发展，以增强我国文化产业的整体实力和竞争力。这场文化体制改革的动力来自经济政治发展对文化发展与之和谐的客观要求，同时也就提出了文化体系内部"事业"和"产业"的和谐问题。

文化事业和文化产业虽然各自有其特殊的性质、条件和发展规律，彼此之间存在着复杂关系，但它们都是文化发展的社会形式，都必须服从和服务于文化内容，所以也就存在着彼此和谐统一的根本条件。"十六大"指出："发展各类文化事业和文化产业都要贯彻发展先进文化的要求，始终把社会效益放在首位。"就是说，必须围绕先进文化的内容来发展壮大两大文化形式，才能保持它们之间根本的和谐一致。在所有的相关决策和政策措施中，决定性的关键都在于正确把握先进文化的本质内容及其前进方向，全面贯彻"面向现实、面向世界、面向未来的，民族的科学的大众的社会主义文化"的纲领。

例如：怎样把握文化"事业"与"产业"划分的标准，怎样保证文化事业的"公益"性质，怎样看待文化产业的"经营"性质等。看起来是形式上的操作问题，实际上反映着对文化本质内容的理解。"十六大"报告指出："发展文化产业是市场经济条件下繁荣社会主义文化、满足人民群众精神文化需求的重要途径"，既指明了发展文化产业与社会主义市场经济的一致性，也指明了发展文化产业与贯彻社会主义宗旨的一致性，体现了将文化事业和文化产业做一元化把握的正确方向。它对实际工作的要求，就是要以积极的、建设性的态度去落实和保持这种一致性，实现文化事业和文化产业的共同繁荣、和谐发展。然而在现实中，有很多却是用旧的观念和习惯来看问题，例如认为发展文化产业必然降低文化品位，导致庸俗化；向社会大众开放就会造成意识形态失控；发展文化事业就要由国家包办，不能借助市场等。其共同特征是把主导文化与大众文化彼此割裂、对立起来，并含有轻视或忽视人民群众的意向。这些观念严重阻碍着文化体制改革的深入。而种种把文化事业和文化产业对立起来的"二元化"倾向中，一个思想根源往往是对社会主义文化的内容从根本上做了孤立化、片面化、简单化和僵硬化的理解。它们似乎认为：社会主义意识形态与社会主义市场经济是不相干的，前者不需要也不可能在后者的实践中检验、丰富和发展自己；认为坚持意识形态导向与满足人民群众的精神文化需求之间没有内在的联系，甚至认为满足后者就会削弱前者；认为社会主义文化的先进性只能通过自上而下的途径来保持，不可能在广大群众的生活中自下而上地不断形成、创新和发展；认为人民群众的文化权益可以不同于经济、政治权益，仍然可以完全依靠行政手段来落实，不需要运用民主和法治的形式来保障；等等。这些思想显然来自计划体制下形成的文化与意识形态观念，远未达到建设中国特色社会主义指导思想的高度，也缺少马克思主义的理论深度和力度。所以它们必然产生对文化体制改革的消极态度，不利于正确积极地处理发展文化事业与发展文化产业的关系。可见如何正确积极地处理文化事业与文化产业发展的关系，不仅涉及如何全面正确地把握社会主义文化建设的总体方向和总体原则，更涉及如何全面地理解和体现主导文化的科学性、先进性问题。我们要坚持用发展着的马克思主义来更新观念，防止将社会主义文化的思想内容做脱离实际的孤立化、片面化、简单化和僵硬化理解。

第三，文化发展的两大环节——精神生产与精神消费的关系。对于在社会上被广泛议论的"大众文化与精英文化"、"俗文化与雅文化"、"时尚文化与传统文化"的关系问题，我们要走出传统观念的误区，不要以主体分裂和对立的观念，而是用马克思主义关于文化发展中"消费与生产"的理论来把握之，才能更切实地贯彻邓小平理论、"三个代表"重要思想和科学发展观，确立促进文化整体和谐发展的战略和策略。

所谓"大众文化""通俗文化"和"时尚文化"等，主要是群众日常生活中的文化消费形式；而所谓"精英文化""高雅文化"的合理价值，主要在于通过专业化不断向新领域、深层次、高境界的探索和创新，因此应视为代表精神文化"生产"（原创、创新、提高）的形式。两者之间存在着相互促进、相互转化的一般规律。基于此，我们打造文化和谐的重要任务就是：一方面要让文化消费的需要，特别是它的发展需要，尽可能成为文化生产的需要和动力，以促进文化生产的发展更新；另一方面，要让文化创新生产的成果，尽可能快地转化为消费的需要和动力，以使优秀文化真正成为大众文化的引导，帮助大众文化不断提升到新境界。就是说，不仅要适应市场经济体制，充分落实人民群众的文化权益，实现大众消费型（含次生产型和再生产型）文化资源的优化配置；而且要调动整个社会资源，着眼于高层次文化的发展，实现生产型（原创型、创新型、提高型）文化体制的健全完善，以造就"文化生产与消费积极互动、雅文化引导俗文化不断上升、和谐发展"的良性机制。这是我们进行文化体制改革，大力发展先进文化的一个战略要领，也是在面向市场发展文化产业的过程中，防止出现"文化沙漠化"不良后果的关键。

我国改革开放的巨大成就，不仅表现为人民物质生活水平的迅速提高，也表现为人民精神生活的日益丰富、大量精神需求的释放和精神消费能力的急剧增长。在这种形势下，精神生产领域的落后和不足充分地暴露出来，成为精神文化发展的主要瓶颈，这是当前最大的"文化不和谐"现象。目前在精神生产（主要是哲学社会科学研究和文学艺术创作）领域存在的"高雅文化不够高雅，精英文化难出精品，主流文化缺少魅力"，不足以显示伟大时代的精神风貌，不能满足广大群众文化需求的情况，是由多种原因造成的，其中对于从计划体制时期沿袭下来的思想文化体制改革尚未到位，是一个基本因素。计划体制下的精神生产主要是意识形态的"宣传教育型"，即内容高度政治化，精神产品的原创或首创权力不得不高度集中于"上面"，形式则着重于从上向下进行推广、普及、教育和灌输。这种体制事实上主要是精神再生产或次生产的体制，并不符合全面的精神生产，特别是市场经济条件下全面的精神生产的规律。因为精神生产的本性在于面向生活实践的探索、开拓、升华和创新，是整个社会自主创新的共同事业。局限于单一的"宣传教育型"体制，显然难以充分调动和依靠精神生产队伍（思想理论界和文艺创作者）的主动性和创造性，不利于造就精神生产领域普遍的自主创新机制。一味"眼睛向上"而不善于"植根大地"的精神生产方式，容易产生理论与实际、导向与群众、口号与生活之间彼此脱节的不良后果。长此下去，不仅使精神生产难以适应日益多样化、个性化的精神生活和精神需求，而且会使精神生产能力趋于萎缩，造成未来文化的落后。

因此，我们目前必须推进精神生产领域的体制改革和机制创新，以符合精神生产的一般规律和特殊规律，适应新的形势和发展需要，进一步解放和发展精神生产力。需要抓紧研究怎样落实中央三号文件精神，从制度和体制上促进、保证我国哲学社会科学研究和文学艺术创作走向新的繁荣，造就"思想库、智囊团"型的精神生产队伍，形成为社会发展提供更加强有力精神服务的文化体系，为创建新时代的先进文化提供富有生命力、凝聚力和国际竞争力的丰富成果；研究怎样从制度和体制上实现并保证哲学社会科学研究和文学艺术创作的精品成果，能够与社会需要和大众的文化生活密切结合，使它们相互转化的渠道通畅起来，从而取得可控的良好效果；研究怎样通过政府、社会和市场资源的有机整合，保护好、发展好体现民族精神的优良文化遗产，使它们成为我国新世纪的文化优势和综合国力的强大因素；等等。总之，作为文化发展的核心机制，精神生产领域的改革和发展问题已经刻不容缓。

三、讲究"做法"艺术，提升和谐程度

构建和谐社会不仅包括我们要"做什么"，即保持任务和目标的和谐与先进，更包括我们要"怎样做"，即注意"做法"的和谐与先进。所谓"做法"的社会表现，包括依据一定理念而形成和执行的一套制度、体制、机制，运行的方式、程序、方法，行为的规则和规范，以及相应的作风、习惯和风格等。文化并不神秘，也不琐碎，"做法"正是普遍意义上的"文化"，它比"做什么"（事物）更能代表一种文化的性质和面貌。在这层意义上，构建"文化和谐"意味着我们在努力做好一切事情时，都要自觉地注意并以改革创新的精神去改善、提高"做法"的合理性与先进性，使它们更充分地体现社会主义先进文化。这不仅是增强党的执政能力、提高领导艺术水平的需要，也是从文化层面提高社会和谐程度的需要。

打造文化和谐需要有一个普遍化的视角，着眼于更高层次的境界。

首先，要密切关注事物和工作中的"隐形"层面，即文化状态，通过改善深层体制和机制，有针对性地加强正面文化的建设。文化作为人和社会的行为模式、生活"样式"，普遍地渗透在社会体制、调节机制和人们的行为方式之中，常常表现为某种"隐形"的因素，却发挥着不可忽视的正面或负面作用。例如：我国传统中有"重人情，轻规则"的弱点，它在许多地方产生了"潜规则胜过显规则"，干扰民主法治建设的不良效应。我们要在民主法治的基础上构建社会主义和谐社会，就不能无视或简单化地对待这种文化现象，更不能停留于表面，讲空话或搞不切实际的形式主义，而要深入到"潜台词"、"潜规则"的领域去，通过改善管理机制和发挥管理的示范作用，以正确的新观念、新做法去取代旧观念、旧做法。既要旗帜鲜明、坚定不移地制定并执行民主和法治的规则体系，也要注意规则本身充分吸收传统精神中的合理成分，使之符合国情、体恤民情，更要注重在执行规则的过程中保持其严肃性和一贯性，减少以致消除使之变形、失效的各种干扰。以此为目的的思想理念和各种措施，包括管理体制改革、反馈和调节机制的健全、乃至工作人员行为的自律和监督机制的完善等在内，正是这个问题上先进文化建设的实际要求和具体体现。文化不是空洞的抽象，没有这种下到"隐形"层面的意识和功夫，就不可能收到文化建设的深层效果。

　　其次，要走出"路径依赖"的误区，拓宽文化发展的渠道，营造多样化统一、生动活泼的文化和谐。"路径"是通向目标的过程载体，目标能否实现往往取决于路径是否对头。当人们基于经验或其他原因而对某一路径形成习惯性、专一化的依赖时，这条路径往往就成了束缚思想和眼界，造成"事倍功半""事与愿违"，甚至"南辕北辙"的渊薮。这就是被学界称为"路径依赖"的文化现象。例如在计划经济时期形成的社会管理和运行方式，总体上是充分依靠行政权力系统，包括权力集中，统一标准，自上而下地发动和决断各项事务。尽管它也存在某些弊端，但在当时毕竟还是有效的治国路径。随着社会发展特别是市场经济体制和"全球化"趋势的出现，单一行政化的管理途径日益成为不合时宜的"路径依赖"，在思想文化领域尤其如此。可以说，科学研究、文艺创作、群众文化消费等方面的繁荣和发展，从来就不能够直接用行政手段来造成，相反，过多行政干预容易助长简单化和惰性，使判断力、鉴赏力退化，结果是事与愿违。这是最应该避免的"路径依赖"。我们要走出"一抓就死，一放就乱"的文化怪圈，首先就要更新路径，变单一的行政化管理为符合文化发展规律的多样化渠道，包括政治和行政管理与经济和法治管理相结合，"自上而下"与"自下而上"相结合，政府管理与市场调节相结合，加强领导与群众自治相结合，等等。总之是要增大"相信群众、依靠群众"的分量，让人民群众(包括各行各业专业人员)的力量和智慧成为最可靠的路径基础。路径单一的实质是主体特化，而重视文化多样性则是与尊重人民群众的文化权力与责任相联系的。文化发展渠道和产品的多样性有利于保障人民群众的文化权益，也有利于提升群众的判断力、鉴别力。要让大家学会在比较中鉴别。只有在多样化的比较和竞争中，才能够形成合理健全的共识。不要以为文化多样化就一定会乱，相反，群众的积极性起来了，经济规律和社会规律起作用了，文化反而会更蓬勃地发展，呈现它本身应有的多样化统一和生动活泼的和谐局面。

　　最后，要改变大而化之的粗放作风，通过开发和改进"社会政策""社会技术"来丰富领导艺术，提高管理水平，用细致得体的实际工作展现文化和谐的魅力。近年来国内外都出现了关注"社会政策"和"社会技术"的呼吁，说明社会管理的文化效应问题越来越受到重视。所谓"社会政策"和"社会技术"的共同含义，就是以社会化、规范化形式提炼出来的有一定普遍性的实际"做法"。事实证明，很多事情我们仅仅"做得对"还不一定成功，只有"做得好、做得巧"才能真正到位。"做法"有时是非常具体细微的技术问题，然而却能产生大而持久的文化效应，所以不应忽视。譬如近些年来屡遭诟病的"文风"就是一例。有些文章文件、讲话报告之所以效果不好，并非是它的思想内容不好，而是它们的话语方式（"说法"）过于简单生硬、"八股"气十足，或者空洞抽象、语言乏味，或者自说自话、不看对象，或者面面俱到、没有重点，或者单调重复、"意有尽而言无穷"……所以，尽管同是一个正确的道理和主张，讲出来却总不如切合实际、入情入理的分析更能说服人，不如层次分明、重点突出的道理更能引导人，不如言简意赅、富有智慧的话语更能启发人。"好话也有好说法"才是和谐。重要的是在这些看似仅仅是话语技巧的表现中，却能够显现出其背后是否尊重人、关心人、理解人的文化底蕴和文化境界。不仅文风问题如此，其他问题也都如此。可以说，在我们生活各个领域的具体"做法"中，都存在着把先进文化、先进文明渗透进去、体现出来的巨大空间。我们有巨大的潜力，让"以人为本"的科学发展观和构建和谐社会的目标成为一种文化精神，把它具体贯彻到日常工作的各个方面、各个环节中去，使我们构建和谐社会的整个过程都展现其应有的文化魅力。

（作者工作单位：中国政法大学）

现代刑事法治是和谐社会的基本保障

赵秉志

中共中央提出建设社会主义和谐社会的构想，具有重要的理论价值和实践意义。构建社会主义和谐社会，客观上就要求建立和完善符合和谐社会要求的政治制度、经济体制和文化事业。和谐社会也必然是现代法治社会；健全、理性、高效的社会主义法治是实现和谐社会构想的基石。作为现代法治的重要组成部分，现代刑事法治对于构建和谐社会具有重要的促进和保障作用，不仅在和谐社会建设过程中需要刑事法治确立基本的社会秩序来"保驾护航"，而且对于建设和谐社会所取得的阶段性成果和最终目标的实现，刑事法治也将发挥重要的维系和保障作用。作为和谐社会之基本价值的正义、平等、自由、安全、秩序，都是现代刑事法治的内在的核心价值。可以说，现代刑事法治的终极理想和构建和谐社会的目标是高度一致的。由于刑事法治具有调整社会关系的广泛性、保护权益的重要性和违法制裁手段的特殊严厉性的特征，而且刑事法治所治理的主要问题是社会中最不和谐的现象——犯罪行为，因而刑事法治建设应当坚持逐步推进科学、理性、务实的精神。发展和完善现代刑事法治是构建和谐社会的重要环节，同时也是保障中国社会快速、健康、稳定、协调发展的重大社会工程，需要从刑事政策、刑事立法、刑事司法、刑事执行、涉外刑事法治合作乃至公民法治意识培育诸多方面进行系统化建设。

以下就我认为相关的三个重要方面略抒浅见，供领导和各位专家参考指正。

一、公正惩治犯罪是构建和谐社会的客观需要

在和平年代，犯罪是影响社会和谐的主要因素之一。当前，我们国家和社会仍处于转轨时期，影响社会稳定、诱发各种严重刑事犯罪的消极因素还大量存在。因而在努力通过经济的、社会的、文化的力量最大限度地消除这些不利因素的同时，公正地惩治犯罪，有效地发挥刑罚的一般预防和特殊预防的作用，是营造良好社会氛围、大力促进社会进步的客观要求。作为一种有限的社会资源，刑罚手段应当着重被用来打击那些影响社会基本秩序的犯罪。从构建社会主义和谐社会的目标出发，应着重在四个方面发挥刑事法治的社会保障功能。

第一，维护社会稳定，依法惩治严重危害社会公共秩序的犯罪。社会稳定是任何类型社会谋求发展的基础。我国 20 多年来经济、社会的高速发展，在相当程度上得益于社会的基本稳定。继续维护社会稳定，依法有效地惩治严重危害社会公共秩序的犯罪，是构建和谐社会的基本要求。对犯罪发展趋势予以客观、全面地把握乃是维护社会稳定的前提。当前犯罪趋势的一个显著特征，就是犯罪规模向有组织型方向发展，走私、毒品、妨害风化、赌博等犯罪的组织化程度越来越高，而且境内外犯罪组织相互勾结的情形更是日趋严重。黑社会性质组织在我国的发展无论在规模和危害上都越来越使人担忧。因而坚决、有力、有效地打击严重危害社会基本秩序的犯罪是今后刑事工作的重点之一。

第二，保障人民基本利益，依法惩治严重暴力性犯罪。近些年来发生了一些严重暴力性案件，其被害人数之多、犯罪手段之残忍、犯罪动机之卑劣，都令人发指，不仅严重侵犯了被害人的合法利益，也严重影响了社会公众的心理，使公众对社会安全的认同大大降低。因而继续依法严惩严重暴力性犯罪，不仅是维护社会秩序的需要，也是提高公众对社会安全认同感，稳定社会心理，维护社会各项事业平稳发展的需要。

第三，保障社会可持续发展，依法惩治影响社会健康、协调发展的犯罪。社会可持续发展包括政治、经济、文化等多方面的可持续发展。目前影响我国社会可持续发展的不利因素较多，就犯罪层面而言，主要包括腐败犯罪、经济犯罪、环境犯罪、安全事故犯罪等。尤其是腐败犯罪，已经成为影响中国社会发展的最大问题之一。如何利用法治的手段，尤其是刑事法治来预防和惩治腐败，是今后相当长时间里需要认真解决的重大课题。2003 年 12 月，《联合国反腐败公约》出台，我国政府随即签署并进入全国人大常委会批准程序。2005 年 10 月 27 日，我国全国人大常委会正式批准该公约。这一公约所

创建的反腐败机制对于我国刑事法治具有很好的借鉴意义。对此，我们有必要结合该公约规定来完善我国相关制度，从而为更好地打击腐败提供法制保障。目前我国经济发展令世人瞩目，与此相伴随，经济犯罪现象也日趋严重，其中尤以走私犯罪、假冒伪劣商品犯罪、金融犯罪、公司犯罪较为突出。这些类型犯罪的猖獗极大地妨碍了我国社会主义市场经济的正常发展。与传统犯罪相比，这些犯罪无论在形式、规模还是危害上都有很大不同，也是目前我国刑事法治惩治与预防相对薄弱的环节。合理利用刑罚手段打击经济犯罪，尤其是危害国家经济安全的犯罪，对于保障经济可持续发展具有重要作用。环境是社会可持续发展的物质保障，依法惩治严重危害环境资源的犯罪也是保障社会可持续发展的必然要求。近年来，安全责任事故频发，人员、财产损失巨大。对于安全责任事故，不应仅仅依靠行政、经济的手段，坚持必要的刑罚手段打击安全责任事故犯罪，对于有效减少安全责任事故发生具有重要意义。

第四，维护国家安全，依法惩治恐怖活动犯罪和跨国、跨境犯罪。恐怖主义已经成为当今世界和平发展、社会安定的主要敌人，恐怖活动犯罪已经成为各国刑事法治打击的主要对象之一。我国也是遭受恐怖活动犯罪危害比较严重的国家，有效打击恐怖活动犯罪对于维护国家安全具有重要意义。随着全球化的进一步深入，跨国、跨境犯罪的危害程度也日益严峻。时至今日，中国与其他国家交往的紧密程度已经超过历史上任何时期，而且中外的相互依存、相互交流还将继续拓宽和深化，加之我国有漫长的海岸线和陆路边境，我国面临的跨国、跨境犯罪在今后一段时间里仍将居高发态势。因而充分运用刑罚手段坚决打击跨国、跨境犯罪也是当前的一项重要任务。

二、刑事法治中充分保障人权是构建和谐社会的内在要求

历史经验表明，刑罚是"双刃剑"，正确运用于社会有益，用之不当则反受其害。在建设和谐社会的过程中，尤其要充分考量刑罚的功效。在发挥刑事法治的社会保障功能的同时，应将充分保障人权作为建设现代刑事法治的基本内容。这也符合构建和谐社会的内在要求。发挥刑事法治的人权保障机能，对于促进社会和谐具有重要意义。为此，应着重在以下三个方面发挥刑事法治的人权保障机能。

第一，扬弃重刑主义，提倡"重重轻轻"的两极化刑事政策。不可否认，目前在我国刑法立法和司法中都还存在着一定程度的"重刑主义"的倾向。如各种犯罪的法定刑档次总体上过高，这不符合我国目前政治、经济、社会和

谐发展的客观需要，立法上配置死刑、重刑的犯罪数量过多，司法中适用死刑、重刑案件的数量也居高不下。因此，有必要对目前我国刑事法治中存在的"重刑主义"倾向加以扭转，并推行"重重轻轻"的两极化刑事政策，即对于严重侵犯公民人身权利、严重侵害基本社会秩序的行为以较为严厉的刑罚进行惩治，而对于非暴力犯罪、无被害人的犯罪等则处以较为宽缓的刑罚。采取两极化的刑事政策，不仅可以合理而有效地配置刑罚资源，而且可以缓和社会矛盾，促进对罪犯的教育改造。

第二，适时进行刑罚改革，使刑罚种类和刑罚制度的配置、适用与执行更加人道化、理性化。考察法治发达国家的经验，在社会政治、经济发展到一定阶段时，都会根据社会发展实际对刑法进行必要的调整，从而更好地发挥刑法的社会调整功能。我国现在也处于一个新的发展时期，新时期社会发展趋势要求对刑法进行必要的调整。就我国现行刑法中规定的刑罚种类和刑罚制度而言，虽然从总体上来看，大体符合现代刑事法治的基本要求，但是一些具体刑罚种类配置方面和刑罚制度设置方面，仍需要作较大幅度的调整。在刑罚种类方面，应当着重对死刑进行改革，减少死刑罪名的种类、严格死刑立即执行案件的适用条件、扩大死刑缓期执行的适用范围、统一死刑复核权，切实地贯彻"少杀慎杀"的刑事政策；还应当完善财产刑，对经济性犯罪采取以财产刑为主、监禁刑为辅的刑罚配置模式；完善资格刑，考虑将剥夺一定的资格作为刑罚种类，通过剥夺特定犯罪人的法定行为能力的方式来达到特殊预防的目的。在刑罚制度方面，应当进一步完善缓刑、累犯、自首和立功等刑罚裁量制度，使这些制度能够更好地发挥其功能；也要认真考虑借鉴法治发达国家的经验，根据中国社会实际，在刑法中建立赦免等有利于改造罪犯、缓和社会矛盾的刑罚制度，使刑罚制度更趋科学、理性。

第三，提倡行刑社会化的理念，促进罪犯回归社会。现代刑事法治，不仅仅以惩罚犯罪人作为目标，更重要的是提倡通过刑罚来教育改造罪犯，促使他们回归社会，重新成为社会的善良公民。为避免因刑罚执行而导致罪犯与社会的隔阂，法治发达国家提出了行刑社会化的思想并付诸实践，目前在一些国家实施的社区矫正措施即是成功例证。行刑社会化的理论已经被引入我国，在中央的关注和支持下，一些地方也已开始着手试行社区矫正制度。但是，从总体上，我国目前相关实践还处于尝试和摸索的阶段。行刑社会化，对于促进罪犯改造并重新回归社会具有重要的实践价值，因而我国应当逐步全面推进行刑社会化，在行刑过程中提倡社会化、开放式的执行方式，以更好地发挥刑罚的教育改造功能。

三、合理运用刑罚手段调整与化解社会矛盾

构建和谐社会，要求积极面对并妥善化解社会矛盾，保持社会协调有序地发展。在社会、经济高速发展时期，社会问题比较复杂，社会矛盾在一定程度上也比较突出。解决社会矛盾，应当根据其具体类型，采取多种措施来解决。刑罚手段作为社会调整各种手段中最后、最严厉的手段，具有不可替代的重要地位，但是运用这一手段应当审慎、谦抑，不能过于依赖这一严厉手段解决社会问题。合理运用刑罚手段调整社会矛盾，在现时条件下尤应着重注意以下两个问题。

第一，对于侵犯弱势群体利益的犯罪行为，要坚决地依法惩治。由于地域性、结构性经济发展不均衡，近年来社会上出现了一部分因经济原因而形成的弱势群体。构建和谐社会，就是要最大限度地实现人的价值，塑造平等、公平的社会环境。因而这类弱势群体的存在，是和谐社会构建中的不和谐音符。当然，由于目前经济水平、社会发展的局限，彻底解决弱势群体的状况还不现实。但是，应当通过各种渠道，尤其是法治措施，来维护他们的基本权益不受践踏。目前侵犯农民工利益、下岗职工利益等弱势群体利益的情况比较突出，而且相当一部分情形已经构成犯罪。对于这一类型的犯罪，应当坚决地利用刑罚手段予以惩治。如此不仅可以有效维护弱势群体的基本权益，而且也有利于缓和社会矛盾、维护社会稳定。

第二，对于群体性事件的处理，应当尽可能采取宽缓的措施。由于各种原因，目前群体性事件，尤其是群体性上访事件发生率比较高。在一些地方，因为处理措施不当，甚至引发了较大规模的冲突和对抗。群体性事件的妥善处理，是解决社会矛盾的重要内容，处理不当则可能引起更大范围的社会动荡。对于一些煽动群众抗法的事件，应当依法追究有关人员的刑事责任；但是如果是因为群众问题不能得到合理解决而引发的事件，则一般不应作为犯罪处理。对于一些地方官员希望利用刑罚手段来压制群体性事件的行为，应当及时予以纠正，这种做法不但不利于具体问题的解决，反而会埋下更深的社会隐患。

以上就构建社会主义和谐社会，从发展和完善现代刑事法治的角度，提出了三个方面的粗浅见解。在构建和谐社会的过程中如何充分发挥刑事法治的保障作用，这的确需要我们认真研究、积极实践。我们认为，在公正发挥

刑事法治之社会保护功能的同时，也应充分发挥其人权保障的功能；在坚决惩治各种刑事犯罪的同时，还应积极开展犯罪预防，尽可能减少犯罪发生的几率。需要强调的是，历史和现实、理论与实践都告诫我们，刑罚手段绝不是万能的，迷信刑罚手段只会造成更大的社会矛盾并形成社会对立，有效控制犯罪应当更加深入地开展综合治理，并将各项配套措施落到实处。

（作者工作单位：北京师范大学）

和谐社会与社会公平

李 实

我主要讲四个方面的内容：第一，社会公平是一个社会和谐的基础，把社会公平和这个论坛的主题结合起来，社会公平如何和社会和谐统一起来。第二，对于社会公平如何进行分析，应该有一个比较好的分析框架。第三，对于当前社会不公平的主要表现，我们搜集了大量数据和国内外学者的研究成果，也做了较为全面的描述和分析。第四，为了解决当前存在的不公平的问题，中国需要什么样的社会公平观。

一、社会公平和社会和谐的关系

我们如何理解公平。中国在历史上有很多不同的公平概念，不同的朝代，不同的统治者，有着不同的公平概念。现在社会多样化，加上外来的影响，公平的概念发生了很大的变化。对于一个社会来说，形成一个统一的公平概念是非常重要的。我们过去一直受到传统计划经济体制的影响，往往把公平理解为分配结果的均等化。英语里有两个词，equality 和 equity，前者是指均等，是指一种分配状态的均等化程度，它是一个实证的概念；后者是指公平或者平等，是对一种分配状态的价值判断，它是一个规范的概念。作为规范的概念，公平本身是建立在社会正义的基础上，公平是根据社会正义，对于一种分配结果或者分配过程进行价值判断后所得出的结论。所以，从严格意义上来说，公平不等于均等，平均主义不意味着公平。

在我们社会中发展和公平都应该成为追求的共同目标，社会离开了公平，发展就不可能持续化，就会引起社会的不稳定，就会造成很多社会的灾难。因此，公平与发展是互相依赖的，不可分离的。更进一步说，社会公平对实现全面建设小康社会和构造和谐社会，是一个最基本的前提。

应该说，社会公众对于社会公平和平均主义之间的差别还是有比较清楚的认识。在 2001 年的一次调查中可以看出，绝大部分人对收入差距还是能够认同的。从调查结果可以看出来，80％到 90％的人认为社会应该存在一定的收入差距，不到 20％的人认为是不应该存在差距的。也就是说，绝大多数人认为社会公平并不等于平均主义。

二、社会不公平问题的分析框架

鉴于我国社会经济结构的多样性和复杂性，对于研究和了解社会不公平问题需要一个分析框架。公平或者不公平是就人与人之间的关系而言的。根据中国的情况，我认为应该从这样几个方面加以考虑：第一是城乡之间的不公平问题，第二是地区之间的不公平问题，第三是不同人群之间的不公平问题，这包括流动人口与城市居民之间的不公平问题，男性和女性之间的不公平问题，弱势人群和一般人群之间的不公平问题，等等。仅仅就这样的分层是不够的，我们还必须要知道公平或者不公平是就什么内容而言。从不公平的内容来看，大致可以分成这样几方面的内容：第一是收入分配结果的不公平性，第二是财富分配上的不公平性，第三是就业机会工资报酬的不公平性，第四是人力资本和教育资源分配上的不公平性，第五是健康和医疗条件方面存在的不公平性，第六是社会保障方面的差异性和不公平性，第七是税收和财政体制上存在一些不公平的因素。

三、当前社会不公平的主要表现

第一，不断扩大的收入差距。根据我们的几次调查，到 2002 年全国的收入分配基尼系数从 1982 年的 0.30 上升到了 2002 年的 0.45，在这 20 年当中，收入差距扩大了 50％。另据世界银行的估计，1981 年全国收入差距是 0.31，到 2001 年的时候是 0.45，当然中间有一些波动，总的趋势是不断扩大的。

在不断扩大的收入差距中，一个最重要因素是城乡之间的收入差距，城乡之间的收入差距扩大是推动全国收入差距扩大的主要因素。从 1990 年到 2003 年之间，城市人均收入与农村人均收入比例，从 1990 年到 1994 年有所扩大，在 1994 年至 1997 年期间有所缩小。但是，从 1997 年开始，城乡之间收入差距加速扩大，到 2003 年已经达到了历史上最高的水平，城市人均收入与农村人均收入的比例达到了 3.23：1。

另外，全国收入差距当中，城乡之间的收入差距占全国收入差距的比重到 2002 年达到了 43％。这意味着如果城乡之间收入差距能够缩小的话，对于缩小全国的收入差距会起到很大的作用。同时应该看到，随着收入差距的不断扩大，引起了人们越来越多的不满。根据 2002 年的一次调查，当被调查人被问到对收入差距的评断时，其中有四个选择：公平、比较公平、不太公平和很不公平。根据他们的评断，我们进行整理和分类，大概 80％以上的人群认为当前的收入分配存在着很不公平和不太公平的情况，不到 20％的人认为比较公平，或者公平。也就是说，绝大多数人对当前收入差距的公平性存在质疑。

第二，财产分布差距。全国财产分布的基尼系数也是不断上升的，1995年是 0.4，当时是低于全国收入差距分配的基尼系数的。但是到了 2002 年上升到了 0.55，大大高于了全国收入差距的基尼系数。财产积累的不平等程度在加速扩大。而且城乡之间财产分布的差距也相当明显，二者之间的比例超过了城乡收入之间的差距比例，达到了 3.7∶1 的程度。

第三，在就业机会与劳动报酬方面存在的歧视问题。首先在就业和工资决定方面，农民工受到不同程度的歧视。根据我们的一些调查，农民工的平均工资，在与城镇工人相比，同等素质的情况下，农民工的工资要低 30％～40％。在 2002 年大约 25％的农民工的月收入不足 500 元，大概有 80％的人每周的工作时间为 7 天，10％的人是 6 天。从他们每天工作的时间来看，33％的人每天工作 9 到 10 小时，25％的人每天工作 11 到 12 小时，还有 12％的人每天工作超过了 12 小时。这是农民工在整个城镇劳动力市场上受到的不公平待遇。从调查结果来看，他们在劳动力市场当中确实处于劣势的地位，而且他们的基本权益没有得到有效的保护。

在城镇职工中，在工资的决定和就业机会方面，女性职工受到的歧视越来越严重。在收入函数分析中，如果把性别作为变量以后，可以看到性别的收入差异变得越来越大。在 1995 年，男女之间的收入大概相差 20％，到2002 年上升到 22％。从 20 世纪 90 年代后期开始，下岗失业人员中的女性职工受到的冲击是最大的，她们的下岗几率远远高于男性职工。而且，大部分女性职工下岗失业以后，基本上退出了劳动力市场，也就是说在过去几年中女性在劳动力市场上的参与率不断下降。

在城镇内部行业之间职工工资差距扩大成为社会的一个关注点。这主要是与个别垄断行业工资的过快增长分不开的。相关的统计数据显示，在过去几年中垄断行业与竞争行业之间的工资差距不断拉大。在 1990 年至 2002 年期间，几个垄断行业，如电力、电信、石化、金融、房地产行业，与竞争性行业如制造业之间的工资相对差距，变得越来越大，主要原因是这些垄断行业的工资收入的增长速度远远超过了竞争行业。

第四，教育机会和教育资源分配的不平等。首先我们看城乡之间教育发展指标上的一些显著差异。全国的文盲人口主要还是集中在农村地区。2000年全国人口普查数据显示，城市文盲率是 4.6％，而农村是 11.6％，在农村，高中以上文化程度的劳动力比例仅有 8.5％，而城市已经达到了 30％以上。

地区之间教育水平的差异也同样明显。全国未普及九年义务教育的县，大部分集中在贫困边远的农村地区，2002 年没有达标的这些县大概是 431 个，占全国县份的 15％，它们的人口占全国总人口的 8.9％。

另外，在办学条件方面，城乡之间也存在着很大的差别。农村小学的生均固定资产额，不足城市小学的 1/4，计算机拥有量仅为城市小学的 1/5，而农村小学的危房数量是城市小学的 4 倍。

在义务教育方面，主要的问题是存在着教育资源分配上的不平等，教育资源分配过度地向城市倾斜，向发达地区倾斜，而忽视了农村地区和落后地区。从相关的数据来看，直辖市的生均教育事业费要比农村县级高出 3 倍以上。而且由于教育经费的投入与地方财力密切相关，越是发达地区，教育投入越高，从而造成了地区之间教育投入上的很大差别。

第五，公共卫生和健康不平等。众所周知，这方面的城乡之间差距是非常明显的。比如说农村儿童和孕产妇死亡率比城市高一倍。农村传染病两周患病率明显高于城市，农村 5 岁以下儿童的低体重率是城市的 4 倍，农村 5 岁以下儿童生长迟缓率是城市的 6 倍以上。根据 2005 年中国人类发展报告，2003 年农村地区人均预期寿命是 69.6 岁，而城市居民是 75.2 岁，大概相差6 岁。造成了健康指标的不平衡性，很大程度上是由于来自于政府财政的公共卫生、医疗资源的配置过度地向城市倾斜，向发达地区倾斜，而忽视了农村和落后地区。比如，在 2001 年，城市每千人拥有医生是 2.3 人，农村是 1.2人；在 2002 年，城市每千人拥有病床数是农村的 4 倍；过去几年中，乡村医生和卫生人员的数量不断减少，从 1980 年每千人 1.79 个医护人员，减少到2001 年的每千人 1.41 个医护人员。

第六，社会保障方面的不公平。这是一个很大的问题，一方面，城市职工的社会保障标准变得越来越高，而且超出了企业和社会的承受能力；另一方面，绝大多数的农民工，乡镇企业工人和农民几乎与社会保障无缘。根据2002 年的统计数据，在城市就业的农民工享受医疗保障的比例仅为 3％，享受养老保险的比例不到5%。中国老年研究中心的数据表明，到2002年年底，城市老年人的养老保险覆盖率达到了70%，而农村仅仅是4%，而这些人中大部分是过去在城市工作，退休以后回到农村的退休职工。

第七，税收和财政收支方面的不平等问题。我们把这种不平等问题归结为这样几个方面。

(1)过去相当长的一段时期内，农村居民在纳税方面受到了不公平的对待。一是在过去相当长时间内相对于城市居民来说，农村居民收入是低的，但是他们负担的税率是高的。农村居民要交纳各种各样的税费，他们的纳税额与收入的比例远远高于城市居民。在农村内部，由于我们税收基本上是按照土地和人口征收的，而不是按照收入征收的，结果是收入越高的人，负担的税率越低，收入越低的人，负担的税率越高。这意味着农村的税费带有很强的累退性。这应该是中国的一个比较有特色的问题，而在其他国家，税收的累退性是很难被人们接受的。

(2)国家财政资金在城乡之间配置上不平等。正如一些资料所表明，一些城市的城区人口的人均财政支出额一般相当于县乡人口的5倍以上。不仅在城乡之间，而且在省份之间，或者不同县份之间，政府的财政收支的差异不仅没有缩小，反而有进一步扩大的趋势。比如说不同省份之间，人均财政支出的变异系数从2001年的73%上升到2003年的77%，短短三年期间上升了4个百分点。另外，省内不同县份之间，这种财政支出上的差异性也相当明显，根据世界银行专家的调查，湖南省28个县，1999年人均财政支出最高的县与最低的县相比大概是4.9倍。作为这样一种状况的原因之一，是在1994年税制改革以后，国家的财力不断向上集中，而且造成了县乡两级政府财政支出比例不断下降，但是它们承担的整个公共事务反而在不断增加。比如，在1993年，县乡两级财政收入占全国财政收入的比例是32%，到2002年下降到20%，县乡两级财政支出占全国财政支出的比例1993年为31%，到2000年下降到26%。

上述几个方面的不平等，既反映了我们整个社会发展的不平衡性，也进一步导致人类发展层面上的不平等。虽然在过去20年中，中国经济改革开放带来了经济发展和繁荣，明显提升了我国人类发展的总体水平。从人类发展指数来看，1980年中国人类发展指数只有0.557，到2003年达到了0.755，这是一个巨大的社会和人类发展的进步，而且从发展趋势上看，改革开放以来全国总体的人类发展指数不断上升。

与其他国家相比，中国在世界各国人类发展指数上的排名，1991年是

101 位，到 2003 年上升到 85 位。也就是说不仅中国人类发展的绝对水平在不断提升，而且在国际范围内的相对水平也在不断进步。

但是我们应该看到我国人类发展水平的不平衡性。它一方面表现为城乡之间人类发展的不平衡性，农村的人类发展指数明显落后于城市。正如《2005年中国人类发展报告》中提供的数据所表明的，从 1990 年到 2002 年城乡人类发展指数的变动情况来看，城乡之间的人类发展差距几乎没有缩小，而且在个别年份，特别是最近几年还在扩大。

从地区来看，人类发展的差异性也是非常明显的。就不同省份而言，上海人类发展指数已经达到了 0.92，处于最高水平，而西藏和贵州是最低的，它们的人类发展指数分别是 0.6 和 0.65。仅仅从发展指数的差别上，可能大家还没有直接的感受。如果把它放在国际比较的范围内，这种差距就会令人震惊。上海的人类发展指数，基本上和欧洲的葡萄牙、希腊的水平大体相当，而我国西藏和贵州的水平是和柬埔寨、加纳这些贫穷国家的水平大体相同。

我们面对着这样一些不平衡问题，当然有一些历史上的原因，同时也有中国经济改革和转型过程当中出现的一些新的问题。一个最大的问题，是我们可能过多注重经济发展，而忽视社会发展、人类的发展，过于重视效率，而忽视了公平性。当前中央政府提出来构建和谐社会，推行科学发展观，采取以人为本的发展战略。这种情况下，对于构建和谐社会来说，社会公平观应该是至关重要的。所以，下面对《2005 年中国人类发展报告》中提出的社会公平观向大家做一个简单的介绍。

就社会公平观而言，我们认为有这样三个方面的原则，或者三个层次上的要求。

第一，人的基本权利平等和机会平等。人的基本权利包括政治权利，包括公共事务的参与权，公民的选举权和被选举权、言论自由和信仰自由的权利。要从制度上保障人的基本权利和机会的均等。农民工如果没有和城市公民同等的公民权，就很难在劳动力市场上得到公平的待遇，所以这个机会均等和基本权利的保障应该是相辅相成的，基本权利的保障是实现机会均等的一个基本前提。

第二，社会发展的最终目的是人的发展，而在促进人的发展过程中，最重要的是人的能力的提升，使人们有很高的人力资本的积累，有很高的抵御风险的能力。为了实现这一点，每个公民应该享受最基本的收入保障，最基本的医疗保障，享有义务教育的机会。也就是说，无论是就业还是失业，无论是身体健康还是残疾，无论是城市职工还是农民工，无论是乡镇企业工人还是农民，他们都应该享有最基本的生活保障，包括最低收入保障，最基本的医疗保障和义务教育的机会。这些保障不应该和个人能力相关，不应该和个人收入相关。但是保障水平的高低还应该和整个社会发展的水平相吻合，过高的保障水平，会影响到经济和社会发展的长期性，但是保障水平过低，不能保障一部分人的基本权利，不能保障其基本能力的实现。

第三，社会公平应该承认差别原则，这种差别原则是社会公众所能接受的分配结果上的差距，如收入和财产分配上的差距。在这里需要强调的是我们讲公平，不是要提倡平均主义。中国实行改革开放，发展市场经济，打破了过去的平均主义分配模式，促进了社会生产力的发展，得到了全社会的广泛认同。就是说，承认这个差别原则，就是要反对平均主义。这种差别原则是指社会公众能够接受的分配结果上的差距，这种差距原则是和我们政府提倡的按劳分配原则、多劳多得的原则相一致的。包括国际劳工组织在同工同酬条约中特别强调的，同等价值的工作应该给予同等的报酬、同等的津贴。这种按劳分配、同工同酬，应该和我们提出的社会公平原则是一致的，而不是矛盾的。

最后我举一个非常通俗的例子，对上述的第二个原则和第三个原则作一个说明。实际上它们就是喝汤和吃肉的原则。第二个原则是最基本的保障，使得每个人都有汤喝；第三个原则不一定保障每个人都有肉吃，更不能保障每个人都能吃同样数量的肉。然而有了第二个原则，社会中每个人都有最基本的收入和社会保障，社会才能有一个和谐的基础。

（作者工作单位：北京师范大学）

学·术·前·沿·论·坛·十·周·年·纪·念·文·集

2006·学术前沿论坛

和谐社会：自主创新与文化交融

法学既要创新也要交流

江 平

　　法学的创新在当前的情况下需要着重三个方面。

　　第一个方面，法学的发展应当在国际化和现代化的大前提下来创新。这个命题涉及现在争论的两个敏感问题，一个是法学要不要现代化，能不能提现代法学或者现代法制？另一个是法学能不能提国际化，或说国际一体化。有些人称社会科学根本不应该提什么现代化和国际化。难道国际化和现代化仅仅意味着简单的照搬洋人吗？事实并非如此。对于法学研究而言，国际化和现代化绝对没有错误。因为我们的法学确乎需要放在国际的大环境下和现代化的大前提下来研究。如果脱离了这个前提，创新还有什么意义？难道我们去创新一个落后的？难道我们去创新一个虽然叫做有中国特色，但是本身并不具有任何生命力的东西？

　　可以说，正是三次有关改革开放的大争论有力地推动了中国社会科学的发展。第一次大争论发生在20世纪80年代初，涉及究竟我们要不要和国际文化交流，要不要吸取国际上好的东西的问题。第二次是在20世纪90年代初，经历了政治风波之后，部分学者从经济学的角度开始批判对西方东西的全盘照搬，法学方面也有类似思考。在刚刚过去的两年里，我们又经历了第三次的相关大争论，在这次争论中，经济学界批判所谓的自由经济学派，而法学也有抨击《物权法》违宪的。这些争论将我们对于交流和创新的思考进一步推向深入。

　　个人认为，在与科学技术相关的表述中，我们可以提出要自主创新一个品牌，自主创新一种产品。但是，在社会科学里，我们没法提出要自主创新一种法律制度、一个法学思想。自主创新在这里更多的是指一种手段，即在文化交融和对外开放的形势下，把他国的一些好的法学理念、好的法律制度和好的方法运用到我们国家自己的建设中来。

就法学而言，我国改革开放 20 多年来法学和法制建设的发展，就是一部不断在国际文化交融过程中吸收国外好的东西来创建我们过去没有的法律制度的历史。当前的任何一部法律拿出来，都没法分清其中的哪个制度是自主创新的，哪个制度是外国创新的。因此，社会科学的创新必须是在借鉴外国相关经验，考虑中国特定历史传统，考虑已有的出发点来进行的创新，否则就是没有意义没有价值的创新。

第二个方面，创新必须要在社会科学各个学科之间的交融过程中来进行。社会科学负有的重大使命，在于治国之道。在我看来，政治学、经济学、法学和社会学是治国之道的四大支柱学科。然而，目前一个明显的现象是社会科学越分越细，无论是法学、心理学，还是教育学，越分越细成为一种普遍的趋势，这是为研究对象的特质所决定的，因为社会现象的研究就是从一般到具体。

但是，这里也存在着一个悖论，那就是社会科学越分越细了，但是社会现象还是统一的。越来越细的社会科学分科往往忽略了在社会科学相互之间，在法学相互之间共同来研究问题。我是研究民商法的，但深感跟刑法之间离得相当近，有很多共同的问题。有人说民法和刑法不是截然两个东西吗？但是民法里面有很多问题涉及刑法，我不了解。所以要想真正理解一个社会现象就不能脱离多学科的综合视野。我们现在研究犯罪现象，研究失业现象，不是光靠法律、光靠经济学家就能够解决的。因此，对于当前社会现状的研究，既要有学科内部细化的研究，哪怕是就某一个很针尖的问题进行探讨，更需要从更宏观的跨学科的视野，在学科之间的交流中来推进思考。在这个意义上，可以说边缘学科和交叉学科更具有生命力。中国要想创新，特别是要在社会科学上创新，一是要各学科之间共同或者彼此吸取对方的一些好的思想制度和方法来共同会诊中国国家建设和社会发展中存在的问题。二是要充分重视民办学术机构的力量，因为与官方学术机构比起来，由于体制的灵活，民办学术研究机构更有可能去创造和尝试一些综合性的学术研究课题。在发展创新和学术推进中，我们需要更好地将官方学术机构和民办学术机构整合起来，这样才会创造出一个更好的学术领域、空间和前途。

第三个方面，社会科学的创新需要把理论和实践能够更好地结合起来。从法学的角度来看，法学的生命力在于法学的实践之中，它的创新立足于它的审判实践，也即法院的实践，这已经为世界各国的经验所证实。法学的创新，不是关在书斋里面，也不是守在象牙塔里面，而是要直面中国的实践。在某种意义上，法院是最能够体现特定社会的社会矛盾、社会冲突和不同社会利益的地方，它是最新社会现象的直接反映。这就像在一个医院里面可以看到哪些是不治之症，需要用新的药去解决，哪些是新出现的病症，过去没有的。正是临床的需要推动了医学的向前发展。法学的发展同样如此。只有深入到法院的实践中，我们才能够有法学真正意义上的创新。也可以加上自主创新，在这个意义上真是有自主创新。然而，我们要在法院实践的基础上来进行自主创新的话，需要有资源，那就是法院的判决和判例。但这在中国不容易获取。

对于中国的法学发展创新来说，存在着两大障碍。

一是法院的判决并不是都可以公开为人们所取得的。但从世界各国的法学研究实践来看，法学创新和法院判决向社会公众开放，或说为人们所随意获取是呈正相关的。二是尽管现在的立法日趋完善，但是，可以看到，我国的立法还缺乏公开制度。比如即将出台的《物权法》，有没有完整的立法报告？讨论过程中出席的都有哪些专家？哪些部门？发表了哪些意见？哪些赞成？哪些反对？如果我们没有一个完整的立法报告、每一个条文详尽的不同意见，那么创新也好，研究也好，从何谈起？

所以，立法的资源、司法的资源能够为学者所掌握，这是我们国家社会科学学术发展的必要前提。没有这样一些东西，创新也只不过是一个美好的愿望，而实际上缺乏必要的基础。

（作者工作单位：中国政法大学）

促进文化交融　构建和谐社会

李晓西

　　我们是在"中国经济大国化，世界经济全球化，国际经济多极化"的背景下来谈文化交融的。28 年来中国经济持续以年均 9.6％的高速度发展，现已成为世界上经济总量第四大国，贸易总量第三大国，因此，中国在世界上发出的声音越来越引人注目了。此时，我们要问：中国要经常发出什么声音？

　　胡锦涛主席 2005 年 9 月 15 日在联合国成立 60 周年会议上发表了《努力建立持久和平、共同繁荣的和谐世界》的重要讲话，提出要坚持包容精神，加强不同文明的对话和交流，协力构建各种文明兼容并蓄的和谐世界。

　　从中我们体会到，中国现在是从这样一个高度来看待世界、要求自己的。

　　我从以下四方面谈谈对"促进文化交融 构建和谐社会"的理解。

一、从经济学角度看各类文化的交融

　　学者们对文化有上百种的定义，也有多种的分类。泰勒在 1871 年出版的《原始文化》中有这样的定义，他说："文化或文明，从其广泛的人种史的意义上说，是包括知识、信仰、艺术、伦理、法律、风俗以及一个人作为社会的一名成员所掌握的任何其他能力和习惯在内的一个复杂的整体。"文化有狭义的，广义的；精神的，也有物资载体的等。

　　我们从和谐社会角度来略加分析相关的文化。社会主义和谐社会，是民主法治、公平正义、诚信友爱、充满活力、安定有序、人与自然和谐相处的社会。公平正义和诚信友爱，是伦理与文化的重要内容；民主法治，是政治价值观，也是文化的核心内容。而政治的、经济的、制度的、物质的、生态的各类文化观念，都互相影响，共同发展。

从马克思主义的角度来理解，和谐社会须建立在生产关系适应社会生产力发展的基础上。生产关系不断适应发展着的生产力，并互相促进，才谈得上社会和谐。

经过改革开放，我国生产力有了大发展，财富增多了。但是，各种社会矛盾也在突出，管理体制如何适应社会发展需求，分配方式如何适应生产方式，成为重要的议题。因此，"和谐社会"此时提出，非常及时，非常必要。

和谐就是要关注社会公平、让各个社会群体都能共享经济增长的成果。效率与公平的关系，既是经济学的主旋律，也是构建和谐社会的基本条件。我理解，"和谐社会"就是既关心和支持弱势群体，也要鼓励投资和发展；既在法律框架内保护工人利益，同时也要让资本所有者有信心、有动力继续投资扩大生产；既主张"为富要仁"，同时鼓励"处贫思变"，达致"贫富和谐"；既主张人尽其力，财尽其用，又主张适度调控收入差距，实现致富帮贫。总之，"和谐社会"的理念就是要求完善各类制度，当前特别是要完善收入分配制度，以逐步扭转"工农差别、城乡差别和地区差别扩大的趋势"，实现城乡居民的和谐，区域间收入分配的和谐，不同行业、职业间收入分配的和谐，社会阶层之间、社会各组织间的和谐。

显然，各个领域的文化理念和价值观念都可以也应该在"和谐社会"的大框架下接近。比如，有的经济学家提出，社会保障制度决定社会和谐度；有的学者提出，只有科学与民主执政才能保证社会和谐；有的经济学家指出，绿色国内生产总值才是人与自然和谐的判断尺度等。这些不同领域的研究背后都涉及代际平等、以人为本的文化与价值观。

总之，"和谐"是处理矛盾的一种思路，利益均衡制度是构建和谐社会的本质要求；"和谐"是完善制度的一种指南，为公众服务、为各阶层服务、为弱势群体服务是和谐社会理念的体现；"和谐"是一种理想，一种由低向高进化的社会状态，为我们一步步实现"小康"走向"大同"指明了方向。

二、从经济学角度看传统文化与现代文化的交融

围绕"和谐社会"，我们可略为检索一下我们传统文化有什么基本的理念。现暂归纳如下四点：一是伏羲时代的八卦阴阳鱼观点。"阴""阳"这一对立物的和谐，使万事万物蓬勃发展，这既充满着对立统一的深刻思想，也是构建和谐社会最早的理论基础。伏羲时代的文明是中华民族摆脱洪荒蒙昧的标志，

是历史唯物主义的天然教材。二是《易经》中说："乾道变化，各正性命，保合太和，乃利贞"，这里点出"太和"是整个宇宙的运行法则。三是孔子和孟子。孔子是和谐思想的集大成者，他从不同方面都倡导"和"：如仁者爱人，和而不同，和生万物，家国和睦等；讲"大同世界"、"天下为公"等，均为和谐的理念。孟子"老吾老以及人之老""天时不如地利，地利不如人和"的名言人所共知。四是在人与自然的关系方面，传统文化强调"天人合一"，主张人类应当认识自然，尊重自然，顺应自然，与自然和谐相处。

有学者认为，当今时代是由工业文明向知识文明的过渡。就中国而言，也正处于计划经济向市场经济过渡之中。现代中国文化，深深打上这个"经济转轨"的烙印。

我们看到，技术革命、信息革命带来了新机制、新文化，市场经济带来了竞争、等价交换、追求利润等原则，城市化带来了人口大流动，工业化带来了环境问题，体制转轨也导致社会保障制度亟待健全，以及利益群体的社会分化等等。独立性、民主性、多元性开始凸现，文化整合的功能越来越重要。

在金钱面前，传统义利观能持否？在多角交易中，传统诚信观能持否？在私利膨胀面前，社会主义的道德观还能坚持吗？在贪腐潮流前清廉为民传统还能坚持吗？

我们既要现代化，又要以诚信为基础的现代化，要以法治为底线、道德为准绳的现代化。我们既要从现代化中探求现代文明的规则与伦理，也必须从朴实的传统文明中继承做人的基本道德。正因为如此，我们呼唤传统文化与现代文明的交融。

从经济学角度看传统文化与现代文化的交融，有三个明显的特点：一是作为一个民族，其文化遗产是不用纳税即可使用的财富，因此，一定要继承和发扬之。二是任何遗产都带有当时的时空特点，因此，其使用需要根据新的时空条件来改造。三是这种改造的成本，相当于传统文化与现代文化交融时花费的时间和人力支出。但这种成本支出与收益相比，是非常值得的。

三、从经济学角度看外来文化与本土文化的交融

十年前，美国著名学者塞缪尔·亨廷顿在其名著《文明的冲突》一书的中文版序言中说："中国文明是世界上最古老的文明，中国人对其文明的独特性和成就亦有非常清楚的意识。中国学者因此十分自然地从文明的角度来思考问题，并且把世界看做是一个具有各种不同文明的，而且有时是相互竞争的

文明的世界。"

这里讲到了文明。那么文明与文化是什么关系呢？我同意这样一种解释：文明和文化都涉及一个民族全面的生活方式，文明是放大了的文化，是对人类文化的最高归类。它们都包括价值、规则、体制和在一个既定社会中的思维模式。

按亨廷顿的说法，中华文明，它可以追溯到至少公元前1500年，也许还可以再往前追溯一千年。西方文明的出现通常被追溯到大约公元700到800年。学者们一般认为它有三大组成部分，分布于欧洲、北美和拉丁美洲。

有学者指出：每一个文明都把自己视为世界的中心，并把自己的历史当做人类历史主要的戏剧性场面来撰写。与其他文明相比较，西方可能更是如此。然而，这种单一文明的观点在多文明的世界里是不起作用的。文化的共存需要寻求大多数文明的共同点，而不是消灭文明的多元化。

中华文明与西方文明的关系，清代张之洞曾精辟地概括为"中学为体，西学为用"，这影响了多代人。但"学"的概念小于"文明"，"体""用"这一对称概念似太绝对。我想能否用"中内西外，内外结合"来进行客观描述，这好比说"在中国有中国人也有外国人"一样，是一种客观的概括。当然，这种概括中含有对内与外、内因与外因关系的倾向性看法。

亨廷顿强调冷战后将开始的是不同文明之间的冲突。这一判断，唤起了人们对文化因素的注意，也唤起人们对文明冲突危险性的注意。

在外来文化与本土文化交融的题目下，我们从经济学角度提出两个命题：一是文化交融需要与经济交流并行，这二者共同影响和谐社会的建设。比如，我国今年进出口总额预计达到17 700亿美元，增长幅度25%左右。明年进出口总额会超过20 000亿美元，增长幅度达15%以上。进口超万亿美元，这是一个令外国人眼睛发亮的数字。在这个背景下，我们看到了48个非洲国家元首齐聚北京，也看到欧美强国的内阁大员们走马灯似的来中国与政府要员们进行商务谈判和文化交流。二是文化交融中包括经济思想的交融，文化与经济思想共同影响着和谐社会建设。我们看到，近两年来有不少诺贝尔经济学奖得主前来北京与政府和学界交流经济思想与文化理念，各种文化人士来中国的更不胜枚举。这是非常有意义的。吸收对我国经济建设与体制改革有益的思想，将使我们进步更快。世界贸易组织总干事拉米给中国入世的总体表现打了"A+"，这与我们借助外脑服务发展的大战略是分不开的。哲学家罗素曾在《中国问题》一书中说："我相信，假如中国人对于西方文明能够自由地吸收其优点，而扬弃其缺点的话，他们一定能从他们自己的传统中获得有生机的成长，一定能产生一种糅合中西文明之长的辉煌业绩。"

四、从经济学角度看宗教文化与世俗文化的交融

宗教是界定文明的一个主要特征，正如克里斯托弗·道森所说，"伟大的宗教是伟大的文明赖以建立的基础"。在韦伯提出的五个"世界性宗教"中，有四个——基督教、伊斯兰教、印度教和儒教与主要的文明结合在一起。第五个宗教——佛教的情况有所不同。佛教没有在其诞生地幸存下来。被输出到中国、朝鲜、越南和日本。虽然佛教仍然是这些社会文化的重要组成部分，但这些社会不会认为自己是佛教文明的一部分。

中共十六届六中全会通过的《中共中央关于构建社会主义和谐社会若干重大问题的决定》中明确指出：要"发挥宗教在促进社会和谐方面的积极作用"。这是在党的大会上一个具有创新性的提法。我们将此理解为马克思主义宗教观和马克思主义群众观的统一，即信教的群众也是社会物质财富和精神文明的创造者，也是党依靠的基本力量之一。

佛教、道教、伊斯兰教、天主教和基督教，都蕴涵着丰富的和谐思想资源，可以也应该为和谐文化建设做出积极贡献。中国佛教认为，"心净则国土净、心安则众生安、心平则天下平"。今年杭州召开的首届世界佛教论坛上，提出了"和谐世界，从心开始"的口号，并成为会议的主题。中国道教也有着崇尚和谐的传统，道教相信"万物负阴而抱阳，冲气以为和"、"道法自然"、"上善若水"等。中国道教协会与中华宗教文化交流协会正在积极筹备于明年4月召开国际《道德经》论坛，并将提出"和谐世界，以道相通"的口号。

宗教与世俗文化的交融是重要的。这从佛教、道教倡导"人间化""世俗化"可以看出来。基督教在深入世俗生活、服务民众、和谐社会方面，已有了成熟的经验。

可以说，不论世界上的几大宗教在何种程度上把人类区分开来，它们仍具有共性的价值观，这将有助于形成一种世界性文明的大框架。

当然不能忘记，宗教也具有很大局限性。美国哲学家、史学家威尔·杜兰特在他的《世界文明史》一书中说："宗教是一种很难定性、不易评判的社会现象：一方面，它与人类文明有着不可分割的渊源联系，并造就出众多思想家、科学家、艺术家、政治家和具有崇高道德力量的伟人；另一方面，在人性的偏执、社会的罪恶、种族的仇视中，也经常能看到宗教的阴影，宗教又常常成为社会动荡、冲突、甚至战争的助力。"

　　我们也看到，在市场化进程中，我国宗教的商业化倾向越来越浓。我们承认，没有商业运作，宗教活动尤其慈善活动就缺少经费。另外，过度的商业活动，又在破坏着人们对宗教"劝善止恶、行善扶难"的印象。因此，在构建和谐社会过程中，如何有分寸地发挥宗教的积极作用，仍是需要探索的问题。

（作者工作单位：北京师范大学）

加快社会体制改革和创新

李培林

　　党的十六届六中全会的决定，明确提出了与经济体制、政治体制、文化体制的改革相配合的"社会体制改革和创新"的任务，这是对改革内涵和发展规律在认识上的进一步深化，有助于我们更准确地把握社会体制改革与经济体制改革、政治体制改革、文化体制改革的关系，更深刻地理解社会体制改革与和谐社会建设的关系，更好地坚持社会主义改革的方向。

　　改革开放以来，随着经济的巨大发展和经济体制的深刻变革，社会结构、利益格局和思想观念也都发生深刻变化。在新世纪新阶段，经济社会发展出现一些新的阶段性特征。改革开放初期，我们面临的突出矛盾是解决温饱和短缺经济问题，现在温饱问题基本解决，卖方市场已经转变为买方市场，绝大多数商品都已经供大于求或供求平衡，但随着人们物质文化需求的迅速提高，在教育、医疗、住房、交通的供给状况极大改善的背景下，依然出现上学、看病、住房、交通等公共产品和公共服务供给领域的相对短缺问题，就业和社会保障也成为市场经济条件下的关键民生问题，因此要大力发展社会事业，为人民群众提供更多更好的公共产品和公共服务；改革开放初期，我们面临的主要体制问题是平均主义的障碍，因此要通过拉开收入差距、引进竞争机制来提高体制运行效率，但现在随着市场经济的深入发展，出现了城乡、区域和社会成员之间收入差距过大的问题，特别是出现了腐败和分配不公的问题，因此要更加注重社会公平，加紧建设对保障社会公平正义具有重大作用的制度，理顺收入分配的秩序；改革开放初期，放权让利的过程使改革成为普遍的获益过程，但随着改革触及利益格局的核心部分，各种利益矛盾凸现出来，产生了很多涉及利益分配和利益补偿的突出矛盾，因此要注意协调好各方面的利益关系，建立健全各种协调利益关系的体制机制；改革开放初期，我们的主要任务是经济增长，要解决的突出问题是如何面对经济成分多样化的市场、如何处理好政府与市场的关系，现在我们驾驭市场经济的能力有了很大提高，但又出现如何驾驭利益主体多样化的社会、如何处理好各种社会利益关系的问题，因此在新的形势下，正确处理经济增长和社会发展之间的关系，正确处理政府、市场、社会三者之间的关系，正确处理改革发展稳定的关系，成为当前需要重点解决的问题。

积极稳妥地推进社会体制改革，就是根据新的发展阶段的变化特征提出的和谐社会建设的重要任务。我们要充分认识社会体制改革的重大意义和紧迫性，加强社会建设，加快社会体制改革，调整社会结构，调节社会利益关系，促使我国经济和社会协调发展。要通过社会体制的改革，努力协调好各种社会利益关系，解决好关系人民群众切身利益的就业、社会保障、收入分配、教育、医疗、住房、安全生产、社会治安等方面的问题，这是构建社会主义和谐社会的重点和入手点。

政府的宏观调控、市场的资源配置和社会的利益关系协调，这是现代社会运行的三种基础机制。要建立与社会主义市场经济体制相适应的、符合社会建设规律的就业体制、社会保障体制、收入分配体制、教育体制、医疗卫生体制、科技文化体制、户籍管理体制、公共服务体制等，更好地协调社会矛盾，保证社会公正，提供社会保障，完善公共服务。

社会体制改革，实际上也是政府的社会管理体制的改革。要创新社会管理体制、整合社会资源、提高管理水平、建设服务性政府、强化政府的社会管理和公共服务职能，为群众提供方便快捷优质服务。要加快转变政府职能，改进行政管理方式，加强行政法制建设，形成有利于转变经济增长方式、促进全面协调可持续发展的机制，推动经济社会发展转入以人为本、全面协调可持续发展的轨道。

社会体制改革，涉及整个社会领域的工作，要坚定改革的信心，加大改革力度，进一步推进重点领域的社会体制改革。

一是进一步推进就业体制的改革。要坚持扩大积极的就业政策，建立统一开放、竞争有序、统筹城乡的劳动力市场，强化政府促进就业的服务职能，健全就业服务体系，积极发展就业容量大的劳动密集型产业、服务业和中小企业，鼓励劳动者自主创业、自谋职业，促进多种形式就业，统筹做好城镇新增劳动力就业、农村富余劳动力转移就业、下岗失业人员再就业和大学生就业等工作。

二是进一步推进收入分配体制的改革。要把正确处理效率与公平的关系的要求贯穿收入分配的全过程。实行按劳分配为主体、多种分配方式并存的分配制度，坚持各种生产要素按贡献参与分配，通过规范收入和财富分配来调节利益关系。着力提高低收入者的收入水平、逐步扩大中等收入者比重、有效调节过高收入、坚决取缔非法收入，促进共同富裕。要理顺收入分配秩序，加强税收对收入分配的调节作用，加大政府的转移支付力度，努力缓解地区之间和部分成员之间收入分配差距扩大的趋势。

三是进一步推进社会保障体制的改革。要完善社会保险、社会救助、社会福利和慈善事业相衔接的社会保障体系，逐步使这一体系覆盖城乡全体居民；完善城镇职工基本养老、基本医疗、失业、工伤、生育保险制度，推进机关事业单位养老保险制度改革，发展企业补充保险和商业保险，认真解决进城务工人员社会保障问题；加强社会福利事业建设，完善优抚保障机制和社会救助体系，重视保护妇女儿童权益，重视保护残疾人权益，支持社会慈善、社会捐赠、群众互助等社会扶助活动；加快农村社会保障体系建设，逐步扩大农村社会保障覆盖面，逐步提高保障水平。

四是进一步推进城乡管理体制的改革。要统筹城乡发展，贯彻工业反哺农业，城市支持农村的方针，逐步改变城乡二元结构，推进户籍、就业、教育、医疗、住房等领域有利于缩小城乡差距的改革，逐步消除农民进城务工的体制性障碍，在基础设施建设和社会发展领域加大对农村的倾斜，完善土地征用的补偿制度。

五是进一步推进医疗、教育等社会事业体制改革。要进一步动员各种社会力量参与社会事业的发展，进一步明确公立教育、医疗等非营利机构的社会事业法人地位、行为规范、税收规则和监管制度，在提高社会事业机构运行效率、降低运行成本的同时，要坚持社会事业机构的公益性目标，通过建立健全公共财政，加大文教卫生事业公共投入的力度，不断增加城乡教育医疗卫生服务的供给，下大力气逐步解决人民群众上学难上学贵、看病难看病贵的问题。公共投入要适当向广大农村地区倾斜，通过长期的努力，逐步实现公共服务供给的均等化。

六是进一步推进社区和社会组织管理体制改革。要进一步健全和完善基层社区组织，提高社区管理人员的素质和专业水平，建设一支宏大的社会工作人才队伍，完善基层服务和管理网络，增强它们服务社会的功能。社会组织的发展在我国还是新生事物，在发展的过程中存在着这样那样的问题是不奇怪的，要坚持培育发展和管理监督并重，完善培育扶持和依法管理社会组织的政策，发挥各类社会组织提供服务、反映诉求、规范行为的作用。

七是进一步推进劳动关系体制改革。要把职工参与和集体协商制度作为协调与构建和谐劳动关系的重要途径，要建立政府、工会、企业三方协调劳动关系的机制，完善解决劳动争议纠纷的法律法规和调解仲裁办法，依法维护劳动者的合法权益，形成劳资两利、合作共赢的社会主义和谐劳动关系。

八是进一步推进社会治安体制改革。要坚持依法治国，加强社会治安综合防控体系建设，推进社会治安综合治理，实行宽严相济的刑事司法政策，依法打击各种犯罪活动，积极推进治安防范工作的社会化和民众参与，规范保安服务业，保护人权，保障人民生命财产，维护正常的社会秩序。

九是进一步推进环境保护体制的改革。要加快建设资源节约型、环境友好型社会，完善有利于环境保护的产业政策、财税政策、价格政策和法律法规，建立环境评价体系和补偿机制，强化企业和全社会节约资源和保护环境的责任，有效遏制生态环境恶化趋势。

积极稳妥地推进社会体制的改革，要注意把握好以下几个原则：一是注意改革决策的科学性。中国各地的发展状况有很大差异，要坚持一切从实际出发、实事求是，允许进行多种形式的探索，不能简单地套用固定的模式，要认真总结各地社会体制改革的成功经验，用和谐社会建设的成果检验改革决策的科学性。二是注意改革步骤的渐进性。社会体制的改革也要循序渐进，要通过试点取得成功经验，由点到面不断深入，在实践中获得广泛共识，在渐进、有效、可控的节奏下积极稳妥地逐步推进。三是注意改革措施的协调性。要研究和把握社会体制运行不同于经济体制运行的规律，在社会体制改革中，既要注意增强组织活力、降低运行成本，又要注意处理好坚持公益性目标和提高体制效率的关系。四是注意动员各种社会力量参与改革。在发挥政府在社会体制改革中的主导作用的同时，也要重视发挥各种社会力量在改革中的作用，要充分发挥城乡居民的自治能力，培育社会组织的中介服务能力，发挥民间资本发展社会事业和提供社会服务的作用。五是要让人民群众共享改革发展成果。改革已进入到全面调整利益关系的新阶段，要注意在社会体制改革中兼顾到各方面利益，特别是关照困难群体的切身利益，妥善处理历史遗留的和新产生的各种利益矛盾，使人民群众能够分享改革发展的成果，使改革真正得到广大人民群众的拥护和支持。

社会体制的改革和创新是和谐社会建设的重要一环。要通过积极稳妥地推进社会体制的改革，使我国的社会体制更好地与我国的市场经济体制和民主政治体制相切合，更加完善、成熟和逐步走向定型，更加有利于促进和保障我国经济社会的持续稳定发展。

（作者工作单位：中国社会科学院）

学·术·前·沿·论·坛·十·周·年·纪·念·文·集

2007·学术前沿论坛

和谐社会：社会建设与改革创新

和谐社会与社会建设

李　强

我们知道，党中央从五中全会以后，逐步地提出和突出了和谐社会的建设。在和谐社会的建设中，突出了社会建设的主题。那么，究竟什么是社会建设，社会建设是什么含义？为什么把社会建设放到非常重要的位置上。中央十七大报告提出，社会建设是我们的四大建设之一，即经济建设、政治建设、文化建设、社会建设是四大主题。

一、社会建设的意义

社会建设的概念过去我们用得不多，应该说在理论上还是有很大创新意义的，从社会学的理论上来说，社会学者过去讲社会建设并不多，社会学者过去常用的是社会政策、社会管理、社会保障、社会福利、社会工作等概念。因此，我们需要理解为什么在中国当前的情况下，将社会建设作为一个很重要的概念提出来，作为四大建设的主题之一提出来，我个人理解有五方面的意义。

第一，社会建设的含义，最突出还是建设的"社会性"。所谓社会性，强调的是社会的总体利益、社会的共同性方面。我们知道社会是由不同阶层的人群构成的，改革开放以后社会的阶层分化更突出了，产生了比较多的不同利益群体。既然有不同的阶层，那么究竟怎样才能够代表全社会呢？这确实是个难题。二百多年以前英国重要思想家边沁曾经提出过一个理念，即"要代表最大多数人的最大利益"，这个理念很好。社会虽然是由不同人群、各个阶层构成的，但是我们应该强调它的总体最优，这也就是意大利的社会学家维弗利度·帕累托提出的"帕累托最优"。

当然，"帕累托最优"是很难的。对于有 13 亿人口的中国来说，各方面的不平衡如此突出，区域不平衡、城乡不平衡、收入分配也有很大的不平衡。怎样实现社会总体最优、代表最大多数人的最大利益，对我们来说是一个很大的考验。如果仔细回顾共和国 58 年历史的话，在新中国成立初期，毛泽东主席虽然没有使用社会建设这个概念，但他也提出了总体利益，提出要代表最大多数人。

那么，我们现在强调的社会性和改革以前强调的社会性究竟有什么差异？如果大家仔细思考的话，其实改革以前强调的是单位性而不是社会性。那时候的体制是单位制，到 20 世纪 90 年代中期以后才发生了大变化。单位制时期，从来没有建设过一个覆盖全民的社会保障体系或公共政策体系，那时候都是"自家的孩子自家抱"，由各个单位自己解决自己职工的问题。比如，过去医疗报销都是各单位只管自己的职工，而各单位的标准也是不一样的。所以那个时候，是单位性而不是社会性。

如果追溯单位制的文化源头的话，可以从传统中国社会家族、宗族式的文化里找到影响。认为各个家庭管好自己的事，于是全社会的事情就管好了。对于这种现象，社会学前辈费孝通先生提出过"差序格局"的理论，用今天的话说就是"小圈子社会"。一个个的小圈子，其特征是重视小圈子内部的共同性、强调小群体内部的最优，而不重视全社会的最优。

单位制有一个重大的漏洞，就是它无法实现社会的整体利益，它不是社会的保障，不是社会总体的最优。特别是到了 90 年代中期以后，当我们推进国有企业的市场化改革的时候，问题就都暴露出来了，市场需要的是一个可以流动的社会体制，而单位制将医疗、住房、养老、福利都限定在单位之内，这样如果不改变单位体制，就无法与市场接轨。但是，如果与市场接轨，原来的住房、医疗、养老、就业、福利保障等就马上成为严峻的问题。

正是在这样的背景下，中央十六届六中全会提出，我们要用 14 年的时间，到 2020 年建设一个能够覆盖城乡居民的社会保障体制。从这个意义上说，社会建设突出特征在于它的"社会性"，这是一个全新的目标。

第二，社会建设的意义在于，它是要满足社会成员的基本需求。我们一定要理解"基本需求"这个概念，十七大报告中提出以民生为主体的社会建设，这和满足居民的基本需求是一致的。社会上人们的需求层次有很大差别，能不能按照最高的需求满足呢？不可能。比如，医疗方面现在的技术水平很高，换肝、换肾的手术在技术上都没有问题。但是，公共卫生体系的建设无法满足这样的高要求。社会建设强调满足社会成员的基本需求，从这个意义上来说，社会建设对弱势群体的关注是最重要的，有些收入很高的群体，他们的基本需求早就满足了，所以在社会建设中应更重视弱势群体的需求。

第三，社会建设的提出，实际也是针对于过去片面强调国内生产总值、单纯强调经济指标的做法的纠偏。我国经济改革在29年的时间里，成果非常突出，我们跃居世界经济总量第四位，和第三位的差距已经越来越小了。但是单靠经济建设无法解决目前众多的社会问题，中央提出科学发展观，也是对过去的不科学的发展观进行纠偏。在经济建设的过程中产生了很多的问题需要社会建设去解决，这就像一架飞机的两个翅膀一样，只有一个就不平衡了。所以，社会建设的意义在于要解决社会问题，缓和社会矛盾、构建和谐社会。

第四，社会建设的重要功能在于它强调解决社会问题，缓和社会矛盾、构建和谐社会。刚才我说到的，改革开放以来我们在经济方面的发展非常突出，步伐非常快。但是与此同时，社会方面的问题也暴露出来了，近些年，社会矛盾反而更突出了，调查显示，群体性事件，无论是事件总数还是百分比，上升速度都很快。随着社会的发展，特别是工业化和城市化的发展，是不是社会问题会更加突出呢？我们知道胡锦涛同志在他的讲话中曾经提过人均国内生产总值超过1000元之后社会矛盾会更加突出的观点，也有人理解为"库兹涅茨倒U形曲线"的效应。应该说，确实有这样的现象。在经济高速发展的时候、在总体经济迅速扩张的时候，利益矛盾反而更加突出了。经济改革本质上是利益结构的调整，利益结构的调整当然会有些人获利多一些，有些人获利少一些。我曾有论文提出四个利益的群体，指从改革中利益获得和丧失角度将中国社会分为四个利益的群体，即特殊获益者群体、普通获益者群体、利益相对的受损群体和社会底层群体。简言之，改革后利益分化了，而分化会带来新的矛盾。那么，是不是可以避免分化呢？从世界各国经验看，发展从来都是从某一部分开始的。也就是从分化开始的。改革开放初期，邓小平最先阐述了这个想法，即允许一部分地区、一部分企业、一部分人群、一部分工人和农民收入先多一些、生活先好一些。这个政策大大地刺激了中国的经济发展，也是中国经济取得巨大成就的原因之一。但是，事物都是矛盾的，社会分化也引发了很多新的矛盾，所以，社会建设的提出就是要缓和与解决这些矛盾。

第五，社会建设的最终目标是要实现社会公正。什么是社会公正呢？对于社会公正的理解，改革以来我们也在不断的修正。新中国成立以后的一段时间，我们强调社会分配的结果要公平，即认为如果收入不均等，收入差距比较大就不公正。但是，后来变成了平均主义，公正的概念就走向了极端、走向了偏颇。我们今天对于公正概念的理解，是主张机会的公平、程序的公平和结果的公平，三者之间的一种平衡关系，强调统筹考虑问题，我们对公正的理解也在不断的深化。

二、社会建设的主要内容

此次"十七大"报告在阐释社会建设内容时提出"以改善民生为重点的社会建设"。我们知道，最早提出民生这个理念的是孙中山先生的三民主义，强调民族、民权、民生，如果我们读中山先生的著作的话，在民生方面，他讲得比较多的是关于资本和土地两方面的公正、公平问题，对于这两大方面，直到今天我们都不能忽视，资本和土地是财富的两大源泉，如果处理好了当然就公正了。中山先生反对贫富差距过大，他曾经这样解释民生主义："民生主义即贫富均等，不能以富者压制贫者是也"。孙先生把民生理解为社会公平、公正，这个理解我认为是不错的。所以，我们今天讲的社会建设，最终目标是追求公正。

党中央十七大报告提出了社会建设六大方面。

第一，教育。对于中国来说，要建设人力资源强国，最终目标是要提高全体国民的教育水平。我们知道从获益角度来看，一个人越是受高水平的教育，将来在收益上面，一个人自己的教育收益率越高。但基础教育获益的主要不是个人，而是全体国民获益、整体国家获益。所以，我们建设人力资源强国的最重要方面是要提高全体国民的基础教育水平。我国现在实行的是九年义务教育，但是，第五次人口普查的资料显示，我国25岁以上的人均受教育水平只有7.4年，这个水平是太低了，我们在这方面有很大的欠缺。从保护最大多数人的最大利益的角度看，我们确实应该首先把基础教育的水平提高，提高全体国民的平均受教育的水平，这样国家的发展才有基础。

第二，就业是民生之本。一个国家要想平衡地发展，要想减少一些社会矛盾，一个很重要的方面就是要让人人都有工作。应该说我们在改革以前也曾经试行过"人人都有工作"，当时是计划的方式，分配工作，是人为的配置，虽然人人都有工作了，但最后发现经济效益低下。今天中国建立的是劳动力市场体制，市场配置之后有很大的优点，效益是提高了，但是问题也出来了。我们国家最大的特点是劳动力人数多，相对于今天的需求看，甚至有剩余。我们算了一下，到 2006 年年底，有劳动能力的人（一般是指 17 岁到 60 岁），差不多达到了 7.9 亿，一个国家要想给 7.9 亿人找工作，难度非常大。2008 年 1 月 1 日，《劳动合同法》正式实施，在实施之前有些人在单位工作没签合同，《劳动合同法》实施之后，如果你把一个人雇用到 6 年以上，就不能随意解雇人家，叫做"事实合同"。结果很多单位一听说，就拼命地开始解雇工作了 5 年的人。这样做符合不符合社会利益呢？符合不符合最大多数人的最大利益呢？显然不符合。所以，从社会建设的角度看，各个单位、各级政府都应该思考社会的整体利益。虽然找工作是个人的事情，但从国家的层面看，就业这件事情不是纯粹个人的事情。政府非常重大的责任在于创造就业机会。

第三，收入分配，这是大家关注最多的。今天无论是就地区、城乡的收入分配来讲差距都比较大。有人说贫富差距这么大，改革搞错了吗？我认为也不能这么理解，在中国目前的地区差异、城乡差异比较大的情况下，要想短期内缩小差距，确实也不现实。关键还是要做到合理、公正。老百姓反对的是不合理、不公正的差距。十七大报告强调初次分配和再次分配都要处理好效率和公平关系，可见中央是很重视收入差距问题的。

第四，覆盖城乡居民的保障体系，这是社会建设非常核心的内容。社会保障体系的内容广泛，包括最低生活保障线、低收入者的问题、社会救济问题、住房保障问题、养老问题等。中央下决心要建立这样一个保障体制，非常重要，但是，这也需要时间。对于 13 亿人口的大国来说，需要一步一个脚印地建设，绝不能指望一下子把问题都解决了。过去有一段时间我们十分着急，比如 1958 年的"大跃进"，我们以为很快就能解决一些问题，结果事与愿违，反而带来了一场灾难。改革以后最大的变化是大家意识到了需要循序渐进，需要有步骤，有节奏，不能一下子做到大家都一致，当然，最终目标是最大多数人的最大利益。

第五，医疗公共卫生体制。其实社会建设的问题还有很多方面，比如住房问题、养老问题、妇女问题、儿童问题等。但是报告为什么要特别突出医疗呢。这确实因为我们在 20 世纪 90 年代推进医疗体制改革过程中出现了很多问题，比如，很大一部分人被排斥在公共卫生保障体系之外。公共卫生体制改革，涉及人的生命健康，当然要重视。十七大报告特别强调，这涉及千家万户的幸福，所以这是社会建设的六大主题之一。

第六，完善社会管理，维护社会稳定和团结。强调怎样通过一套社会机制的建设来解决当前的社会矛盾和社会问题。据悉，北京市准备新成立一个新的机构，叫"北京市社会建设工作委员会"，该委员会在很大程度上是为完善社会管理工作。"社会建设工作委员会"这个机制，在全国其他城市还没有，北京市作为首善之区，提出这样一个机制有创新意义。当然，社会管理，社会矛盾的缓和，社会利益的协调难度是很大的，这也正是我们对于这样一个新生机构功能的期待。上面已经论述，在经济高速发展的时期，也往往是社会矛盾凸现的时期，所以，对于这方面管理机制的建设绝对不能忽视。

三、对社会建设与民生问题的反思

社会建设与民生是共和国建立以来，几代领导人长期思考的问题。新中国刚刚成立的时候，毛泽东同志提出的口号就是公平正义，就是民生，虽然他没有使用社会建设这个概念，但是，他主张的社会是强调共同利益，强调社会的总体利益、社会的共同性方面。回顾我们在社会建设和民生建设上所走过的道路，也曾走很多弯路，所以，最后想反思一下，我们可以吸收哪些经验教训。

第一，防止走两种极端。第一个极端1949年的革命，我们的目标是民生，是公平、公正取向的。但是，后来公平走向平均主义，走向极端均等化，直至发生了文化大革命，今天，没有人认为这是正确的。一个以民生、公平、公正、社会总体利益为取向的社会怎么会走到完全相反的方面了呢？我们要意识到，民生这个概念也不能极端化，极端化以后容易走向"民粹主义"，民粹主义（populism），极端贫民化的倾向，最终造成的是普遍的贫穷，而不是社会的进步。前几年我写过一篇论文，叫《丁字形的社会结构》，是对于第五次人口普查数据职业指标的分析，采用了国际上的一种"国际社会经济地位指数"（International socio-economic index）的测量方法，结果算出来一看，非常吃惊，中国社会是一个倒过来的丁字形结构，也就是说全部就业人口的排列，下面是一个大横道，也就是农民的人数比例很大，横道上面是一个很粗的竖道，这是由城市里面的各个阶层构成的。也就是说，全国各个城市的就业人口地位差异也是很大的，中间阶层比例并不高。中央文件中曾多次强调，我们要扩大中等收入者的比例，但时至今日，人数和比例都不高。根据多种估算，在全部就业者中，中等收入者或中间阶层不足13%，我在有些文章讲是12%，也就是说88%都不是中等收入层。这与上面提的倒丁字形的社会结构是一致的。总之，数据证明我们的社会结构的特征是底层群体太大，在这种情况下，很容易产生民粹主义。

另一种极端是，近来贫富差距确实比较大，出现了某些暴富的集团，而有些人的暴富是钻了政策空子的暴富，有些人的暴富是偷税漏税违规的暴富，有些人的暴富是建立在压榨劳动者基础上的暴富。比如，一些矿主、煤矿主，是在很不规范的情况下承包了矿产，将本属于全民所有的矿产变为私矿，又靠压榨矿工而富裕起来。再比如，某些房地产商是在特殊关系的背景下，批来土地，又由于特殊的关系从银行获得贷款，再让购房者交预付款，在这样背景下的暴富，当然会使得广大公众产生很大的不公平感。由于这些不公正因素而造成的贫富差距当然很容易激化社会矛盾。所以，我们当前的社会建设和民生建设应该防止出现上述两种极端的倾向，走符合中国国情的社会建设道路。

第二，如何处理好改革要惠及多数人和社会分层的关系。改革以来，在经济方面的社会层化现象是很突出的，中央文件也使用了高收入者、中等收入者和低收入者的概念。"十六大"以来，我们的党在吸收党员方面也同意吸收其他社会阶层的先进分子，所以，不同阶层的存在是现实，我们要处理好各个阶层之间的关系。社会的各个阶层利益是有差异的，而改革的具体措施常常会是对某些阶层的利益大一些，某些阶层的利益小一些，有些阶层甚至利益受损。比如，房屋的市场化改革导致房价涨了，有获得利益的，也有损失利益的。所以从这个角度来看，社会建设的目标是要惠及多数人，虽然，各个阶层利益的分化是现实，但是，作为改革出台的措施，目标应该是最大多数人的最大利益。中央在和谐社会上提出要让大家各得其所，也是这个含义，要使全体国民共享改革带来的利益。

第三，要处理好社会建设与市场的关系。市场是一个锐利的武器，改革以来我们在经济建设中推进市场经济，用市场配置资源，取得了巨大的成绩，经济突飞猛进。但是，社会建设领域的情况更为复杂。有些可以采取市场机制，因为这样可以提高效率，但是，还有一些就不能采取市场机制。社会建设中的公共产品、社会福利等，很多是不能采用市场竞争的方式的，比如，救济贫困，向最低收入水平的人发放保障金就不能竞争，只要调查证明收入低于保障线的，都要发给，而且是越弱势的越要给。但是，情况更复杂的是，公共产品的界限不是绝对的，有些还属于准公共产品，这样，在什么情况下可以采用市场机制，什么情况下不可以采用市场机制就成了一个难题。比如，医疗卫生有些是公共产品，有些是准公共产品，有些不是公共产品。界定起来不是那么容易。比如，公共卫生保障可以报销的具体药单怎样界定，有时候界限不是那样清楚。可以报销的是属于满足基本需求的，但是，随着发展，基本需求也会上升，药单也可能发生变化。哪些是市场，哪些不是市场也可以随发展水平的提高而变化。所以，社会建设中，要随时调整好市场的和非市场的两种机制之间的关系。

总之，社会建设是要实现最大多数人的最大利益，这个原则是对的，但要实现这个原则，需要我们在社会建设的实践中不断创新。

（作者工作单位：清华大学）

激励相容才和谐

平新乔

这个题目是从 2007 年诺贝尔奖的成果来说的，讲机制设计。机制设计由赫尔维茨、马士金与迈尔森这三个人提出来的，提出来的一个问题就是和谐问题。社会机制怎样达到最优？我们以为西方经济学是讲西方的，其实，西方经济学在 20 世纪后 50 年的发展对社会主义经济、苏联模式的经济是做出反应的。中国的经济近 20 年的奇迹，对世界经济学也在作出贡献。我们知道经济学里有一个"阿罗不可能定理"，就是说个人的偏好是不可能加总的，个人的偏好是多种多样的，如果你不可以独裁、专制，则各种偏好是不能相加的。赫尔维茨则提出了另一个不可能定理。赫尔维茨的不可能定理是 1972 年提出来的。关于苏联模式的社会主义的争论中，米塞斯·哈耶克认为这是不可能成功的，原因在于两条，第一，社会的信息交流是私有的，私人之间信息交流是不可能完全通畅的；第二，社会经济过程非常的复杂，计算是不可能的，有上亿个方程怎么计算。这是米塞斯·哈耶克提出来的，是他们对社会主义的反驳和否定。这个问题影响了兰格，也影响了兰格的学生阿罗，包括得诺贝尔奖的苏联的做数理规划的康托罗维奇，还有库普曼等人，他们的思想都是企图对此做出回答。赫尔维茨带着这个问题，于 1960 年发现社会做决策，就是无数分散的个人把自己的信息向虚拟的机构做报告，虚拟的机构像计算中心一样对信息做出反馈，中央计划是有这样的机制的，市场经济没有这样的设置，但是这个经济过程相当于有这么一个虚拟的中心搁着。

到了 1972 年，赫尔维茨为了纪念自己的老师马夏克，他在一本纪念文集中写了一篇文章，在文中提出了不可能定理。他认为无论是社会主义，还是资本主义，只要信息是分散的，在信息分散的前提下要实现帕累托最优是不可能的。

要在这个基础上达到资源配置的最优是不可能的。这个命题对社会主义，对资本主义以及社会上所有的机制都是适用的。第二年，他在美国经济学会上发表了演讲，对这个思想进行了解释。他说这个思想是在我的老师兰格的激励下出来的。但是他对这个问题的证明是不清楚的。他于1971年、1972年在哈佛大学做访问学者，哈佛应用数学系的两个学生受了他的影响，继续研究这个问题。一个学生叫迈尔森，他的回答是正面的，是可能的。即是设计一个机制让人讲实话，在讲实话的情况下，老老实实的向虚拟中心反馈他的消息，后来让社会机制按照真实偏好做，这是迈尔森1979年、1981年、1983年的文章讲出的。另外一个学生叫马士金，他的回答基本是否定的，他认为，你讲激励相容没有错，但是大家是否愿意参与呢？加入这个团队，加入到这个过程一定要有好处，如果没有好处，人们就没有动力来参与这个社会公共活动的过程。比如说，公共品的提供，谁都不愿意说这个东西为自己赚了钱。为了减少税负，减少支出，人们会把偏好掩盖起来。这后一个学生就说这个问题是存在的。尽管1973年、1975年赫尔维茨的另外两个学生（克拉克与格拉维伍）讲了个机制，即让每个人填一张单子，写出你认为这个东西值多少钱。最后的结果算出来之后，把人均的实际成本减去事先填的支付的意愿，这中间的差就是你要缴纳的，以惩罚那些说假话的人，报的少收的多，就是实际成本减去你的偏好。这个事情看上去很好。后来马士金1977年提出来，这个机制的前提不真实，不可能把所有的人叫到礼堂来，叫他们填单子，把所有的人赶到广场上，让他们讲。所以，如果是民主主义，首先应让每个参与者都有好处，没有好处他们不会参与。

所以，激励相容的前提必须要满足参与约束，如果不能参与，要讲和谐是空话。我讲的是个社会主义问题，不是资本主义问题。兰格说社会主义是可能的，米塞斯说社会主义是不可能的。赫尔维茨说资本主义前提下，最优机制设置是不可能的。1972年赫尔维茨提出了"激励相容"这一概念。认为，只有当参与者的个人动力都在参与过程中被激发到极致，才能达到社会最优。但问题在于，如何让每个人的动力都发挥到极致呢？

马士金1977年的一篇论文证明，在一个两人社会中，只有独裁才能实施最优资源配置；当社会成员大于等于3时，要实施最优资源配置，社会机制中必须包括"平局"时"抓阄"的条款。这实际上是在学术层面上论证与揭示了现实和谐社会境界的机制是多么的艰辛与脆弱。难就难在：既要让每个人得益，又要让每个人讲实话，还要让每个人动力发挥到极致。

回到中国的问题上来，我们的问题也一样。中国的改革有很多的经验，是对国际的贡献。邓小平最好的理念有两条，一条是让一部分人先富起来，这是说激励机制是不对称的，是不可能对称的。第二条是摸着石头过河。比如说承包制，开始是 3 年不变，后来是 10 年不变。领导讲 3 年不变的时候确实不敢承诺 3 年后怎么样；决策者讲 10 年不变的时候也不敢承诺 10 年后如何，后来讲 30 年不变，再后来讲永远不变，鼓励农民承包制。摸着石头过河从经济学上讲就是不完全信息下的不完全契约，定契约的时候合同不可能完全定得分明，一字不漏，总有未来会改变的状态下意想不到的事变和事件未能写进初期的合同。

合同是不可能完全的，关键是这个合同与下一个合同之间要衔接得好，转换成本低就可能和谐。如果转换成本高，中间就会出现社会振荡和不稳。从经济学讲，就是一个实施过程。我觉得，我国那么多的问题，要讲的话，就是前面的合同应该和后面的合同衔接，后面的合同应该包容前面的合同；后面合同比前面合同更宽一点，把前面的合同包容进去。如果状态回到前面的合同，解就是前面合同解。从这个角度来看，"十七大"报告第一阶段讲毛泽东的贡献，第二阶段讲邓小平的贡献，第三阶段讲"三个代表"的贡献；如果我们衔接得好，这个社会就容易走向一个比较和谐的状态。

然而，中国经济改革与发展在过去 30 年中的实践远远超过了哈特"不完整契约理论"的现有框架。中国的企业是怎么出现的？20 年前，外国人认为中国没有企业。邹至庄的《中国经济》(1985 年)也如此认为。这可能是对的。问题在于，在过去的 20 年中，中国企业是如何演化出来的？不就是在一个又 个不完全的契约下逐步去掉一层又一层的扭曲，一点一点地发育起来的吗？现在全部的契约理论都是以在初期就设计好防止重新谈判的机制为最优，但如果是这样，中国的企业，中国的股市，中国的市场可能在一开始就死于胎中，怎么会有今天的发展？给未来留下空间，给未来留下再谈判余地，在 t_0 期为 t_1，t_2……留出不确定性，恰恰是一种动态的帕累托改进。现今的全部宏观经济学全是以"反向归纳"为框架，即假定有一个全能的上帝预知无穷远，然后反推回来求最佳路径，可中国恰恰是"摸着石头过河"，是与卢卡斯一萨全特的宏观模型倒着来的。难道"摸着石头过河"不应引起我们深思吗？

邓小平的另一句话"让一部分人先富起来"，是讲激励机制的不对称性。如果激励机制对称了，也就不成为激励机制了。在任何社会，总是一种激励机制的引入让一部分人先得利，然后传递扩散出去，引起资源在空间上与时际间的重新配置，这才给经济发展注入活力。一种激励机制到了使所有人都对称地受益，则经济便会趋于稳态，社会就应寻找新的激励机制。但激励机制不应限制人们参与，激励机制应吸引最广泛的人民群众的参与，只是参与的同时激励结果是不对称的。

我国现在不和谐或者问题在什么地方呢？当然我做的研究不完全，从2006年到2007年做了五个课题。第一，在2006年做了一个政府卖土地的问题，对土地出让金的规模做估算。第二，在浙江对农民工的生存状态做调查。第三，2009年在自主创新方面做了市场换技术的效应测度，对于外资企业，我们以市场开放换技术，换到没有？做了测算。第四，银监会2003年成立之后到底有没有作为？到底有没有贡献？有作为在什么地方？我们做了研究。第五，两税合并以后，企业所得税的待遇里面的抵扣问题应如何设计？比如卖土地问题，老百姓参与了没有？刚才讲了参与约束，土地所有权在土改的时候非常的明确，就是农民的。实际1962年毛泽东同志强调，农村土地所有制归集体。从那以后土地所有权和土地经营权是分离的。包括20世纪90年代，地上的经营权，房子下的这块地是不可以买卖的，留下很多的问题。房地产开发商要用土地，要买两道，第一道要向城市主管部门交滞纳金，第二道要给拆迁户交土地上房子的补偿金。把土地上的建筑和房子下面的土地分开了，就产生了这么一个问题。参与权让政府参与，没有让农民参与。去年估算，2004年全国地方政府拿了6 000多亿土地出让金，现在成都、重庆在进行试点土地开发中的土地制度改革。另外，我们主要关注的农民宅基地使用权问题。现在全国进城打工的人有1.2亿，家里的宅基地没有人住，平均每个农民工的宅基地是3.4分，大概是这样的比例。1.2亿的农民工乘以3.4分的土地，就是将近4000万亩土地；如果把这些土地转置过来，就是一个很人的土地开发资源。这是我们对农民工调查的时候发现的问题。

我们给了外资那么多的市场，现在占中国市场份额19％，占中国出口70％；在中国出口当中外资企业的份额占了70％，天津占90％，上海占80％多。国内市场中占30％，市场开放了，技术转让了没有？我们算下来很弱。我们把生产要素等的贡献拿走，外资进来之后，有没有缩小国际市场之间的差距？显得不多，是有问题的。

我们发现银监会成立之后，改进的地方表现在2007年；如果是坏账多了，呆账多了，则2008年银行信贷发放就有限制了。这主要体现在对国有银行的监管上，对股份制银行没有那么大的作用。中国中小企业90％的资金不是靠银行，这也就是说，在资本配置的机制中，广大中小企业实际上还不能参与。中国要和谐，前提是要使改革成果让更多人分享，参与是第一位的。

（作者工作单位：北京大学）

公职地位开放与有序社会流动

——和谐公民社会的两个特征

廖申白

一、建设和谐公民社会

我认为"中国正在走向公民的社会",做这样一个概括是有一些依据的。据观察和了解,中国农民的地位正在发生变化,这种变化是至关重要的。因为按照我的看法,所谓公民社会,具有一些重要的特点。从具体方面说,有两个重要因素。第一,居民可以选择生活和居住地,每个人在社会的交往中主要是面对其他的公民。第二,公民们面对一些公共性的事务,政治社会的和地方社会的,以及社团的,并且能够加入公共性事务的讨论和协商。当然,"公民社会"这个词的由来已经有很长的历史了。

中国的农民正在发生很大的变化。变化的由来,首先是随着经济的发展而发生的社会的发展。我们的村落正在逐渐发生变化,这种变化我用"移民化"来描述。也许,这个措词从社会学、经济学的角度来看是不恰当的。但是,用它来描述这种变化也许比较贴切。"移民化",就是说,村子有越来越多的外来人,例如,土地承包者、投资者、开发商、企业家等。在这样的变化过程中,逐步地,农家子弟开始越来越多地走到村落之外。同时,在村落社会内部,农家子弟的义务教育开始由国家来负责和实施,由公共财政支持和保障。农民正在成为一个能够选择自己的生活和居住地的人群。当然这是逐步的,目前范围还不很广泛。

谈到中国最近将来的前景,我们思考怎样使这样一个正在形成中的公民社会比较和谐是很重要的。因为,一个公民社会内部可能和谐,也可能不和谐，甚至陷入分裂和对立。依照我的看法，思考这个问题必须考虑外部环境和内部环境两个方面。一个公民的社会要成为和谐的，外部需要两个基本的条件。第一个条件是同其他国家处于非战争状态，这一点是非常必要的。因为，国家间的政治和国内政治是相互影响、相互渗透的。国家之间陷入战争，参战国的公民社会内部也会发生分裂，这个道理是很显然的。第二个条件是为了避免陷入国家间的战争，一个公民社会的国家需要根据互利的和互通有无的原则同其他国家进行和平的贸易，开展和平的外交，因为和平的贸易与和平的外交是消除对外战争最重要的方式。

但是，一个和谐的公民社会内部也需要具有一些性质，而且它内部具有这些性质是使它能够内部和谐的更重要的方面。在这个方面，我认为，首先是，这个公民社会要能够逐步地发展或者培养起共同的或接近于共同的社会正义观念，这是最根本的内部性质。如果在这个方面不能培养起这样的社会共识，可以设想，它的公民社会内部的和谐是很困难的。当然这还只是个基础。这个基础如果要走向现实方面，还需要在基本制度和政府的治理的层面都体现或者接近于体现这样一种观念。所以我说的是两层。一层是公民社会，它要形成共同或接近共同的正义观念；一层是基本制度与政府的治理。

在这样两层基础上，如果我们来设想和研究的话，我认为一个和谐公民社会内部的生活会有三种重要性质。第一，它的内部是富有活力的。也就是说，公民们有在经济、科学、艺术、学术等领域，还有公共政治领域，进行创造性的活动的动机和活力。这是这样一个公民社会内部会具有的第一个特点。第二，它的内部同时是稳定的。它的内部如果不稳定，如果始终处于激烈的变动之中，它是不会和谐的。但是，这两方面如果要达到平衡，一个公民社会就一定也具有有序这样一个特点、性质。所以它的第三种性质是有序性。有序，在这里可以理解为公民内部的公民交往生活既具有一些积极的改变，同时又能保持稳定和平衡这样一种性质。

二、公职地位开放——和谐公民社会的一个重要特征

这样的一个社会，如果我们再从它的表征即比较外部性的特征来看，必定具有两个重要特征：第一个，它的公职地位是开放的；第二个，它的社会上层、中层、下层之间发生着有序的社会流动。

我先来谈第一个特征。一个和谐的公民社会，公职地位一定是向公民开放，而不是向公民们关闭的。我把这两种情况作为对照。为什么必须向公民开放？首先，这是一个社会正义的要求。如果我们把这个社会的公共政治领

域理解为是属于这个社会的成员或者是全体公民的，不开放显然是没有道理的；如果不开放，这个社会将不会和谐。其次，公职地位向公民开放，也使得公民社会的内部生活具有活力。一个公职地位封闭的社会当然可能存在，但是会缺少活力。为什么一个公职地位开放的社会具有更大的活力？这可以这样来解释：一个公民社会是否具有活力，同公民社会之上的公共政治领域是不是公民们能够去竞争地从事创造性的公共政治活动，并且是不是能够吸引公民们去从事这样的活动，有密切的关系。

要进一步说明这个问题，我们来考虑，在一个公职地位开放的社会，一个公民在考虑是否要参与公共政治领域活动时抱有的两种主要动机的相互关系。这两种主要的动机，第一种是个人合理期望，也就是通过公职获得的合理报酬来改善自身和家庭的社会地位的期望。这种期望在法治的公民社会是正常、合理的。这种期望同一个人履行公共责任这样的动机可以相容。但是我们可以注意到，这样的动机可以发生退化。而且，如果发生蜕变，它就成为两种动机。第一种就是以公共权力来谋取私利的贪欲。第二种是对通过取得某种政绩来提高自己的社会地位——当然是公职地位——的权欲。这样的人关心的只是通过政绩提高自己的地位，这是对官位的期望。这两种蜕变很难说在哪一个社会能够根治，但是我们看到，一个公民社会公职地位越不开放，这种蜕变变得就会越严重。这是第一种动机。第二种动机就是使命感，就是对实现社会正义的关切，对促进国民福祉的关切。这种动机当然也有它弱化的现象，就是弱化为例行公事地履行公共责任的态度。我认为，在一个公职开放的社会，这两种动机是可以彼此相容的。因为，它们与共同的社会正义观念可以相容。

现在让我们来想一想怎样开放的问题。我的看法是这样的：首先，公职地位的开放必须是向着那些理解与公职地位相联系的公共责任、具有认真履行公共责任的公民基本德性，并且具有履行这些责任的管理公共事务能力的公民，必须有这样一个基本的面向。如果不是这样的话，这样的开放就会变得非常狭隘，事实上还是封闭或半封闭的。

其次，罗尔斯的差别原则是一个可以参照的原则。这样一个正义原则的基本观念是：社会公职地位及其较高薪俸要基于机会公平平等原则向所有人，就是说，向所有具有对公职地位的公共责任的理解、具有公民基本德性和管理公共事务的能力的公民开放，与此同时，这样一种安排还要着眼于对弱势人群的最大可能改善前景的考虑。这是两个条件，这两个条件都非常重要。把公共资源的一个重要部分在机会公平的前提下用于竞争到公职岗位的公民的薪俸，着眼点是弱势群体的最大可能改善。不能因为机会开放就不考虑弱势人群。应该要考虑弱势人群最大改善前景。这样的考虑即使是在社会信息不充分的情况下也还是可以做的。我们不可能期求，在作一种考虑时所有信息都畅通并及时地获得。因为首先，信息还在不断增加，不可能穷尽。

这个原则具有一些合理的因素。一是，它着眼于弱势群体的最大可能改善，就是说，着眼于使弱势群体的生活境况有最大提高。这个提高也许没有竞争到公职地位的人的收入提高那么大，但是这样一个着眼点很重要。二是，它倾向于使分享社会合作的福祉的基准水平稳定地提高。同时，这样的一个原则也使影响人们从事公职的那两种动机可以相容。

最后，公职地位开放本身必须是持续的、稳定的和公开的。这一点也是非常重要的。公开的，就是说是置于公民们的监督之下的。同时，这样开放的机制中也要包含淘汰那些已经变得不称职的公职人员的机制，这样的机制也要变得稳定和经常。以这样的方式，我认为，公职地位的开放才能够尽可能地减少两种主要动机的蜕变，我们必须研究怎样使这两种动机的蜕变的可能性比较小一些的问题，才能成为公共政治生活的"清洁剂"。

三、有序社会流动——和谐公民社会的另一个重要特征

以这种方式谈到公职地位的开放，有一点就会变得很清楚，就是，这样的开放会使得一个社会的上层、中层和下层之间，尤其是上层和中层之间发生一些流动。这是显而易见的。这种流动如果是有序的，就会给公民社会带来活力。

关于社会分层，我是外行，我认为有两种理解社会分层的方式。第一种方式是依据对阶层、阶级定义的方式。依据这种方式来解释的社会中层，并不是在任何一个社会中都一定存在的。我们可以说，有些社会不存在中层。它主要是从近代的市民阶级中产生，在今天叫做中产阶级。这是一种重要的学术理解方式。我认为，和这个方式相对应，也可以有一种自然的社会分层的理解。我把它看成是一种泛义的理解社会分层的方式。这种方式的基本观点是这样。一个社会可以依据在其中生活的人们相对经济和社会的状况，而自然地区分出社会上中下三层。以这样的观点，基本上可以说，每个社会都有这样相对上中下三层，尽管一个社会上中下三层可能同另一个社会非常不同。以这种方式来理解的社会中层就并不必然的是一个阶级或者一个阶层，而是一种相对的社会和经济的地位或者状态。关于这种泛义理解的社会分层的观念，我们可以这样看，在这里我不准备再深入到细节内容上说。

所以，一个和谐的公民社会中也会存在着相对的上中下三层。我们不大能理解，一个和谐的社会只有一层，人人状态都一样，这个想法可能不大真实。一个和谐的公民社会分出上中下三层，我认为主要是受两个因素影响，一个是公民的自身的努力，另一个是自然的和社会的偶然性。在这两个因素里面，很多人都会同意，公民自身努力的因素在一个和谐社会来看必定受到肯定。同时，在一个和谐的公民社会里面也会发生对减少自然的和社会的偶然性对人的生活起点的影响的关心。如果这个公民社会是和谐的，这种关切就会自然地发生。因为人们不难注意到，人的生活起点对于自身努力有重要影响。这一点只要有足够的生活经验的积累就能够理解。所以，这种关切的发展也非常重要。在一个和谐的公民社会的公共政治领域里，立法机构应当根据这种关切的发展，在适当时期对基本制度做必要的调整，以便减轻这种影响。这非常重要。这种调整有很多方面，今天在我们的立法方面，在政府治理的执行层面，都可以看到正在有一些发展。同时，这一点也很值得我们注意：自然的和社会的偶然因素通常不能完全消除。就自然方面来看，我们不可能希望所有的人在天赋上是完全等同的。这不可能，我们也不大希望这样。

我们现在回到社会的流动方面。我认为比较理想的状态是这样：在一个公民社会中，社会的中层占比较大比例，并且社会的上中下三层之间保持有序的流动。我想，有可能达到这样的状态也是一个公民社会内部能够和谐的基本原因，达到了，它就比较和谐。因为，一个社会的上中下层之间如果不能流动，社会就会积蓄强大的内压，即使它仍然存在，也很可能会最终陷入对立甚至分裂。我们甚至可以说，我们刚刚谈到的公职地位开放就是最重要的渠道。如果没有这样一个渠道，一个公民社会很难形成有序的社会流动。

这样一种有序的社会流动可能具有三种重要的特征。

第一，它将是逐层的流动。逐层流动具有很重要的社会心理学的必要性。我们来设想，如果人们都在幻想一步登天、一夜暴富，这个社会必定是不稳定的。但是有一个问题，逐层的流动是不是会泯灭人的活力呢？这当然是一个很重要的问题，人们会以各种方式提出这样的问题。我是这样看的，如果人们看到的社会流动的机制是足够公开和透明的，如果大家看得到使自己和家庭的经济和社会地位可能改善的渠道，这应该是社会流动积极的因素，而不是消极的因素。

第二，它将是双向的流动。双向的流动使社会的分层自然恢复平衡。人们都想在社会中达到上层，但社会又可以自然地有中层、下层。如果讲到双向流动，如果我们把前面讲到的逐层流动作为前提，我们会看到两层的社会流动。一层是社会的下层和中层之间的双向流动。在这一层流动中，我个人认为，教育的和职场的竞争显然是主要的渠道；另一层，在社会的中层和上层之间的双向流动。在这方面我认为公职的竞争、商业的竞争和科学、艺术、学术的职业性的竞争是最重要的渠道。

第三，它将是存在于公职和其他社会职业领域之间的流动。显然，一个人的经济地位和社会地位之间是相互影响的。在一个人有比较稳定经济地位的情况下，他对于科学、艺术、学术目标的追求也会成为他的重要动机。当一个人也许是发生了，比如说对经济成就，对科学、艺术成就或者学术成就的向往，他就可能出于这样一个动机离开公职，而从事其他的职业领域。或者，一个人也可能通过在其他领域的职业竞争获得比较稳定的经济社会地位，又发生对从事公共政治活动的向往和兴趣，转而投身公共政治。我们的社会现在在这样的流动渠道方面还非常的不充分。也许今后它也会被看成非常正常的流动渠道。

（作者工作单位：北京师范大学）

学·术·前·沿·论·坛·十·周·年·纪·念·文·集

2008·学术前沿论坛

科学发展：社会秩序与价值建构

三十年来中国社会结构变迁的几个问题

陆学艺

社会结构和经济结构一样，是一个国家、地区最重要最基本的结构，也是国内外社会学研究的核心课题。我侧重从人口结构、就业结构、城乡结构和社会阶层结构四个方面来谈谈改革开放 30 年来中国社会结构的深刻变动。

第一，人口结构发生了深刻的变化。中国是世界第一人口大国，13 亿人口，这 30 年来最重要的变化，已经从一个"三高"——高生育率、高死亡率、高自然增长率转变为"三低"——低生育率、低死亡率、低自然增长率的国家。不仅于此，我国人口的文化素质有了很大提高，1990 年人口普查的时候，全国总人口里面，大专以上学历的比例是 1.4%，2007 年这个指标已经达到 6.2%。100 人里面有 6.2 个大专文化程度的人，像北京这样的城市 100 人里面有超过 30 人是大专学历。所以说，人口结构发生了变化。

第二，就业结构发生了深刻变化。现在不光是人口增加了，劳动力大量增加了，在第二、第三产业就业的劳动力大量增加了，可以说是从原来农业社会的结构现在已经转向工业社会、城市社会的结构了。1978 年的时候我们的第二、第三产业的国内生产总值已经超过 70%，但是在总就业劳动力里面，第二、第三产业的就业还没有超过 30%，农村劳动力占 70.5%。2007 年我国就业劳动力总数是 76 990 万，这些人里面从事第一产业的劳动力下降到40.8%，从事第二产业的劳动力上升到 26.8%，从事第三产业的劳动力上升到 32.4%，第二、第三产业的劳动力达 59.2%，超过了 50% 临界点的水平，已经是工业化社会的就业结构。1978 年我国第二、第三产业的职工是 11 835 万人，2007 年增加到 45 546 万，29 年间第二、第三产业职工增加 33 711 万人，年均增加 1 162 万，其中约 60％是从农村转移出来的，相当一部分人至今还是农民工。但是无论怎样，我们原来是个主要生产农产品的农业国家，现在已经有了四亿多第二、第三产业的职工，已经是个制造业大国，"世界工厂"，也可以说我们的多数劳力已经从经济效益比较低的农业部门转到经济效益比较高的第二、第三产业，这也可以说明为什么这些年我们经济发展比较快的原因。

第三，城乡结构的变化。一直到 1949 年我们还是农业社会，90％是农民，1949 年的时候城镇化率只有 10％。20 世纪 50 年代中期前，城镇化发展较快。到了 1958 年"大跃进"，三年经济困难以后，我们把城门关起来，实行城乡分治的户口制度，严格限制农转非，限制农民进城，城市化发展缓慢，一直到 1978 年我们的城镇化率只达到 17.9％。改革开放以后，特别是世纪之交以后，城镇化发展很快，2007 年的城镇化率是 44.94％，但是还没有达到现代化社会应该有的 50％指标。我们现在的问题是城镇化严重滞后于工业化，这是历史原因造成的，是计划经济体制留下来的户口制度、就业制度、社会保障制度还未改革等原因造成的。现在的城镇化数据从统计上看有 44.94％人是城镇人口了，但这里有统计指标变动的因素。我们 1999 年的城镇化率是 30.9％，2000 年统计指标一改城镇化率就上升到 36.2％。这是从 2000 年开始把在城镇里打工的住满半年以上的农业户口的人也统计为城镇常住人口，这样的城镇化率就大大提高了。同原来的统计指标相比，约有 5 到 8 个百分点的差别。但是，不管怎么说，我国的城镇从 1978 年是 17 245 万人，到 2007 年为 59 379 万人，29 年增加 42 134 万人，平均每年增加城市人口 1 453 万，其中大多数是农村转出来的。这是一项大的历史工程，是巨大的社会变迁，是一项大的成就。所以产生一些社会问题也是可以理解的。

第四，社会阶层结构的变化。社会阶层的结构是所有社会结构里最核心的部分，因为所有的结构都要反映到社会阶层结构中来。了解社会阶层结构也可以了解整个国家的社会结构，研究社会阶层结构非常重要。在 1978 年以前我们是"两个阶级、一个阶层"，也就是工人阶级、农民阶级和知识分子阶层的结构。改革开放以后，随着经济体制的改革，经济的发展，经济结构的调整，中国的社会阶层结构也变了，显然不能用两个阶级、一个阶层的结构来概括，更不能据此来制定政策。但是我们这方面的调查研究开展得还很不够。前些年，我们社会学研究所课题组作了一项研究，把中国划分为 10 个阶层。发表以后，有赞成的，也有提出异疑的，也有提出另一种划分办法的。这方面的研究工作应该开展、进行下去。这也是社会建设、社会管理的一项内容吧！国外讲：现代化管理是"数目字"管理，但是我们总是糊糊涂涂办事。前不久，北京成立一个社会管理中心，请我们去，我在会上说：社会管理就是人的管理。到底北京有多少人，先要弄清楚。比如说北京统计户口有 1 280 多万、常住人口 1 500 万，接近 1 600 万，实际管理人口 1800 万。这些人都是些什么人，他们都住在哪儿，都分布在哪儿，这些都弄不清楚，怎么搞社会管理。所以，建议政府要做这件事情，至少北京要搞清楚。最近北京推出个好政策，对农村 60 岁以上的老人，不管有钱没钱，每人每月发 200 元。这对一般家庭，特别是贫困家庭的老人，非常好，老人们拍手称好，但对富裕户，很富裕户的老人，他们并不需要，这样平均发，效果不是最好。

这 30 年我们从农村转向城市、从农民转向工人，不管怎么样我们第二、第三产业职工增加了三亿三千万，现在第二、第三产业职工达到四亿五千万，所有发达国家的工人加起来也没有这么多。中间在工业化过程中，同时产生了一个私营企业主阶层或者说老板阶层。据 2007 年统计，全国雇工在 8 人以上的私营企业有 551 万户，私营企业的投资人，也就是私营企业主的数量将近 1400 万。这在全世界也是少见的。"十五大"以后，我们把工人称为社会主义劳动者，把私营企业主称为社会主义建设者，这两个阶层的大发展，对于我国工业化、城市化、现代化的发展，起了重要的推动作用。

然而，由于社会结构这方面的调整、改革还没有完全跟上，所以出现一个大问题，即经济结构，我们现在已经达到了工业化的中期阶段，而社会结构现在无论从哪个方面衡量，都属于社会工业化的初级阶段。这两个基本结构产生了矛盾，社会结构和经济结构还不适应，还不协调，这是产生诸多经济社会矛盾的结构性原因。例如"三农"问题。"三农"问题的本质是个结构问题，2007 年我们的国内生产总值里面，农业创造的增加值占 11.3%，但同年在就业结构里，7 亿多劳动力里，从事农业劳动的占 40.8%，就是说 40.8% 的人创造了 11.3% 的国内生产总值，这不是农业劳动生产率太低了吗？不是中国农民傻，不是中国农民不好好干活，中国农民非常勤劳，原因在于生产资料少，所以只创造了 11.3% 的财富。而且当年的城市化率是 44.9%，就是说有 55.1% 的农村人口要分这 11.3% 的财富，农民焉能不穷，农民焉能不苦？不调整这个结构，农民不减少"三农"问题就解决不了。而这个结构是现在的土地体制、户口体制、人事体制、社会保障等体制造成的，这些体制相当一部分还是计划经济留下的模式。所以要解决农村、农业、农民问题，必须把现在还束缚农民的计划经济体制的东西继续进行改革。改变这些体制，使之与市场经济相适应。现在可以这样说：我们的城市基本实现了社会主义市场经济体制，而农村基本上还不是，所以"三农"问题不好解决。好在这次十七届三中全会专门讲城乡二元结构是农村产生这些问题的原因，要城乡一体化，用改革发展的办法来解决，这个问题讲到点子上了。

（作者工作单位：中国社会科学院）

应当以怎样的价值取向认识改革

刘　伟

　　我想讲三个问题，第一个问题人们为什么要讨论价值问题？就经济学来说，从产业革命前后一直到20世纪初西方经济学中居于核心地位的是价值问题。20世纪以后，价格问题才取代了价值问题的核心地位。为什么有这样的经济学思想史现象？我想价值命题回答的根本问题是一种社会制度是不是正义、是不是公平？所以在产业革命时代的资产阶级经济学，论证价值问题的目的在于论证资本主义生产方式的正义性，及相应的历史必然性和必要性，因此价值问题成为那个时代的哲学和社会科学核心问题。20世纪以后资本主义生产方式的统治地位已经牢不可破，这个时候人们不需要论证这个制度是否优越、是否公正、是否必要，而是需要论证如何利用这个制度为资本带来更大利益。在这种背景下均衡价格问题，即如何发现均衡的位置的研究就取代了价值理论的研究，成为核心命题。所以我们说，当一个社会在学术上，在社会情绪上普遍关注价值问题的时候，大概也是这个社会制度并不稳固的时候，才会特别需要对这一社会制度的正义性、公正性和历史必然性进行论证。

　　我国改革开放以来，类似价值问题这些基本范畴越来越成为学术和社会上非常关注的问题。为什么我们讨论的范畴回归到这些基本概念呢？因为这些基本范畴反映的核心问题实际上是什么是正义、什么是进步？之所以会有这样一个热潮出现，是因为这30年的制度变迁提供了相当丰富的经验和变化的历史事实。人们无论从哪个角度反思改革，最后都会归结为这个制度变迁是不是正义、是不是进步？评判的标准是什么？怎么衡量？结合这种思想史和经济制度变迁的历史本身来看，今天论坛围绕社会秩序和价值取向进行的讨论非常有意义。

我想讲的第二个问题，中国 30 年的改革制度变迁是不是正义、是不是进步？这是我们要讨论的核心问题。用什么样的价值取向去评价我们这 30 年的改革？人们可以从不同的角度提出评价标准，但根本是要依据历史唯物主义和辩证唯物主义的基本观点。如果说改革作为制度变迁是生产关系的变革的话，那么检验生产关系变革的进步性、公正性、有效性最根本尺度是看其是否推动社会发展，也就是解放和发展生产力的程度。

从经济发展实证指标来看，改革开放 30 年是空前地提高了中国生产力发展水平。从数量和质量两方面，在国内生产总值的规模上，去年我们国内生产总值总量 20 多万亿，折合 30 000 多亿美元，占世界国内生产总值的第四位，占全球国内生产总值的比重大约为 6%。按不变价格计算，2007 年的国内生产总值总量相当于 1978 年的 14.9 倍。中国现在 20 天生产的国内生产总值相当于 1978 年中国一年生产的国内生产总值的价值总量，大致上提高了 15 倍。再看人均，到 2007 年人均国内生产总值大致 2 500 美元，属于当代发展中国家的中等收入的平均水平。增长多少倍？剔除价格因素按可比价格计算，去年年末人均国内生产总值的水平相当于 1978 年人均国内生产总值水平的 10.9 倍，接近 11 倍。在中国历史上从未有过如此显著的变化。

经济发展更重要的是在于质量，质量的评价标准很多，但是一个基本标准就是社会结构的变化。作为经济发展来说可能有增长不一定有发展。我国这些年就经济来讲，可能经济结构的变化和社会结构的变化有严重落差，但是经济增长的同时经济结构确实发生了非常深刻的变化，这具体表现在产值结构和就业结构以及消费结构等方面。

从产值结构来看，1978 年的时候农业产值在约 20%，第二产业的工业接近 50%，第三产业当时在约 20%；现在农业是约 11%，第二产业工业产业差不多还是 47% 左右，尽管其内部结构发生了变化，第三产业有了很大提升。从就业结构来看，1978 年中国农业劳动力就业比重接近 80%，是典型的落后传统经济，高于当代最穷的国家的平均水平（72%），而现在降到 40% 左右，我们使 2 亿多农村劳动力从农业当中转移了出来，达到当代中等收入发展中国家的水平。从消费结构来看，1978 年中国城乡居民消费支出中吃的支出（恩格尔系数）超过 61%，是贫困状态，到目前降到 40% 左右，城市居民甚至已降到 40% 以下，达到初步小康的水平。这是我们国家经济结构发生的变化，这意味着国民经济实质性的进展。

然而，检验一个社会制度变迁对生产力发展的影响不光是看国内生产总值总量的增长和经济结构的变化，更重要的还在于是怎么实现这个增长的？实现的增长和发展路径方式是不是科学有效？也就是说它的经济增长是主要依靠技术进步和制度创新带来的要素效率的提高，还是主要靠要素投入量的扩大来带动？这是完全不同的两种增长和发展的方式。对中国这30年改革开放来说，几乎没有人怀疑制度变迁带动了中国经济迅速增长，带动了经济结构迅速改变，但是几乎所有人都质疑这30年经济增长所付出的代价，由此从实现发展的角度对改革开放30年的进步性、公正性提出了讨论甚至质疑。

今年诺贝尔奖得主是在国际金融和国际贸易里有很大建树的克鲁格曼，重要的研究成果是他提出的东亚奇迹的破灭，即所谓的二十几年增长极限论，其中就有中国。他主要是根据1994年以前中国的投入产出表数据来进行分析的，发现增长主要是靠要素投入量的扩大而不是依靠效率的提高。事实上，中国1994年前的确是技术进步要素效率提高对增长贡献不大，主要靠投入更多的资本和劳动。但是在1998年以后中国的情况是不一样的。在30年改革开放经济迅速增长的过程中，整个经济增长的效率确实是提高了：第一，市场化不断深入。这意味着资源更大程度上从行政控制领域转到市场竞争领域，从国有垄断领域战略性地转到竞争领域。这个过程越深入，原则上资源使用效率就越大。与其他发展中国家不一样，中国是在实现工业化转轨的同时实现市场化的转轨，市场化作为制度变迁的因素是刺激着要素效率的提高；第二，经济结构发生了变化。经济结构变化本身产生结构效应，要素从效率低、传统落后的产业领域更大程度向效益高的现代产业转移，这个转移本身就是同样的投入实现总产出增大的过程，这是结构效率；第三，就是全要素的效率的贡献，1998年以后技术进步、技术创新带来的要素效率的提高对经济增长的贡献明显上升。因此，可以说，改革30年来制度变迁的过程不仅是要素投入量扩大拉动中国经济规模迅速扩大的过程，在这个过程中由于体制性的、结构性的、制度创新和技术创新各个方面的作用，要素效率的确在提高。从这个意义上我们可以讲，这30年的改革就其实现发展和解放生产力来说，无论是在增长的速度上还是在实现增长的效率上，其历史进步性是空前的。

第三个问题，制度变迁正义性的另外一个方面，制度变迁带来的发展成果是不是公平地、合理地、有效地、合法地为社会成员分享？从效率来论证一种制度变化是否正义，是不够的，效率提升带来的发展成就是否公平合理地为社会成员占有分享？非常重要。这30年中国的改革是否带来发展？没有多少争议；但是，发展有没有效率？这个问题有争议。如果说，这种争议在一定程度上证实或证伪的话，那么这种发展的成果是不是公平合理地被社会成员分享就更具争议性。因此，把公平和效率这个矛盾问题处理好恐怕是中国特色社会主义的根本优越性和根本任务。社会主义是我们手中的事业，是我们的创造，一切真正能够解决中国发展问题的举措、制度、安排都可以把它纳入中国特色社会主义的范畴。中国特色的社会主义制度之所以具有优越性，其根本便在于它能够在中国历史上有效地协调好公平和效率的关系，中国特色社会主义制度的生命力也在于其具有持续协调中国社会公平与效率的能力。相信我们的改革发展，我们的中国特色社会主义实践能够不断地并充分地证明这一点。

（作者工作单位：北京大学）

全球化时代与中国理想图景的建构

邓正来

我们究竟如何认识全球化？全球化时代对中国哲学社会科学究竟意味着什么？这是我今天要探讨的两个问题。我想以中国理想图景的建构为中介把这两个问题勾连起来。讲"中国理想图景的建构"绝不是讲中国要不要发展，也不是讲中国要不要现代化，而是讲中国是不是可能成为一个具有道德性的国家，一个具有本真性的民族。

我所谓的"中国理想图景的建构"所出场的背景主要有两个。第一个是社会结构性背景。众所周知，中国大约是从 1840 年以后开始进入世界的，但是进入世界绝不等于进入世界结构中去，因为"世界"和"世界结构"是两个完全不同的概念。严格地讲，中国是 1978 年以后，特别是加入世界贸易组织等世界组织之后，才真正开始进入到"世界结构"之中去的。为此我们付出了沉重的代价，这个代价就是要遵守既有的世界游戏规则，但也换回来了一个资格，即我们可以对世界游戏规则本身的正当性发言——换言之，我们可以参与修订、废止和重建这些游戏规则。与此同时，我们也发现这个世界游戏并不像我们想象得那么简单。它是结构性的，是在世界结构中进行的。换言之，它是有"中心"和"边缘"之分的；它并不完全能够按照表面上的"主权平等"原则来运作，而是根源于一个国家的"主体性"。而一国的"主体性"则在根本上依赖于该国有没有对其本身以及世界未来"理想图景"的认识。如果你没有关于自己好生活的理想图景，你就绝不可能修改关于未来生活的规则。除了对别人提供的规则说"是"或"不"外，我们不会说其他东西。我们必须明确：有发言资格绝不等于有发言能力。

第二个出场的背景是思想背景。这个思想背景同样可以放在 1840 年以后来观照。我们知道，自中国遭遇西方以降，我们的先哲们（甚至包括在座的诸位）都开始思想。我们在西方先发国家的外部"刺激"下思想一切，但唯独不思想"思想的根据"；我们研究西方的理论，研究一切，但唯独不研究真正作为中国社会科学思想根据和研究对象的"中国"。这么多年我们在干什么呢？我们要么帮着我们的先哲和西方的学者们打仗，要么帮着西方的学者同中国的先哲们打仗。但是，帮着打仗的"我们"其实是不存在的；由于欠缺对我们生活于其间的、特定时空中的当下中国的理论关切，"我们"事实上只是先哲们和西方论者们的"复印机"或"留声机"。就此而言，中国理想图景的哲学根据在于：每个伦理性的存在物对自己都有一种本真性的想象，个体如此，文化族群如此，作为伦理共同体的国家也应该是如此。中国需要自己的文化身份和政治认同，但是我们却没有——而中国哲学社会科学对此难逃其咎。

显而易见，这两个背景给当下中国哲学社会科学提出了一个非常重要的使命，即我们必须在全球化时代对全球化的进程、走向和性质等发出中国人的声音。这就要求中国哲学社会科学必须勇敢地担当起这个时代使命。

遗憾的是，尽管晚近30年来中国哲学社会科学的发展有了很大的成就，但是要担当这样的任务，我们至少要解除两大障碍。第一个障碍是我们整个哲学社会科学的"西方化"倾向。我们可以历时性地看待这一问题。以此来看，中国哲学社会科学晚近30年来的发展大致经历了三个阶段：第一个阶段是"引进"阶段，即引进西方哲学社会科学的理论知识、研究方法、学科体系和学术建制等。当然这个阶段一直在延续，未来还将延续。第二个阶段是从20世纪90年代初开始的"复制"阶段，即开始运用西方哲学社会科学知识和方法解释中国问题，"复制"西方哲学社会科学的理论创新模式，这在经济学领域表现尤为突出。这个阶段也在继续。第三个阶段是从20世纪90年代中后期开始的"国际接轨"阶段，即开始与国际哲学社会科学的学术规范、学科体系和学术建制等全面接轨，其主要的表现是20世纪90年代中期开始的学术规范化运动。这三个阶段的共同点在于以西方哲学社会科学的判准作为我们的判准。尽管由于中国哲学社会科学学术传统的严重缺乏，我们在可预见的将来还必须下足"引进""复制"和"与国际接轨"的工夫，但是唯西方马首是瞻显然只会"丢失中国"，绝不可能完成上述使命。我们还需要完成一种我所谓的"知识转型"。我们不妨结合十七大报告所提出的中国哲学社会科学的走出去战略进行探讨。中国哲学社会科学走出去意味着什么？首先，这意味着：我们应当立足于中国自己的理论来解释中国特有的经验，把中国的这种经验变成世界普适性知识类型中的一种。简言之，全球化时代的普适性知识可以分为两类：一类是我们先发性国家的普适性知识；另一类，作为一个后发国家，中国的经验以及提炼这种经验的知识同样也可以发展成为一种普适的经验和知识。其次，这还意味着：中国哲学社会科学绝不能仅仅成为西方哲学社会科学的注脚，我们还必须建立起"根据中国"的学术判准，并以这样的判准展开对中国问题和一般理论问题的深度探究，进而用西方社会科学界所能够理解的话语形式同它们展开实质性的对话，最终达到影响它们、乃至影响世界发展进程和方向的目的。

第二大障碍是"唯学科化倾向"对我们的支配。晚近 30 年来，中国高等教育严格按照一级学科进行设置的模式大力促进了各个学科的独立发展，但是也带来了"唯学科化"的弊端。这种"唯学科化倾向"主要表现在下述两个方面：首先是"学术研究的唯学科化倾向"。不仅中国的研究生培养是严格按照政治学、社会学、法学等若干一级学科展开的，而且在学术研究中，中国社会科学知识的生产也是以各个学科的边界为限的。其次是"学术评价的唯学科化倾向"。比如说，在职称评定制度中，各个学科大都会规定只有发表在相关学科刊物上的论文才能被认定为有效的学术成果；体制内各种学术奖项的设定或评价工作，乃至于各种科研项目的设立，也基本是按照学科而分门别类地进行的。如果说"西方化"倾向"丢失"了中国，那么"唯学科化"则"肢解"了中国：原本作为整体的某一研究对象，经由学科化的裁剪，则被肢解为一个个孤立的"专业性"问题。

在我看来，正是由于我们欠缺"中国理想图景"，以及"西方化"和"唯学科化"这两大瓶颈的存在，所以我们不可能以中国特色、中国风格和中国气派的综合性社会科学研究成果使西方社会比较确切地认识整体的中国。我们既难以以我们的学术研究去解释中国既有的发展经验，更没有办法以我们的学术成果去影响全球化的进程和世界秩序的方向。当然，我们也就没有办法在使中国成为"经济中国"的同时，也使之成为"学术中国"以及学术影响下的"政治中国"，从而担当起全球化时代所赋予我们的时代使命。

（作者工作单位：复旦大学）

中国：问题、经验与理论

张曙光

  在 20 世纪 90 年代，我们提的较多的是"中国问题"，近些年来中外人士越来越多地谈论起"中国经验"与"中国理论"。这说明我们已经开始在思想理论上对世界发挥积极影响；我们的人文与社会科学的研究也应当走向世界。但是，要恰如其分地评估并开展中国经验的创造和理论的建构，需要先弄清楚中国经验、中国理论与西方经验和理论的关系，弄清楚当代中国的经验理论与中国传统的学问学术的关系，以及它与我们置身其中的现实世界的关系。这里还涉及一个从"中西古今"的思想框架向"全球化与地方性"这样一个框架的转换问题。

  从近代史的角度看，中国的问题指的是中国在西方文明冲击下遭遇的数千年未有之变局，这个变局使中华民族陷入危亡之中，这成为近代中国最大的问题。由于中国的问题是在西方文明的压力下产生并激化出来的，所以，较之中国传统的学问，西方的思想理论对中国问题的解答显示出强得多的解释力。于是西方的理论在上世纪初大量地传入中国。然而，当人们按照产生于西方的理论来看待和解决中国问题时，又会感到这些理论与中国的实际并不完全对号，如果不能服中国的"水土"，接中国的"地气"，即使"普遍真理"也不能在中国扎下根来，就更谈不上开花结果了。另外，既然在理解和接受西方理论时，中国自身的思想文化恰恰起着铺垫和选择作用，说明中国许多传统的学术思想其实与西方现代的思想理论在基本面上是相通的，有些甚至更富有辩证性和包容性。刚才所讲的这两个方面都是中国人从近代社会和思想文化变迁中体认出的道理，这意味着中国现代经验的产生。

  改革开放之后，西方思想理论第二次大量地涌进中国。人们发现，中国现代化过程中出现的许多问题在西方和其他发展中国家都曾不同程度地出现过，并且在西方的理论中得到了比较充分的讨论。我们甚至一度觉得自己连真正的学术问题都提不出来了，理论上没有真正属于自己的立足之地，普遍的有一种焦虑感。这固然表明越是具有普遍性的理论越有普适意义，但这与我们缺乏对自身的历史传统和民族文化的特点及其与当代世界的关系的深入把握也大有关系。

经过改革开放 30 年的探索，我们终于有了中国特色社会主义理论的提出。但是，中国特色社会主义理论这个命题还有待于学者在学理上论证，如"社会主义"和"市场经济"究竟是什么关系？我们如何才能真正把它们统一起来？这里有很多理论上需要探讨的问题。

下面来谈当代中国的经验、理论与中国传统学术思想的关系。中国处于东亚大陆的自然地理环境，所形成的历史文化与西方历史文化的确差异很大。中国传统的思想和学术作为中国文化的核心内容，也有自己的特点。我认为，中华民族思维方式和价值观念最大的特点是从现实的生产生活生发出的对关系和整体的重视，关系是什么关系？天地人之间的关系；整体是什么整体？天地人构成的整体。中国人做学问，一般不做单纯的实证性认知和纯粹逻辑演绎的学问，而是基于直觉与经验阐发"做人""做事"的道理。这样做的好处是知行统一、学以致用，问题也出在这里。由于生活、思想与学问紧密地联系在一起，人们的思想和眼光就难以超越日常生活的樊篱，缺少对可能世界及其普遍必然的真理的把握。这样，一旦面临重大的变局就会茫然无措。所以，近代以来，西方的社会科学进入中国，中国传统学问向现代学术转换并形成不同的学科，还是很有必要的。如果说这方面还有什么不到位的话，就是我们还没有完全弄清楚基础性理论与应用性理论的区分，把理论都看做是当下实践经验的总结，不知道"理论假设"与"思想试验"的重要性。自然科学界早就认识到这一点，中国的人文与社会科学界对此还缺乏认识，以为人文与社会科学的理论不需要理论假设和思想试验，这就严重地妨碍了我们人文与社会科学研究的深度与广度。的确，人文与社会科学不同于自然科学，有文化属性或个性，但是，"学术乃天下之公器"，不同民族的人文与社会科学的学术是可以比较的。就学术论证的透彻、逻辑的自洽、知识的含量、思想的深度、对未来的预见等方面而言，人文和社会科学的研究都有可比性。因此，我们在充分注意到中国学术的特殊性时，决不能以为它能够特殊到学术的基本规定之外。正是学术之间的可比性和可通约性，使中国传统的学问在与西方现代学术的对话和交流中发生很大的变化，越来越扩展和增强了理性分析的方法论功能。但现在学科分化到不能逾越的"楚河汉界"的地步就有了问题。我们面对的现实问题是有机的、整体性的，研究也要考虑这个整体性。这也是我们重新重视中国传统学术方法的原因。其实，西方的现代社会理论就汲取了许多学科的资源与方法，具有很高的综合性。

　　谈一下中国的经验和理论与中国现实社会的关系。中国似乎注定了一种宿命，那就是从原来的"天下—国家"在近代走向"民族—国家"；又在重新融入世界的过程中，在被全球化所"化"的过程中发现自己是世界的缩影。如果说无产阶级只有解放全人类才能最后解放自己，那中国自身的发展至少也要通过维护并促进整个世界发展才能达到。经历了这样一个"否定之否定"之后，中国传统文化的许多内容和元素又可以在更高的历史阶梯和语境中得到新的阐发，中国的问题、经验和理论也就有了一定的世界意义。就此而言，中国的学者已经获得了做世界性学问的社会历史前提。但要真正做出见解独到又能够被西方学者认可的普适的学问，并不容易。我们现在所提出的许多经验和理论，主要还是针对我们自己的问题的，虽然它对其他发展中国家乃至发达国家可能都有一定的参考价值。

　　我认为在讨论中国今天问题的时候，的确不应该再沿袭"中西古今"这样的模式，即把中西的差别归结为古今的差别。这个模式的解释力已经非常有限，建设性就更差，因为它把自然地理环境的差别，把民族文化的特殊性和多样性都打发掉了，世界成为单维的。这也是造成传统与现代二元对立的原因。事实上，不要说整个世界，中国内部的问题就很复杂，中国本身就有"三个世界"——发达的、发展中的和极不发展的，这里既有历时性的纵向的问题，也有共时性的横向的问题。所以中国才成为当今世界的一个缩影。因而，我们应该用"全球化与地方性"的关系框架认识中国问题、中国经验与中国理论。从这个角度看，中国的经验与理论与西方的经验和理论就有了相通之处，就成为可以共享的经验与理论。我们的理论能不能走向世界，我们在世界上能获得多大的话语权，取决于我们"地方性"的经验、知识与理论能够在多大程度上成为"全球性"的经验、知识与理论，能够在多大程度上与世界上各个民族的经验、知识与理论相通、互补与分享。我们要提升"文化软实力"，也应当从这个角度去思考。

（作者工作单位：北京师范大学）

2009·学术前沿论坛

科学发展：文化软实力与民族复兴

文化软实力与民族复兴

吴建民

一、中国人讲的"软实力"跟美国人讲的"软实力"不是一回事儿

软实力这个说法是美国哈佛法学教授约瑟夫·奈在 1990 年 3 月第一次提出来的。当时的情况是柏林墙倒塌了，那时候我在欧洲，在布鲁塞尔担任中国驻欧共体使团的二把手，那个时候我在欧洲深切感到西方世界的精英们认为这个世界就是他们的了，那种情绪溢于言表。那时候，欧共体委员会的高官我是见不着的。1990 年 2 月，在一次午餐会前的酒会上欧共体委员会的副主席跟我握手，握手的瞬间我感到他根本不想与我多说话，只是握手而已。酒会期间，这位副主席的办公厅主任与我攀谈起来，他问了一些关于中国国内形势的问题，我一一做了回答。我看他对中国有兴趣，于是我提出想过段时间请他吃午餐，进一步介绍中国的情况。我一番好意，没想到这个洋大人斜眼看了我一眼，回了我一句："我还不知道，3 个月后贵国政府是否还存在？"我愤怒了，一股血往头上涌，觉得这句话是对我们很大的侮辱。但是，外交终究是外交，我回敬他一句："你们欧洲人不是有一句谚语吗？'谁笑到最后，谁笑得最好'"。我想今天这个洋大人是没有脸来见我的。

你从约瑟夫·奈的文章看，他讲的美国软实力就是从维护美国的霸权地位出发，要改变全世界，让全世界都听美国的。中国人也讲软实力，但我们想改造人家吗？没有这个意思。中国人两千多年前就提出来"和而不同"。中国的先哲很有智慧，知道世界的多样性是没有办法消灭的，这是世界丰富多

彩的重要方面，我们必须接受世界的多样性。我们不是要改变对方，而是尊重对方，这个思想是从"和而不同"来的。周总理是中国现代外交之父。总理接待外宾有两句话，听起来很简单，叫"客随主便，主随客便"，我到人家那里作客，尊重人家的形式；我接待外国人到我这来，我尊重人家。我不是改变你，而是尊重你，这个思想是从"和而不同"来的。有些中国人的潜意识里面就有一种领导欲望，这非常危险。邓小平讲的"永不当头"就包含这个意思。所以我们讲的"软实力"和西方讲的不是一回事儿，这一点非常重要，不要混淆了。

二、世界正在重新认识中国

2009 年国际形势最突出的特点是 21 世纪的新国际格局的轮廓开始呈现。主要包括三个方面：在这个新格局里面谁是核心力量；谁在旧格局中原来地位很高，现在有所下降；哪个洲会成为国际关系的重心所在。今年这三点都很突出。

现在每当遇到一些大的问题，美国人都把同中国人磋商放到前面，都跟中国谈，这是一个新的现象，这种现象在今年比较突出。他为什么要跟你谈呢？他觉得跟中国谈能解决问题。奥巴马访问中国之后，欧洲、日本的媒体几乎同时认为"美中时代"已经到来，这不是中国人讲的。不管怎么讲中国已经走到了国际舞台的中心。走到这个地位，比我们预期的要提前了很多。但对我们中国人来说可能还缺乏思想准备，因为人的思想往往落后于实际。

在新的格局里面谁的地位可能有所下降？比较明显的是欧洲地位和日本地位，俄罗斯的地位也有所下降。近两年我参加了众多的国际会议，各种各样的论坛。在与各方人士的接触中，感到欧洲人、日本人、俄罗斯人都有失落感。我 1971 年去联合国，在联合国纽约工作了 10 年，在欧洲工作了 15 年，在苏联时期跟外交官打交道的神气跟苏联垮掉的神气完全不一样，神气没了。前几天日本记者总采访我，说你们的国内生产总值可能很快会超过日本了，这个会带来什么结果？我跟他们讲我们的国内生产总值可能明年会超过你们，但是人均国内生产总值比你们差得远了，你们光算国内生产总值，没算国民生产总值，以日本在海外的产值每年 2 万亿美元，我们才千百亿美元，差得很远，但还是从不放心。因为从 1868 年维新之后日本就走到了亚洲的前面，一旦中国超过它，再赶上可能性就比较小了，明显感觉日本有失落感。

现在全世界都在说，国际关系的重心正在从大西洋向太平洋转移，亚洲在世界上的作用上升。今年 11 月 8 号我到意大利参加世界政治论坛，讨论柏林墙倒塌之后 20 年的世界。会议有一种非常鲜明的感觉，欧洲人对世界的看法跟亚洲人很不一样，欧洲人觉得世界很糟糕，20 年很多机会丧失了，这个世界的变化不是我们原来考虑的那样。我发言说，回顾 20 年我们想世界是进步了还是倒退了，世界从总体看人民的生活比过去好了还是差了，大家看看亚洲和中国，答案是不言而喻的。亚洲人对前途很有信心，欧洲人对前途感觉很好。2009 年 9 月份外交部让我跟几个大使到美国跟美国人讲中国的外交政策，包括对媒体、智库、官方。到纽约跟那些媒体见面，一个美国很有分量的记者问我："吴大使，你认为美国在衰弱吗？"我说："你觉得美国怎么样？"他说："我认为美国是相对的衰弱，我对我的儿孙们的前途感到担心。"我说："我觉得美国有很强的创新能力。"中国人对未来有信心的占 80％多，美国调查对美国有信心的占 30％多，这个很不一样。人有很大的潜能，明年比今年好我就有动力，明年比前年好有很好的前途，我去奋斗，如果明年不比今年好，我干嘛费那个劲儿。对未来的看法不一样，人的精神状态就不一样，精神状态不一样，国家进步的速度就不一样。在这样一个世界格局变化的大背景下，世界正在重新认识中国。

三、构建主流文化是民族复兴的重要任务

从世界对中国的反应看，我感觉世界对中国的认识已经慢慢深入到文化层面。比较有代表性的是美国《时代周刊》前不久的一篇文章，提出美国要向中国学习，美国人讲这话不大容易。这种说法就涉及软力量，不是硬力量，反映出来的是世界在重新认识中国。现在看来，可能未来亚洲的作用在世界会上升，这个新的轮廓慢慢呈现出来。2009 年围绕新中国成立 60 周年，世界上对中国的反映，我第一个感觉在往深处走。过去经济所占程度很大，现在慢慢深入到文化层面。《时代周刊》的那篇文章列了五条：一是要有雄心壮志；二是照顾老人；三是对教育的重视；四是多存点钱；五是目光要远大。这些内容就涉及软力量，不是硬力量。2008 年奥运会时出版了一本描写中国女工的书，写得还不错，这是往深层次走，这是值得注意的现象。世界在重新认识中国，在这样一个大的背景下，我讲第三点。

我认为构建中华主流文化可能是我们中华民族一项重要任务。民族复兴说到底是中华文明的伟大复兴，中华文明在世界上走一走，比较一下，感觉我们几千年文明实在了不起。为什么文明如此重要？我的看法是文化决定观念，观念决定行为，人有各种各样的行为，但你仔细研究他的行为，

一定能找到他的文化根源，这是非常重要的。我在纽约工作的时候，见到纽约的领导，说当时有 2250 万无家可归的人，但没有华人。我在美国的时候，到外国大学里面去，华人的中国话说得很好，为什么？这些现象非常值得思考。

20 世纪 80 年代我在纽约工作时，苏联一个参赞跟我说："你敢不敢去唐人街？"我说："我经常去，为什么要问这个问题？"他说白俄在长岛有一个聚集区，他说他不敢去，他去到那个地方马上就会被认出来是苏联人，那些白俄会以仇恨的眼光看他，这种目光会让他受不了。我 1971 年就去联合国了，第一次在纽约住了 6 年多，我们到了以后，很多的华人都来找我们，这些是什么人？什么人能到美国去？中国经历了革命的风暴，有些华人可能是被我们镇压的，个人有恩恩怨怨。他们看到中国的地位在上升，这些人来找我们，态度很亲热，这就是鲁迅先生讲的"妒忌与嫉妒同时在，江湖一笑泯恩仇"。这种感情在俄罗斯人那里没有，他们仇恨永远在那儿；中国人不会，这就是文化。

我为什么强调构建中华主流文化？大家想过这个问题没有，中国是世界上历史最久的，世界上没有任何一个国家封建社会 2000 年。中国的封建社会为什么能够这么久？我想根本原因是中国的主流文化始终如一。可以改朝换代，但文化没有变。中国老百姓跟世界多数老百姓不一样，中国可能 85% 的人不信教，世界上可能 85% 的人信教，但是中国人靠什么规范？靠文化规范，虽然改朝换代，但中国的主流文化没有变，这一点非常重要。我为什么提出主流文化非常重要？这涉及中国的长治久安，也涉及中国对世界的贡献。

主流文化要构建，是因为我们的历程。鸦片战争之后中国走向衰弱，有些落后了，我们要向西方学习，孔夫子的教育虽然很好，但按照他的思想就不能革命了，当时提出来打倒孔家店，可能是当时革命的需要，不这样做当时就没有办法进行。革命时间相当长，世界上任何革命都会矫枉过正，中国革命也一样。照理讲在 1949 年中华人民共和国成立之后，就应把矫枉过正的东西搬过来，我们大家所知道的历史原因，有的还在一直往前走。之后我们实行改革开放，打开国门大家一看，外面的世界相当美好，跟我们原来所知道的情况不大一样。所以在今天，中国社会有一种现象出现了，人们认为新的比旧的好，现代的比古老的好，这是一种过度的状态。中国人取商品的名字总带一个"洋"字，甚至是一个英文很清楚的，把中文译成中文，带一点"洋"味，这种事情多得很。完全用中文可以表达，但是他要用一点洋味道，就是因为"洋"的比中国的好。主流文化受到了冲击。

我们主流文化如何构建？我认为主流文化的构建有三个组成部分：一是老祖宗留下来经过几千年实践考验认为是精华的东西必须继承；二是中国在开放中（包括历史上的开放），从外国吸取了很多好的东西，这也应当是我们主流文化的一部分；三是1921年中国共产党成立之后所创立的好东西。我们也不要轻视我们党成立之后所创立的好东西，过去共产运动进入低潮，但是共产党搞社会主义搞得红红火火，如果我们党没有创新能力就不是这样的局面，整个中国龙腾虎跃往前走。

主流文化的缔造需要好几代人的努力才能实现，这些东西应该进入人的血脉里，从幼儿开始进行教育，来规范中国人的行为。我在高校待了5年，我感觉现在的问题很大，给小学生讲大道理，给大学生讲小道理。给小学生讲为共产主义奋斗，跟大学生讲不要乱扔垃圾，保护环境，要有公共道德。通过教科书、通过文艺作品、通过电影慢慢把它灌输进去。现在有些人为什么干坏事干邪乎了，因为这些人没有任何信仰，没有信仰的人非常可怕，他什么坏事儿都敢干，这样不行。整个民族需要构建主流文化来规范每个人的行为，这样我们国家就会走向长治久安。构建主流文化，中国现在做得很好，因中央的方针好，改革开放路线是正确的。但是改革开放全世界都知道，为什么这样一个大发展在世界其他地方没有出现？

中国的主流文化是存在的，对人们的行动有一定规范，但是需要把它系统化，这个不是几个人能做成的事情。北京师范大学有比较好的传统，在座的各位老师，以及在会堂以外的老师，这个工作太重要了，经过意见一致，经过辨认，把大家认可的东西一代一代传下去。

今天的世界大体上是西方文化主导的世界，文化决定观念，观念决定行为。西方世界经历了启蒙运动，了不起。宗教改革、启蒙运动、资产阶级革命、工业革命、科技革命、信息革命，现代科技是西方创造的，我们中国虽然有四大发明，但我们的东西利用科技表达出来有一点问题，但是贡献很大。任何东西不是十全十美，西方文明也有一个矛盾，就是在基督教，善与恶、美与丑、天堂与地狱不可共存，要消灭一个。今天世界面临的问题和西方文化也有关系，包括我们讲的，对环境的破坏，中国人的环境口号过去叫"战胜自然、改造自然"，把自然当成敌人，这个观念不是中国文化固有的东西，中国2000多年天人合一，没有把大自然当成敌人。明年要在上海举行世博会，第一届世博会是1951年在伦敦举行的，当时维多利亚女王看完展览会在日记里面写到："人什么事情都能做，要在客观规律以内做，违背就要受惩罚"。

而相反中国文化、东方文明不是这样的，大家注意到一个现象没有，欧洲历史上很多宗教战争层出不穷，但是在中国没有爆发宗教战争，就说明中华文明有很大的包容性，和而不同，我们认识到多样性是没有办法改变的。我认为世界今天面临的问题一定程度上跟西方文明的缺点有关系。

中国人能够为 21 世纪作出的贡献，不是中国制造，而是中华文化。这个文化奉献给世界，会使世界变得更美好，我们不是要征服世界，我们把文化奉献给世界可以丰富各国的文明，使得明天的世界更加公正、更加平等、更加民主。

（作者工作单位：外交学院）

文化软实力与人的生活方式

陈学明

　　什么是文化？有各种各样的说法。据统计有几百种关于文化的定义，但是几百种表述当中，最基本的一种是指思想文化，或者精神文化，它专指人类的生活方式的一种历史的成见。有学者说文化指的是任何社会的全部生活方式，我接受他的看法。文化说到底就是指人的生活方式。因为文化活动及其系统包括了人类活动的东西，还包括了参照活动的因素，或者活动本身，或者参照历史过程也注重文化，文化是跟人的生活、跟人的生活方式，跟人的存在状态联系在一起的。如果我这个说法可以接受的话，那今天我们这个论坛研究的问题是如何通过提高中国的文化软实力振兴我们中华民族这样一个愿望，这是我们的主题。我们可以把这个主题进一步理解为，我们的文化软实力从根本上来说就是改变我们的生活方式，提升我们的生活方式，提升我们的生活境界，通过改变我们的生活方式，提升我们的生活境界，来增强我们的文化软实力。与此同时来实现我们中华民族的复兴。

　　我首先要问一个问题：在当今世界上，人类面临的问题很多，什么问题最大？我们知道每一个时代都有一些重大问题，解决了这个重大问题会帮我们人类社会推进一步。我们当今世界上面临的重大问题究竟是什么呢？在我本人看来就是"生活"。我们人类究竟如何生活，我们人类究竟如何活下去。我们人类究竟选择什么样的存在状态，某种意义上说就是什么样的文明状态，这是当今人类面临的一个最大的问题。

　　前段时间，美国人在讨论一个问题，20世纪是美国时期，美国是20世纪的主导者，21世纪有没有可能让中国成为主导者？他们在研究这个问题。在我们看来，到21世纪30年代或者50年代，我们中国的GDP总量超过了美国，占世界第一位，还不能够使中国成为世界的引导者。在 21 世纪，我们中华民族在这个古老的土地上，能够开创一种新的生活方式和存在状态，如果这个愿望实现了，那么 21 世纪就有可能成为中国世纪，这是我的一个基本看法。

我们如此地强调要改变生活，要提升生活，要改变我们的生活状态，并不是空穴来风，我认为这个问题有迫切性。首先让我们反思一下，当下 20 世纪末、21 世纪初，我们现代人的生活方式如何？刚才吴教授说文化决定观念，观念决定行为。我们人是有理性的，又是有观念思维的，所以 20 世纪到 21 世纪，首先是西方世界后来是东方世界占主导的价值观念，可以概括为以下几个方面：第一消费主义；第二个人主义；第三现实主义；第四享受主义；第五科学主义。我认为这些就是当今人占主导的生活方式，以及支配我们生活方式的价值理念。

第一是消费主义。什么是消费主义呢？就是把消费作为生活的宗旨，商品不是为了满足人的需要而生产，而是人类为了商品而存在，我们这个社会的中心不是人而是商品。

第二是个人主义。强调个人利益的最大化，实现个人利益的最大化是天经地义的，为了满足自己个人可以不惜牺牲他人利益。

第三是现实主义。只关心眼前的切身利益，告别理想。

第四是享受主义。通过感官世界来获得当下的满足，醉生梦死。

第五是科学主义。把人的命运和前途全部依托在科学的发展上，只要符合科学的人类必须做，在科学面前人类完成放弃我们的判断，放弃我们的主动权。

我认为消费主义、个人主义、现实主义和享受主义是当今人类的主导的生活方式，这种生活方式需不需要改变呢？有没有必要改变呢？有两个前提：一是人类在这样的生活方式下生活，是不是很幸福，这样的生活是不是我们应该有的作为人的生活，这是第一个前提。二是假如这样的生活就是我们人应该有的生活，我们在这样的生活状态下，确实感觉到快感很幸福，那我们生活的地球，我们的世界，它所拥有的资源和能源，能够允许我们过这样的生活吗？所以这两个前提人类必须要研究，必须要回答。

对于第一个前提我们是不难回答的，看看美国的金融危机是什么样的危机？可以从管理学、经济学角度进行分析，是管理方式危机也好、经济危机也好，我们都会接受；但是我们从哲学上思考，美国的金融危机说到底是美国的生活方式，是美国人存在状态的危机。20 世纪后半叶以来，美国的文化在不断引诱人们去消费，把人们的消费欲望无限制地加以扩大，永无止境地追求——我们简称为贪。如何满足社会强加的这种愿望呢？主流文化提供了两个手段，第一个手段是赌。国家、企业、机构开设了大大小小的赌场，叫我们去赌场，想方设法把别人口袋的钱变为我的钱。所以美国的资本主义是"赌场资本主义"，人都通过赌获得所需要的金钱或者财富。第二个手段是"借"。借的钱明天能不能还无关紧要，所以美国的资本主义又成了"借贷资本主义"。和中国人的观念不一样，中国人喜欢存钱，不喜欢借钱。中国人上了天堂，钱还在银行，很悲哀。但是美国人欠了一屁股的债，他要离开这个世界了，往后看我还有这么多钱没有还，会含笑离开人间，认为这是一件好事情。所以我认为贪婪、赌、借在一定意义上说，就是当今的美国占主导生活方式，这样的生活方式给人们带来什么呢？这样的生活方式能说是幸福吗？所以我认为第一个前提我们是不难回答的。

第二个前提更是不言而喻的。如果我们中国人都接受这样的生活方式，每个人都追求永无止境的消费，那么地球的能源、资源有没有界限，有没有到了不能提供的地步，有没有到了零界限。现在幻想家们、乌托邦主义者在不断的幻想人们到另外一个星球上面去，这都是画饼充饥而已。所以说我的结论是，消费主义为主导方式即便很好，地球上的资源可能也不能允许人们有这样的生活方式。

如果这两个前提不成立的话，那么下面的问题就会非常明显，这就是我们要改革我们的生活方式，人类要换一种活法，人类要有一种新的存在状态。这种新的存在状态在哪里？新的生活方式在哪里？可以从西方文化，从中华文化，但更重要的是从马克思主义文化中吸取思想资源。不能把马克思主义仅仅理解是一种革命运动，马克思主义是从人类解放学说，我们要用公正公平的态度对待马克思主义。马克思在批判旧社会和资本主义过程中，已经给我们描述了另一个世界。人类要往哪一个方向走，人类究竟如何活，我认为以马克思主义的指导，再加上中华优秀文化和西方文化的启迪，人类能够创造出新生活的道路。主要有以下几方面。

第一，人类为什么要劳动？马克思把人类的解放归结为劳动解放。人类最大的悲哀在于认为我的幸福来自于消费，而不是生产。我们来到这个世界上以后，我们有内在的潜能，人活在世界上要追求潜能发挥，追求自我实现，这就是人类最大的幸福。我们构建新的生活状态，首先从改革劳动开始，要尽最大可能让我们在劳动中获得享受，我们不仅要有挣钱的权利，更要有劳动和工作的权利。

第二，如何对待消费？消费是必要的，人活着就要消费，消费是为了满足我们的需求，首先要搞清楚满足了你的什么需求？满足你真正的需求还是虚假的需求。现在铺天盖地的广告干什么的？就是制造虚假的需求。现在这个世界上的中心就是商品，人活在世界上的意义就是消费商品，商品本来是为我们人服务的，但现在商品生产的意义改变了。为什么生产？现在生产的目的是为了赚钱，我们要进行全面的消费。人的需求是全面的，消费也是全面的，不仅是物的消费，还有文化消费，不仅追求我这方面的满足，更要追求文化精神，要成为一个高尚的人，要有自己精神的享受。消费要知足常乐。通过改变消费主义，我们的生活不仅向量化方面发展，而且向质化这方面发展，不是量的增长，而是品质的改变，这就是新的生活方式。

第三，人如何对待性和爱？爱情是我们人类生活的重要内容，生活离不开爱情。把性作为人的内在的驱动的核心，不完全是胡说八道的，有一定的科学性。不管怎么说，性跟爱是人性的呼唤，人在爱当中，在性当中实现人类的创造，美的创造，获得灵魂的享受。现在的生活当中，有权利的人利用权利占有爱情，有钱的人利用金钱购买爱情。所以当今世界一个最可悲的原则就是让商品交换原则指导神圣的两性原则，男女的交往也成为一种商品的交换，把自己的身体作为工具、作为商品出卖了。我们的新生活就应把人引导到神圣的两性原则，让世界上相爱的人真正生活在一起，让人们都过上幸福的生活。

第四，如何对待交往？交往是我们生活中的一个重要部分，交往就是人际关系。交往对人生的意义何在？西方文化和中方文化都讲得清清楚楚。人是不可能没交往的，如果一个人生活在孤独的世界上，这个人活在世界上还有什么幸福吗？还有意义吗？所以，哈贝马斯花了这么大的精力，研究为什么人会在人际交往当中获得享受？当今造成人际交往危机很重要的一个原因是市场经济。市场经济有它的不可估量的意义，有它存在的必然性。毫无疑义，市场经济也有它的负面效应，市场经济给我们带来了竞争，世界上人和人的关系都成了竞争关系，市场经济总的原则就是"不是你吃了我，就是我吃了你"。我们面临的困境是我们既要推动市场经济，同时我们又把市场经济的负面效应降到最低，让世界充满关爱。现在人际关系都讲法、讲理，有它必然性和合理性，但这样使得我们这个世界成为一个功利世界。中国人讲情、讲义，如果都不讲情、不讲义，那么，这个世界肯定是一个冷冰冰的世界。

最后，我们如何对待休闲？人的休闲时间很多，如何让人们充分享受休闲？休闲时间的增多不等于我们的享受的增长。关键是如何休闲？休闲不是打发时间，休闲要有文化涵养。中国人是好不容易有了休闲的时间保证，但是很多人把休闲的时间都用来赌博。休闲本来是一种精神享受、文化享受，所以我们必须通过休闲来使人们获得满足。

这些方面都是需要新的生活方式和生存状态所关注的内容。以胡锦涛总书记为首的党中央，为我们创建一种新的生活方式开辟了道路，提供了指导方向。对科学发展观我认为不能够仅仅理解为如何发展，更深的是如何生活。科学发展观指导我们如何生活，是对人类生活方式道路的探索。按照科学发展观要求去做，就能在中华大地上创建这样一种新的存在方式，这就是中华民族对世界所做出的历史性的贡献。

（作者工作单位：复旦大学）

全球化与中国崛起的文化内涵

张颐武

我讲两个象征性的事件，你可以发现这两个事件确实是标志着中国崛起的象征性事件。

第一个是奥运会的开幕式，不管我们大家有什么讨论，有各种各样的议论，比如说：比中国人多的，没中国钱多；比中国钱多的，没中国的人多；但是又有钱又有人的，没有中国人听话。奥运会的开幕式确实是展现了中国在今天的全球发展中间举足轻重的地位。这个事情确实是一个象征性的事情，它确实表达了经过30年的成长发展，中国所达到的历史高度。东亚人民对奥运会的感受是不一样的，1956年的奥运会是日本的奥运会，日本的崛起就是跟奥运会相联系。韩国在1988年举办奥运会，奥运会之后标志着韩国的经济发展达到了一个新的阶段。中国人作为13亿人的大国，这个事件对我们来说确实是一个非常重要的历史性事件，象征的意义非常大，标志着中国在全球的展开。

第二个是60年国庆，也是一个巨大的盛典，人也多。这个盛典巨大的象征意义就是象征着当代60年中国历史的合法性。我最近刚刚到台北看到很多关于1949的探讨，大家会发现，不管怎么探讨中国的发展，中国历史的大事已经定下来了，中国人民在60年艰苦奋斗中间所获得的历史性的成就已经被世界所认可，所了解。

其实这两个事件所象征的意义就是象征着中国已经通过这些年发展达到了中国历史新的高点。有了这个事件以后，我想探讨两首歌，这里面有两首歌，一首是色拉·布莱曼和刘欢合唱的《我和你》，一首是刘欢在15年前的一个电视剧《北京人在纽约》唱的歌曲。那时候只有一个刘欢，这时候《我和你》

有两个人，第一首是 1993 年有一个电视剧《北京人在纽约》，那时候大家对中国还没有信心，中国的一个大提琴手跑到纽约，他在中国做大提琴手是没有希望的，他到纽约实现了自己的梦想，他成为了一个纽约工厂的小老板，叫王启明，是姜文演的，但是他失掉了自己的感情。

但是你会发现现在这个歌改了，这回还是刘欢，但是旁边有一个英国的大歌手色拉·布莱曼，这个歌改叫"我和你心连心，同住地球村，为梦想，千里行，相会在北京"。这个时候你会发现一个平等的对话，互相真正的沟通和交流，中国人已经平等的站在这个大球上面，他是和色拉布莱曼一起唱的，并不是自己在唱我怎么样。

这样一个变化说明了中国的崛起所具有历史的含义，他其实改变了 20 世纪中国的悲情的历史，告别了 20 世纪中国悲情历史，所以我们就会感受到中国的发展是全球化，这是全球化历史中间最重要的一个现象，这次中国的崛起确实是整个世界发展的重要现象。20 世纪 90 年代以来，中国的高速成长变成了全世界的新的现象，这个现象有几个重要的特点：一是外部的全球化，内部的市场化，中国向世界开放，实际上就是开放和改革，内部做的市场化，发展速度快，廉价的劳动力，中国的十几亿人民加入到为全球化做生产的工作领域，创造了人类历史上少见的奇迹，只有英国工业革命或者美国 19 世纪末到 20 世纪初那个大发展阶段，才能力比拟的大规模的发展的奇迹，几亿的中国人民告别了贫困，发展到了一个新的历史阶段。不管怎么说这个成就是人类历史上所罕见的，虽然劳动力价钱便宜，但是中国人民创造的历史大家看到了。

有一个新的看法就是中国的和平崛起和发展，这个观念大家已经开始形成。有两个"论"现在已经开始失效或者无效，一个是中国崩溃论，这个在西方，尤其是 20 世纪 90 年代，吴大师讲的 90 年代他到欧盟，人家都不理他，这就是崩溃论和威胁论，如果不崩溃就威胁，要么就崩溃，只有这两条路。那时候我经常到美国，有一个中国大作家，80 年代后期跑到美国，我去看他，大作家对国内的情况非常生气，他说中国三年肯定崩溃了。他跟我父亲是世交，所以我专门去看他，我说我怎么看不出来，他说你小孩哪懂，我比你懂，我当过右派，又写过那么多作品，中国的事情我比你懂，中国三年肯定崩溃，工人也下岗了，农民也失去土地，银行又有坏账，跟西方也有矛盾，所以肯定是崩溃了。我说这个实在看不出来。他说你不会懂的，这么说我就不好再说了。到 1997 年的时候我又去看他，那时候他英文已经学得可以，就去讲中国三年崩溃。我看了，我说实在没看出来。他说你还是不懂。到了 2002 年我再去看，他当时得了癌症，我再去看老先生，他跟我讲我看三年怎么样？因为中国不崩溃，他就没有任何机会啊。他非常痛苦的抓住我的手跟我讲，中国三年估计够多了，你以前说的可能会对，但是 15 年你看怎么样？到这个时候我实在有一点觉得一个老先生，有那么大才华和文笔的人，对中国的事情受过那么多的苦，一旦走上了不归之路怎么办？我出来以后真的感觉悲哀，一个人在历史大势面前看不懂，你的选择就是如此的错误，这时候你会觉得再聪明的人和历史大势、和中国崛起历史大势相对抗的时候，你是非常脆弱和微薄的。我在那个时候真的感到特别的痛苦，那个时候恰恰发现中国崩溃论和威胁论已经宣告失灵，已经没有用了，所以中国的崛起变成了确实是人类历史上一个新的事实，这是 20 世纪新历史的事实。

中国有两个大的跨越，一个是脱离贫困，虽然我们还有不管是统计数字不同，2 千万、6 千万、1 个亿或者世界银行说两个亿，不管还有多少贫困人口，中国人民告别贫困历史的发展是任何人都无法否定的。第二就是脱第三世界。原来我们是亚非拉国家，但是现在无非是大家讨论中国变成了一个历史性的大国，这是必然的结果。脱贫困、脱第三世界，这个历史进程现在已经是不可改变的事实，所以中国文化发生了很大的变化，从匮乏文化向丰裕文化，从弱者的文化向强者的文化转变已经开始形成。

20 世纪 80 年代有一幅名为《父亲》的画，我在 80 年代看这幅画的时候真的很感动，虽然我的父亲是大学教授，可能和这幅画长得不一样，但是我父亲带我成长的阶段，70 年代中国很匮乏的时候，他把所有的窝头自己吃，把米面都留给我，那时候我觉得我父亲就跟这个父亲一样，他用艰难的劳作养育我，我觉得所有的中国人都有这样的父亲。所以这个画就是 80 年代以前中国告别贫困以前中国人的象征，这个象征特别有力，对我来说很感动的经验，对很多中国人来说也是很感动的经验。这个拿着瓷碗在这喝水的画面，这是父亲。当然这个有一个小插曲，这个画一开始临时一审就不是很高兴，这怎么能行？这显得中国人很糟糕，没有什么进步性，后来他建议在耳朵这加一支圆珠笔，写老农民也学文化，所以这是领导提出来的意见，可能画家觉得这个思想不错，然后就加了这支圆珠笔，这幅画就变成了经典，所以领导的话还是应该听的，这是一个非常了不起的作品，象征着大家共同的中国所具有的命运。

20 世纪 90 年代，希望工程的招贴画叫做大眼睛苏明娟《我要上学》。你会发现大眼睛里面包含的是一个国家对外部世界的渴望，一个国家对改变自己命运的渴望，一个社会对改变自己的渴望。我记得 1996 年我和美国教授在北京大街上，那时候他看到这幅画觉得很奇怪，他说这个画是什么意思？我说这是中国的希望工程，还有很多小孩还上不了学，他一听就马上从自己的口袋里拿出 200 美金，那时候还是 1：8 点几，还比较值钱。我说可能不用这么多，100 美金就够了，一点心意就可以了。他说不行，我看到这个大眼睛就要给她钱，要改变她的命运，我要帮她。最后你会发现这幅画里面表现中国人渴望自己改变命运的情怀和努力。

到了 21 世纪，中国历史发生了新的变化，国外的期刊封面会出现中国的明星，背景是中国的长城和上海。实际上在这个变化里你会发现，中国的历史在这个眼睛里面所包含的，虽然说文化底蕴肯定不够深刻，价值观肯定不够正确，思想觉悟还不是很高，但是你会发现中国人的眼光变得热诚开朗，虽然充满了欲望，但是也充满了力量的眼睛。

这个和前面两个就是一个历史性的改变，这个正好象征我们的现状，我们自己可能对自己有很多的不满，但这是没有选择的自己，你没有选择自己，这就是给我们呈现出来在世界上呈现的自己。我们怎么办？需要更多的软实力，有更多的不同的东西告诉世界，不光告诉世界有这个东西，还要告诉世界有更多的好东西。

我们今天探讨的软实力建设，就可以从这幅画来重新认识。现在你会发现，好莱坞形势比人强。最近一段时间好莱坞电影对中国的形象发生了重要的改变，去年的《功夫熊猫》好莱坞对中国形象的展现有了一个重大的改变。为什么？原因很简单，是中国崛起造成的全球的影响力。任何电影都要考虑市场，中国的电影市场越来越重要了。大家可以看看《2012》，最近我看到新浪里面有一个笑话，写得很妙，就是奥巴马总统为什么到中国来，就看方舟建好了没有。什么意思？你会发现这里形象变得很正面。中国人在汶川大地震的时刻所显示的那种力量，那种团结，那种面对苦难的高尚的品格，让全世界也感动了。这个电影里面讲的是人面对共同的危机，让中国人变成了正面的形象，中国人不是捣乱的，不是搞破坏的，不是阴险的黑的小眼睛，而是正面的形象。这种改变你就会发现其实是硬实力带来了软实力新的增长，这个意义还是很大的。

我们文化能量有三个方面。

第一是中国文明的历史连续性。这是我们的伟大的力量。中国的文明是人类文明里面从来没有中断过的具有着完整的连续性的一个伟大的文明，中华文明经过无数的危机和困难，但从来没有中断过。

第二是现代中国人争取繁荣和富强的历史中有价值的高度，中国人从来没有欺负过别人。近代以来中国人在争取繁荣和富强的基础上，中国的手都是干净的，没有罪。不像西方殖民主义者和日本曾经沾过别人的血，中国人有一个历史的高度，就是我们从来都没有过这样的事情，我们都在牺牲，都在为别人去做事儿。阿尔巴尼亚人我们都关心，越南人我们都关心，朝鲜人民我们都关心，我们有一个亚非拉的情怀，这个情怀给我们留下了很宝贵的财富。有一次我看了中央电视台有一个节目，突然采访一个人，一个在伊拉克做咖啡厅的老板，他跟记者讲说哪里有炸弹，哪里最危险，哪里就是我的机会。他说美国人开的咖啡厅比他开得好，做得比他专业，价钱比他便宜，但好好的人进去以后，就怕出不来，这个很可怕，怎么办？就不敢进。但他的咖啡贵，做得也不一定好，中国人做得毕竟差一点，但是他有一个好处，活着进去肯定能够活着出来。这个意义是中国现代历史从来没有欺负过人，从来没有占领过别人，中国人只是为世界付出牺牲。中国人的历史价值高度给世界的力量，这个力量到现在还是我们宝贵的财富。所以，新中国前 30 年的历史，虽然我们有很多的失误和困难，但中国人无私的帮助人，无私的和第三世界的人民一起奋斗的历史，仍然给我们留下了最宝贵的精神的财富，所以价值高度仍然在。

第三是 30 年来中国发展所创造的新的平台。改革开放以后大家说国内生产总值怎么样，这个平台恰恰是中国能量的基础，这个基础上怎样我们怎么去发挥我们的软实力。同时你会发现中国的崛起面临复杂的挑战，一个是中国崛起必然改变世界的格局；一个是中国的崛起必然对全球的价值系统和全球意识有深刻的改变。西方中心论要被超越，可以看到华人的影响力，看到全球华人的观念开始在世界出现了。华人真正的以中华人民共和国为荣，真正的认同这个祖国，这些年来我看到的现实真是这样。全球华人对祖国认同的观念让我感到一种力量。去年我在旧金山，奥运火炬全是中国的年轻人，或者是留学生或者华人，上面有架飞机，挂着横幅是"西藏就是中国的一部分，奥运加油、中国加油"那个飞机就跑来跑去，看到这个时候你会感觉到全球华人的影响力非常巨大。

现在一些重大的改变在出现。

第一个是中国的 80 后、90 后的成长特质，他们被称为"鸟巢一代"。中国年轻人跟鸟巢一起在伟大时代里面展现自己，他们的性格跟以前的人有很大的不同，因为年轻人在文化上有三个特点：一是在文化方面，他们表现自我的想像力重于表现社会的生活。二是在经济方面，他们重视财富的分配重于重视财富的积累；三是在社会方面，他们关注人类的普遍问题，重于关注中国的特殊问题。

年轻一代是独生子女的一代，是生长在中国历史上最富裕时代的一代。城市里面的年轻人，他的生存问题是中国历史上最容易解决的一代。我碰到一个搞经济学的专家，他突然告诉我，年轻人别着急，你现在生活问题解决不了，再过 20 年，你就解决了生活问题，怎么解决？最起码会留下三套房，你父母一套，祖母一套，外祖父、外祖母一套，两套出租，一套自己住。这是什么意思？这不是开玩笑，说明这一代人其实生活在中国历史上全新的时代，他们的性格、文化方面就是注重自我的想像力。他们要改变世界，这个改变是新的改变。这些年轻人投票决定事情，参与到新的世界里，给世界造成的改变应该是我们大家所应该注意的。中国的年轻人开始爆炸性的进入到世界的舞台上。

他们关注环保问题，碳排放的问题。比如热爱小动物，中国匮乏的时期动物变成我们的食品，现在你会发现要对狗不尊敬、对猫不尊敬这个人就完蛋了。你会发现这些价值开始变成社会里面的重要价值。对碳排放的问题，对环保、对环境、对人和自然之间的沟通。对于所谓的志愿者，他们到外面教书，人力资源管理部门经常跟我讲，他们公司里面人力资源管理真不好管，本来看好一个人要提拔他，他突然说要走了，要辞职了，要去西藏追寻人生的意义，我提拔就是人生的意义，什么到西藏去追寻。这就是观念上的改变，年轻一代人其实有很多选择的空间。中国的年轻一代已经在发生历史性的改变，他们将来有更强的国际观和更好的修养。当然他们有很多弱点，他们焦躁，在网上骂人，他们发火，有很多的矛盾和困扰，另一方面，给他们的平台也是中国历史上从来没有过的，没有机会的年轻人在今天其实有最大的机会改变自己的命运同时改变这个世界，这是非常重要的情况。

第二个是中国传统的复兴。在现代化过程中，我们一直觉得传统文化是阻碍我们的力量。每个人都爱我们的民族精神，爱中国、爱民族。但是你会发现跟一个中国人具体聊，他对中国人的传统了解多少。他很爱国，很爱自己民族的一草一木，但是真的不了解自己的传统有什么。民族精神我们继承，但具体的传统文化我们却抛掉。为什么？因为他们妨碍我们前进。我们有这样一个内在的矛盾，现在随着我们的发展找回我们的文化，但现在发现了一个很大问题。比如梅兰芳。1992 年拍过一个电影《霸王别姬》，张国荣演了一个旦角，类似于男扮女旦角色，但那是中国的屈辱，中国痛苦经验的象征。这样时候你会认为梅兰芳先生却变成了中华文化的象征。最后你看到抗战胜利的时候梅先生走上舞台的那一刻，不是像霸王别姬里面张国荣拿出一把剑把自己杀掉，这个时候梅先生走上去的时候是中国的象征，这个改变就是传统对我们的意义，认同对我们的意义。

再就是汉服，年轻人都热爱汉服，东亚这个国家日本有自己的民族服装——和服。传统的韩国人有自己的服装。东亚没有的服装，比如旗袍，大家看到过张曼玉穿的旗袍，但是旗袍现在在中国变成了一个主要是饭馆里面领班员穿的衣服，你会发现一个很大的困扰。我记得有一个女士说她曾盛装穿旗袍走进一个酒店，拿着邀请函进去参加酒会，旁边一个男人匆匆走过来说："赶快给我泡杯茶来"。什么是我们的国服，我们真的很不清楚。所以这个时候你会发现年轻人要找回自己传统的象征，这个历史时刻已经来了，虽然他们找得还不够，不管怎么说，你会发现他的力量，他对这个传统有了更多的敬畏和感情。

还有读经。四书背的不得了，到处都是年轻人在读经。北大的那个未名湖是我最爱散步的地方，但是发现散步是很痛苦的事，这边背《大学》，那边背《中庸》，这边背《论语》，我从这边走来年轻人背的磕磕巴巴，你就很想给他提词，这样就散不了步。这是很热烈的情况，为什么？你会发现自己的价值的根基在哪儿，你找到自己价值的根基，需要用这个东西重建价值的根基。还有政府组织祭黄帝，为什么到处都是这种祭祀，也是社会开始对自己的传统有一份尊重，虽然还有很多的问题、毛病，但是不管怎么说，你会发现中国文化传统的复兴确实是一个大的潮流。

中国有一个伟大的中国梦。大家知道19世纪末、20世纪初有一个梦想叫美国梦，那个美国梦刺激了很多人，让很多人感受到它提供的力量、机会和可能，在一个广袤的新大陆上面出现的美国梦，给很多世界上的人创造了可能。现在中国梦开始出现了，这个梦是个体奋斗之梦、告别未来之梦和告别悲情的梦。这个梦就是从"傻根"到"许三多"，我们用王宝强演的两个人来说。大家知道《天下无贼》里面的那个傻根，他做的梦是最简单的梦，做一个消费梦，买一个大电视，买一个房子，然后娶一个老婆，他又去做这个事，他只知道这些，这个梦对中国来说其实已经很不容易。我们应该体谅到他们的心情，所有要实现这个梦，我们付出了很多，我们没有理由去指责这些中国人，他们不够高雅，傻根的梦，傻根一直在做梦，在做梦过程中间连上天都不忍心让中国人的这个梦幻灭，最后把这个包送到傻根旁边，傻根还在那睡，他不知道，但是你会发现这个梦想是中国人最初从30年前开始起步的时候的梦想，这个梦想到今天有了很大程度的实现，所以我们今天可以探讨如何升华这个梦。王宝强演的许三多，许三多的梦想就不一样，他是父亲的好儿子，他是战友们的好兄弟，他是一个尽责的人，他有一个说法就是"不抛弃、不放弃，他愿意跟大家一起奋斗"，他有更多的责任心。所以从傻根到许三多是中国梦发展成熟的轨迹，这个轨迹应该让世界知道。

所谓软实力建设，就是既要告诉他传统文化的价值，也告诉他中国人30年来奋斗的艰难，这些故事都应该告诉世界。所以现在我们还面临很多文化的难题，高端上中华文化的普遍新价值还没有被充分认知。天人合一，和而不同。低端上大众文化的竞争力还远远没有和经济成长相适应。所以我们有两个问题，一个是合法性不足，没有说法，在世界上的我们的说法就是弱的说法，没有说法。一个是吸引力不足，没有魅力。你会发现两个方面都存在，高端上没有说法，低端上没有魅力，怎么办？我们需要年轻人跟我们一起来努力。

丽江是中国最全球化的地方，丽江每天有很多外国人在那，丽江是英语和汉语可以混合使用的地方，北京不行，在丽江可以。在丽江我看到一个纳西族的小伙子，他改变自己命运的力量是多大，他跟美国人讲英文，他的英文真的是没有口音的英文，我很奇怪他卖的是纳西族传统文化的纪念品，我说你这口音哪来的，你卖东西不奇怪，口音哪来的，讲了一口美国纽约东部的英语，他需要来卖他的东西，他需要跟外国人介绍他的文化，他是高中毕业生英语拿不起来，他买了全套的《六人行》拿回去以后按照中英文字幕，每天用三个小时的时间，一集一集的去背，所有的文字按照这个口音学，晚上背白天练，三年的时间他英文就好了。我们每个同学有这样的力量改变自己，用这样的力量学英语，什么困难克服不了呢？所以这样的中国人确实是所谓中国的脊梁，中国的骄傲就在改变世界的力量里。他卖的，所倡导的、所弘扬的是纳西族的传统文化。他有最好的、最漂亮的英文，这时候感觉到中国人真的为他感到骄傲。

中国年轻人创造了新的文化，让我们心灵感动的一种东西。这是爱人民就有人民币，你会发现法国的议长对晶晶在巴黎不礼貌，然后又把她作为法国总统的客人请回去，为什么？知道爱中国人民就会有中国人民币，这个道理谁都懂，这就是软实力的基础，就是硬实力，有了硬实力才能有最广阔的空间。

这是年轻人创造的东西，现在我们有了新的认同，对新兴中国的认同和对全球化认同的结合，我们的认同有多样性和统一性的结合，所以中国融入世界的愿望和中国本身打开世界的愿望，也就是对于世界和中国的新的理解，也是超越20世纪的新的可能。《建国大业》这个电影有很多有趣的说法，但是我觉得这个电影表现了国家的力量。这个电影里成龙在里面扮演一个不出名的小记者，还有吴宇森在这里面演了一个角色，后来被剪掉了，问他被剪掉怎么样？他说剪掉好，可能我演得不好。为什么他们会这么投入在这里面，他们知道国家的未来是所有华人明星的未来，他们这样才能找到自己未来的归宿。

软实力是建设在硬实力的基础上，但同时我们要发展自己的软实力，《风声》的导演是陈博富，他是台湾的新电影导演，在大陆十年终于拍了这部电影叫《风声》，受到欢迎，票房也有 2.4 亿，他也在这个地方得到了一个新的角色，是中国的电影导演表现的是中国共产党人在抗战中间的力量，为什么？很简单，这个国家给他机会给他新的可能，这样我们有现实的挑战，一个是硬实力，我们就会看到我们的硬实力前所未有的增强，软实力是前所未有的需要。还有一个概念，巧实力，什么是巧实力，就是把硬实力和软实力结合起来的能力，我们现在需要用巧实力整合软实力和硬实力。这个工作现在是所有的中国人应该去共同努力的工作，所以我们要追求传统创造性的转换，一个叫全球化，一个叫全球本土化。

在当前世界局势中，中华文化对于世界和平与发展有着不可估量的作用。中国文化传统有一个理念"善"，这个理念将会发挥巨大的影响。我们对西方文化表示尊重，为什么英国有那么伟大传统的地方产生过莎士比亚的地方会对我们这样，为什么？有什么道理？他们很难过，他们很痛苦，傅大使在一篇文章里把这个话告诉他们，最后他又写在了自己的文章里面，在金融时报好多报纸上都发了，叫"世界曾经等待中国融入世界，而今天的中国也有耐心等待世界去认识中国"。什么意思？就是中国的崛起是改变世界历史格局的过程，是一个伟大的过程。这个过程中间，一方面我们自己在学习怎么样成为一个伟大的国家，怎么样创造一个伟大的国家。西方或者所有其他人也在适应你怎么变成一个伟大的国家，他也有一个过程，他也有不适应的，也有恶意的和故意捣乱的，希望中国不崛起的，但是另外很多人也要适应。

我 1980 年出国的时候，那时候是我最幸福的时候，80 年代后期到 90 年代初，我出去的时候大家很高兴，美国人接待我简直是一塌糊涂的好，所有的都是他付账，从东到西带着我去玩，他为什么对我这么好？他知道你没有钱，你只有 30 美金，他知道你付不了账，你是穿着破烂的中国人。但是现在你会发现我也可以到首都机场接他，我也带他到一个像样的饭馆去吃饭，他反而感到你这个穷小子现在怎么回事。通过我个人的感受你会发现怎么去对待中国崛起，全世界确实有一些奇怪的看法，但是这个时候我觉得中国人既要有耐心，又要坚强，又有灵活性和坚定性，坚定的捍卫我们的价值，这样我们就有一个灿烂的未来，所以软实力建设正是在这个过程中间跟世界不断磨合的一个过程。

我们要创作一个所谓的文化自觉，创造一个美丽的中国梦，对外要创作一个魅力的中国，对内要创造一个和谐的中国。中国是一个老的国家，但它有一个伟大的未来。

大家知道金融危机开始的时候大家都没有底，现在金融危机已经开始复苏了。那时候中国导演一个叫冯小刚的人，他比所有人的信心都足，现在他的收获很大，上市以后他创造了两亿的价值。他那个时候告诉我们，最后的结果是范伟从葛优那买来的东西是花了 100 万英镑，现在卖出去只有 100 万日元了，但是范伟把它卖出去了，葛优就拿着这个东西向外看，向远方去眺望，这时候范伟问葛优说你看到了什么？葛优说我看到了是一片灿烂的中国红，看到红的时候他告诉范伟，我看到的是未来，看到的是什么未来？是中国的未来，和所有这些年轻人的未来。

（作者工作单位：北京大学）

跨文化的现代民俗传承

董晓萍

在全球文化环境变迁中，各国优秀民俗文化代表作的地位发生了重要变化，即从单个国家民族的特色文化种类，转入人类文化的多元性和反思性的概念的讨论范畴。在这种背景下，如何进行跨文化的现代民俗传承，成为一个新问题。不少国际同行认为，20世纪依靠出书造势，21世纪把民俗当作跨文化交流的载体，同时将民俗承载的文化多样性变成文化权力，吸收多元文化，尊重地方文化，保护遗产文化，在这一过程中，把促进民俗传承建设成一种跨文化交流的现代策略。这是一个划时代的变化。现在很多欧美国家已把人民共同选择和价值趋同的民族文化做成国际项目，在与当地文化不冲突的前提下，开展不同国家间的文化推广和文化沟通的对话，中国也已经处在这种主流中。

一、现代民俗传承的时代转型

这里所谓的"跨文化"，指的是全球多元文化的平等传播中，国别文化交流工作建立自己的优势战略定位，选择软碰软的接触点，开展现代民俗传承，在兼容别人中推广自己。

20世纪初，很多国家进入了现代国家民族化的过程，世界发生了多极化的互动，其中一个重要的变化是，国内统治阶级和被统治阶级的话语权发生了逆转，在国际上也产生了以民俗成果较量各国文化实力的潮流。我国在20世纪中，在五四运动时期，民俗文化得到了积极的建设。20世纪40年代，在党的领导下，在延安文艺政策的指导下，民俗文化中的民间文艺部分得到了较大发展。1949年以后，一部分优秀民俗民间文艺成为社会主义新文化的组成部分。但到了 21 世纪，产生了新的国际环境，国家民族间的文化理解与知识交流，又形成了新的需求。在这种形势下，民俗再次被选择为载体。

但是，一个国家的民俗文化在自身历史传统和社会结构中传承和共享，很多是不能直接用来做跨文化交流的，还需要在现代知识体系中进行建设，增强对外叙事能力，才能形成跨文化交流的公共新资源。对于任何国家的民俗学者来说，现代民俗传承做得好，都是内部民俗的高等增值，促进彼此理解和尊重，能够增进国别文化之间的升级传播。它与以往国家内部的雅俗文化之争和官民文化界定是不可同日而语的。它是全球文化环境变迁中的新理念的产物。它在政府领导下，进行学术创新和社会力量的凝聚，提倡利用国家民族古今中外的所有优秀知识去壮大国家优秀民俗的对外影响。这种新建设，有利于世界不仅从书面经典文化上了解中国，也从中国民俗文化中了解中国，认识中国整体文化的丰富蕴藏和伟大价值。

二、现代民俗传承的思想特征

在世界多元化文化的跨文化交流中，一个国家民族的文化传统，在一定程度上，是以该国民间长期传承的文化种类为中心展开的，包括故事、谚语、民歌和戏曲。在传播民俗文化的模式的转型中，一些发达国家还将民俗文化当做国家知识的重要组成部分，用于提升舆论领导力。我国改革开放以来，在国务院领导下，由文化部发动，在新中国 60 周年华诞之前，全面完成了中国民族民间文艺十套集成的搜集出版工作。北京师范大学民俗学国家重点学科的创始人钟敬文先生，生前参与并领导了其中的中国民间文学三套集成（故事、歌谣和谚语）的搜集整理工作。现在这批资源已成为国家非物质文化遗产保护的基础，同时也促进了高校民俗学的学科建设。

现代民俗传承的思想特征有二：一是从以往寻求国家民族独立的思想工具，转向整合国家上、中、下三层文化的综合性载体；二是从国内民俗搜集和研究，转向世界视野内的多元文化对话。这些工作是前人做不到的，需要为此付出艰苦的努力，但这是值得的，因为它决定了中国民俗是否能够成为最早介入全球化下多元文化实力建设的代表性元素。

三、现代民俗传承的建设储备

自 2007 年开始，在北京师范大学校领导的支持下，另一位首席专家王一川教授和我，带领科研团队，承担"我国文化软实力发展战略研究"的国家社科基金重大项目，我们尝试进行了以下几项工作。

第一，政府和高校合作进行现代民俗传承的宏观战略建设。政府与高校合作开展国家战略性重大文化项目的攻关机制，体现了我国举国体制的优势。近年来，我们主要与文化部合作，由北京师范大学民俗学国家重点学科牵头，由北京师范大学文学院、民俗典籍文字研究中心、信息科学与技术学院、艺术与传媒学院等五单位联合，对中国民族民间文艺的部分资源进行数字软件研发工作，并在 2009 年国庆期间参加了文化部、国家民委、中国文联、全国哲学社会科学规划领导小组和全国艺术规划领导小组主办的建国 60 年文化成就展览，在国家大剧院展出了 1 个月，受到了相当的关注和好评。

这批数字软件大体可分为三部分。第一部分，中国民族民间文艺资源地图，共编制数字地图 23 幅；附设集成资源总量统计数字辞典和分类卷目数字辞典 14 种，在集成志书 298 卷、400 册、4．5 亿字的基础上，采集纸介数据，制成数字数据，包括空间分析数据，个案分析数据和重要品种整理数据，直观生动地展示改革开放 30 年来文化部发动领导"中国民族民间文艺十套集成志书"项目的辉煌成果和巨大成就，为各级部门进一步建设相关保护利用政策提供评估依据。第二部分，中国故事类型数字地图，以中国家喻户晓的百种故事类型为例，编制数字地图 21 幅，设 6 个专题，附设故事类型辞典、故事类型地图符号和故事类型剪纸，整体展示中国民间故事集成的学术研究价值和社会应用潜力。第三部分，数字集成公共产品，包括数字集成分省总目和数字集成影院两类，共 8 种，在全球文化环境变迁和数字交互战略的转型中，探索富有中国特色的数字民间文艺资源产品样本，促进提升我国文化技术产品的社会效益。参观者点击进入，可以在快速了解中国民族民间文艺资源的藏量规模、总体内容、资源分类、各省存量、重要资源特征和所有作品篇目等，认识中国民族民间文艺集成志书的巨大资源和伟大搜集成就。其中，"数字节气谚语地图软件"，是"中国民间谚语集成"的数字产品样本，共使用谚语数字数据 1847 条，制成数字软件，按一年四季廿四节气的节律播放，展示祖国各地丰厚地理气象资源中的谚语历史文化和民间智慧。全部谚语由青少年自愿者朗诵，体现谚语遗产的未来传承意义。"数字中国故事影院软件"，使用"中国民间故事集成"省卷本，选择中国著名四大传说牛郎织女、孟姜女、梁山伯与祝英台和白蛇传，制成数字软件，包括数字故事放映厅、数字故事乡音版、数字故事节日、数字故事声音地图和数字故事遗产地图等，介绍中国故事的丰富历史遗产和社会传承价值，帮助参观者走进中国故事学研究的学术殿堂和文化艺术宝库。我国还需要大力开展这类工作，它有助于现代社会衡量国家民俗文化实力的尺度，也将成为中国民俗本身，乃至成为国家光荣历史和现代形象的共同标志。

第二，建立多元文化间的相互阅读和欣赏的新经验。多元文化之间不可能没有矛盾和冲突，跨文化交流也不可能没有新载体，前人正是在这个前提上找到了民俗。在当今全球化的背景下，也要以内外观察的双视角，建设和而不同的新文化平台。要把自己的故事讲好，也欣赏别人的故事。

近年我们改革现代民俗学教学的知识结构，完成了一些提供教学科研使用的专题数字软件。以前面提到的中国故事类型数字地图为例，共分6个专题，包括故事类型的地理分布、生态环境、文化结构、世界遗产地分布和自然文化资源旅游状况等，介绍我国经典故事类型的历史背景、地理传承、中外比较朗读和文化开发现状，参观者可以轻松走进中国故事学研究的学术殿堂和文化艺术宝库，对这批宝贵口头遗产加深认识。再如，我们研制了"数字戏台软件"，这是在"中国戏曲志"和"中国戏曲音乐集成"的纸介本基础上，所开发的数字产品，含90个剧种的91个唱段，可现场学唱学演，体验中国传统戏曲艺术的宝贵财富和辉煌艺术成就。另有"数字曲苑软件"，是"中国曲艺志"和"中国曲艺音乐集成"的数字产品，含78个曲种的78个唱段，提供中外参观者欣赏中国曲艺遗产代表作。参与项目攻关的中国研究生和外国同学使我们非常感动，他们都是80后和90后，以自己的热情努力，成为跨文化交流的年轻实践者。

建立多元文化间相互阅读和欣赏的新经验，是实现现代民俗传承实力化的要素，更是学者和高等教育工作者的一份责任。

第三，童年文化遗产是提升现代民俗价值的杠杆。人类从童年文化中获得了对多元文化的认同性，获得了对国家民族精英和下层文化代表作的渗透性认识。传统节日、庆典和仪式等人类情感文化的社会性教育都拥有丰富的童年文化遗产。利用这笔遗产是发达国家建设文化遗产的特点。以我们制作的"数字北京故事影院"为例。北京故事是中国城市历史遗产的巨大宝库。该软件以北京故事卷为基础研制，演示地图上的北京故事和北京的世界文化遗产故事。我们的研究生还与清华大学的同学合作，把这些北京故事变成动画，配用了三十多种音频资料，制成北京故事宝盒和北京故事动画，适合儿童的认知特点，创制北京人的童年文化遗产。前面提到的我们研制的"数字节气谚语地图"，请一些青少年志愿者来朗读，他们都兴趣盎然。这方面工作的创新意义，在于重建童年文化遗产的传承价值，以之为渠道，评估现代国家民族的民俗藏量，同时进行民族性传承和跨文化交流的双重操作。

四、现代民俗传承的优势战略

现代民俗传播策略建设有时与政治、经济和外交等因素结合在一起，也会很难处理。在这个问题上，重点应该开展具有跨文化优势的项目的研究。它在理论问题上包括：现代民俗文化传播的历史本质和当代内涵是什么？现代民俗文化传播在全球多元文化传播中的战略定位是什么？在基本概念上包括：对当代世界多元文化交流理论中的"跨文化"起点、"接触点"和"边际理论"概念如何认识？如何发挥自己的特长？如何创造自己的新理念等。在方法创新上包括：建立现代民俗传播的跨文化国家策略数据分析系统和个案比较研究项目。它以尊重目标国的民俗文化和语言文化为前提，研制中国民族民俗优势概念产品和应用产品，帮助中国现代民俗传播走向成功。

在全球化时期，接触型和边际型人群扩大，这是不能忽略的事实。发展接触型的现代民俗传播，在边际地区保留互相了解的时间和余地，此趋势已势不可挡。其中，表演类民俗文艺是适用于接触型和边际型的人群对象的，但还需要展开表演型和知识型相结合的推广策略研究，才能真正形成传播实力。

反观当今世界多元文化竞争发展的潮流，我们可以看到两种趋势，一方面世界上仍在持续反对文化霸权和反对种族文化歧视的潮流，一方面不再小看本国民俗文化推介的作用，纷纷开始在世界其他目标国中推介自己的民俗文化。我们和我们的祖国一起进入这个伟人的洪流，我们和祖国一起走。

（作者工作单位：北京师范大学）

学·术·前·沿·论·坛·十·周·年·纪·念·文·集

2010·学术前沿论坛

科学发展：世界城市与人文北京

从人文北京到世界城市

金元浦

　　从人文奥运到人文北京，再到建设世界城市，是北京发展三步走的伟大战略部署，是北京三次巨大的飞跃。北京市政府把"三个奥运"的理念转化为"三个北京"的理念，人文奥运是人文北京走向世界的最初的开幕礼，人文北京在人文奥运之后是全面开创和提升北京科学发展的新阶段。2009年年底，北京市委市政府提出建设世界城市的伟大的目标，是北京实现新跨越的战略目标，也是北京为未来发展描绘的蓝图。因此，探讨世界城市对北京的意义，具有非常重要的、现实的、历史的和长远的意义。

　　什么叫世界城市？最早在1889年德国学者哥瑟就使用了"世界城市"一词，他以文化中心的方式描述了当时的罗马和巴黎，以彰显其突出的文化优势及对世界的影响。最早作为学术术语提出的是1915年英国城市和区域规划大师格迪斯在其所著的《进化中的城市》一书中明确提出了"世界城市"这一名词，他指的是"世界最重要的商务活动绝大部分都须在其中进行的那些城市"。在全球化背景下，世界城市转向更加关注全球发展的理论。最早对世界城市进行研究的英国学者、地理学家、规划师彼得·霍于1966年在他的著作《世界城市》中对世界城市这个概念做了经典解释，他说世界城市指的是对全世界和大多数国家发生全球性经济政治文化影响的国际第一流的大城市，包括政治权力、国际贸易中心、大的港口、铁路、公路枢纽、大型国际机场、金融中心、各类专业人才集聚的中心等，这里认为政治要素第一。

　　到了1986年，弗里德曼提出了迄今为止最为经典的世界城市理论，他认为世界城市的形成过程是"全球控制能力"的生产过程，而这种控制能力主要是指对全球经济的控制力，取决于特定部门的集中和快速增长。弗里德曼采取核心—边缘的方式，提出了七大原则来测量世界城市，包括：主要的金融中心、跨国公司总部所在地、国际性机构所在地、商业部门高速增长、重要的制造中心、世界交通的重要枢纽、城市人口达到的规模。在这样七个指标的量的基础上确定是否是世界城市。

经济学家科恩用"跨国指数"和"跨国金融指数"的方法分析美国的一些城市，指出只有当两个指标都位于前列的时候，这个城市才被认为是全球城市。在全球化条件下，世界城市的命名逐步被一些更加具有新特点的全球城市的概念所代替。他谈到的全球城市指的是，全球最大的 500 家工业公司在某一城市发生的海外销售额，占这 500 家公司海外总额的比重和销售总额占到 500 家公司的总销售额的比重，如果这个指数大于 1.0，这个城市属于国际中心城市，大于 0.7 小于 0.9，属于国内中心城市。按照这个指数评估，全球范围内只有纽约、伦敦、东京在这两项指标中均居前三位。这就是前面几个主要的理论家为什么要确定世界上认可的世界城市，也是前一阶段在报纸上经常谈到的世界城市只有三个：纽约、伦敦和东京。他们的标准就是这样制定的。

萨森从经济全球化的角度，将全球城市看做各类国际城市的复合体，是外国公司主要的集聚地和向世界市场销售生产性服务业的主要集聚地。这里的生产性服务业和原来的控制性已经有了变化，更多的变化就是在 Castells 的《网络社会的崛起》一书中，首次提出的全球化、信息化、网络化背景下城市发展的一种新的测量方式。地方被纳入了网络，网络上的枢纽和节点才具全球意义。世界城市不再被静态地理解为控制中心，而是网络化的过程，连接的中心。1996 年伦敦大学受英国环境署的委托开展四大城市的研究，他们把伦敦的发展置于几个老牌的世界城市和新兴的东亚大城市（包括中国上海）之中，提出要和新兴的城市竞争，就要考虑到全球政治在经济中的地位，以及在全球和区域环境中的影响程度。

实际上他们的研究是拉夫堡大学"全球化和世界城市"研究小组做的，该研究小组是全球权威的世界城市研究中心。拉夫堡大学主任彼得·泰勒认为，世界城市网络是在先进制造业全球化进程中，国际城市走向以设计性服务业为中心。世界城市网络的形成被模型化为全球服务性企业通过日常业务"连锁"的城市，而形成的一种连锁性的网络。而这个连锁的网络中，联系性最多的城市自然就是全球城市。他们认为，网络使特殊的社会网络具有更复杂的结构。尽管这种全球城市的节点在网络中形成主体，但是它的功能是服务于全球企业的，因此就由过去的控制这个城市或者控制其他周围的城市，转化到服务于这里的企业和市场。

作为全球服务中心的世界城市分四个等级，第一个等级分了四个等次，第一个叫 α＋＋，包括纽约、伦敦；第二个，还有 α＋这个层面，是高度整合于世界城市网络的世界城市；第三个是 α；第四个是 α－。α＋＋的城市只有两个，就是伦敦、纽约。α＋世界城市包括香港、巴黎、新加坡、东京、悉尼、米兰、上海、北京。接下来 α 世界城市有马德里、莫斯科、首尔、多伦多等。α－世界城市有华沙、圣保罗、苏黎世等。第二等级是 β 世界城市，有 β＋世界城市、β 世界城市和 β－世界城市。第三等级有 Ω 世界城市，分为 Ω＋世界城市、Ω 世界城市、Ω－世界城市。根据网络连接分出了这样一些城市，能看出建设世界城市是在什么样的网状的嵌套层次中。

彼得·泰勒认为世界城市网络是在先进制造业、先进服务业基础上建立起来的。2000 年北京、上海在进入世界网络的时候是第 31 位和第 30 位，排在香港、台北、雅加达以及吉隆坡之后，2004 年北京、上海城市网络的排名明显上升，超过台北和雅加达，分别达到第 22 位和第 23 位，刚才看到的是上升到第 8 位和第 10 位，发展速度是非常快的，提升的速度也是非常快的，这完全是由于 500 强的企业在服务的连通中获得的。

卡勒鲍特认为从经济学专门化的功能角度上来说，20 世纪后期的国际性城市至少分成三类，第一类是国际性的生产性城市，直接为市场服务，这就是制造业的城市。第二类是国际性的通路城市，即连通的集散地。第三类是国际性的交易事务城市，更高层次的生产型服务业的城市。在国际上认可的 Knox 提出，用功能分类的方式，世界城市首先是跨国商务活动中心，由入驻城市的世界 500 强企业来衡量。其次是国际事务中心，由入驻城市的非政府组织 NGO 来确定。最后是文化聚集地，由城市在国家中的首位度和在世界上的文化影响度来确定，把文化重新提出来，把整个世界中的国际组织、NGO 组织的重要性在城市的联系中重新提出来是有重要意义的。对文化的关注，尤其是对北京来讲，可能未见得北京在经济上有那么强大的竞争力，但是它深厚的文化底蕴确实是举世罕有匹敌的。

Gastells 非常强调国际城市与全球各地的流量。2008 年 10 月，美国外交政策杂志、A. T. Keamey 咨询公司和芝加哥全球事务理事会联合发布了全球城市的排名，征询了萨斯基亚·沙森和维托尔德·雷布津斯基等学者的意见。外交政策杂志指出，这个排名中基于对 24 个度量方法的评估，分为 5 个领域。包括商业活动、人力资本、信息交换、文化体验以及政治参与。这里特别谈到了信息交换在信息社会中的重要意义。文化体验也再次得到了强调，重新提出了政治参与问题。总排名里面可以看到，纽约、伦敦、巴黎、东京是总排名前四位，巴黎在信息交换上是世界第一，伦敦在体验上是第一，纽约在人力资本商业活动上和整体上都是第一。香港在人力活动上居世界第五位，它在总体上也居世界第五。北京是总排名第 12 位，但是在政治参与方面在世界上排名第 7 位。上海在总排名上升到第 20 位，商业活动排名第 8 位。

2009 年 10 月，东京莫里会的城市战略研究所发布了对全球城市的一次全面研究结果。全球影响力城市指数排名依据分为六大类，69 个个体指标。这六大类是：经济、研究与发展、文化活动、宜居度、生态和自然环境、容易接近的程度。这里又比过去的研究接近了一步，特别谈到了研究与发展，文化活动的重要性，特别是下面这几个方面，宜居度，住得好不好，生态和自然环境，人们是不是活得舒适惬意、容易接近的而不是高压的城市。根据这样的排名，得出纽约依然是第一，伦敦第二，巴黎第三，东京第四，新加坡第五。排名主要在前二十名内，香港排名第十。2010 年总部在伦敦的世界城市咨询公司 Knight FrankLLP 和花旗银行一起发布了对 40 个预选世界城市的调查结果。有四个参数，经济活动、政治权利、知识和影响、生活质量，排名依然是纽约第一、伦敦第二、巴黎第三、东京第四、北京政治权力第九，香港进入第十四，上海经济活动优势进入第十九，这是 2010 年的排名。

当今世界很多城市都在进行超长期的规划，美国 2050 规划认为，未来半个世纪是按照战略设计的思路而不是惯性发展，没有效率的发展模式使美国全球竞争力受到威胁，因此必须有所作为，设定 2050 美国规划。我国 20 世纪对国际化城市有了很好的研究，也有一些人积极参与。最早的是工人大学舆论研究所，会同青岛市政府办公厅邀请了 60 名知名专家学者，参与对国际化城市的研究。他们选了五项指标，包括年资金融通总量、年人均生产总值、港口吞吐量、外汇市场日交易量、外贸转口额，这是中国提出的。

北京为什么要建设世界城市？北京建设世界城市是顺应了历史的潮流，回答现实发展的一种必然选择。中华民族要实现伟大复兴，这是历史要求，建设世界城市就是应对这种要求的必然宣传。应当说，在全球竞争的环境下，也必须做这样的努力。现在全世界大都市都在设计和制订 30 年到 50 年长远规划，北京市第一次做 40 年的长远发展战略的研究，有非常重要的意义，改变了我们过去仅仅是头疼医头、脚疼医脚，至于长远怎么样，则采取摸着石头过河的方式。现在应该更具有长远的规划性。

建设世界城市有五大重要意义。

一是要实现中华民族伟大复兴，这是重大的历史要求。从历史上看，中国首都曾经是世界上最繁荣、最发达、最辉煌的城市，具有世界影响。近代国际经验告诉我们，纽约的成长和兴起，成为世界城市是美国崛起乃至成为世界大国的标志。东京成为世界城市，也成了日本崛起为世界大国的象征。北京建设世界城市，也要回应历史的呼唤，回应全民的期盼，实现伟大复兴。这样一个文明古国，这样一个政治中心、文化中心，应当有大的发展，为中国和世界作出重大贡献。

二是承担中国走向世界的国家队的重大责任。不同于"冷战"时期国家与国家、民族与民族之间的激烈竞争，当今世界城市之间的竞争，上升为最主要的主题之一。在世界城市网络中，它对世界总体的影响越来越大。在城市大竞争的世纪，尤其是国际化的世界城市的大竞争的世纪，北京应当做什么必须作出回答。一方面，中国是一个发展十分不平衡的国家，比如现在北京人均国内生产总值达到一万美元以上，成为重要的世界级的城市。另一方面，中国也还有很落后的城市。从这个意义上来讲，北京选择建设世界城市就是选择一条参与当代新形势下国际化大都市之间高端竞争的方式，它是中国走向世界的国家队先遣队，是红海竞争的国家队，只能参与到国家与国家之间的竞争之中，没有退路。这个任务不能交给西宁去做，交给贵阳去做，或者交给拉萨去做，北京只能代表国家作为国家队参与世界竞争。

三是应对全球竞争严峻形势的需要。在整个世界连通的过程中，世界级城市的竞争依然十分严峻。如何在这样一个过程中展现中国形象，代表我们的国家带动整个中国的城市走向世界和走出危机，北京的作用有着非常重要的意义。

四是因应北京内在发展的必然要求。北京这些年来发生了翻天覆地的变化，主要是产业结构的调整，在五年时间里发生了由制造业占据重要地位的城市逐步向一个更高的生产型服务业、消费性服务业和更高的创意之都发展的趋势。从这个意义上来讲，北京的内在发展为走向世界城市创造了很好的条件。现在北京人均国内生产总值达到 10 070 美元，服务业所占比重达到了73％，国内生产总值也达到了中等发达国家的水平，恩格尔系数也降到一定的程度，总体国内生产总值数量很高，特别是人们对于宜居度和环境的关注越来越多，因此对于整个北京从内在发展来讲，建设世界城市也是必然的。

五是带动京津冀城市圈与环渤海协作区区域经济的快速发展。从国际经验来说，几乎任何一个城市的发展都不可能是单枪匹马自身独立发展的结果，而是大都市圈内分工协作、共同发展的结果。世界五大都市圈尤其是纽约城市圈、东京城市圈，都占这个国家城市整体国内生产总值和发展的三分之一以上，北京在中国，尤其是环渤海经济圈，对于国家的贡献还远远不够。在这个意义上来讲，发展京津冀这样一个城市圈，具有重要的意义。

北京目前与世界城市的差距还是相当大的，北京要走的道路还很长，还很远，我们的目标是 2050，所以在这一过程中，需要的是北京在建设长期规划的基础上，通过踏踏实实的努力，走向世界城市，走向全球城市。

（作者工作单位：中国人民大学）

中国特色世界城市建设理论与实践

杨开忠

　　迄今为止，在西方关于世界城市的研究主要有五大学说：一是约翰·弗里德曼世界城市假说；二是强调生产性服务作用的萨森学说；三是强调创意资本作用的佛罗里达学说；四是强调"流动空间"的卡斯特尔学说；五是强调区域作用的司科特学说。这些学说，都源自于欧美发达国家背景。而与欧美发达国家不同，中国是一个强调和平共处的发展中国家，建设世界城市有自己特色的理论与实践。

　　在描述具有国际影响力和竞争力的城市方面，从 20 世纪 80 年代末以来有两个相互联系的概念，第一个是国际城市，是指具有国际影响力和竞争力的城市，相当于约翰·弗里德曼为代表的英语国家文献中的"World Cities"。有一些新闻记者把国际城市翻译成"International Cities"。实际上，在英文文献里很少见到"International Cities"这个术语，指的也不是上述意义上的国际城市。第二个是世界城市，在中文的话语体系里特指在经济上具有国际影响力和竞争力的高端国际城市。这个相当于弗里德曼世界城市体系中的高等级城市，或者科恩于 80 年代提出的 Globe City 的概念。世界城市的核心是功能，世界城市是高端功能集聚的地方。国际城市的复杂功能可能不一样，有的可能只是一个，比如说国际旅游城市。有的可能是两个，有的可能是三个，或者更多。我们中文话语体系里经常讲的世界城市，实际上是功能高度复杂的国际城市。功能决定影响范围，越高端的功能，影响的范围越大。全球世界城市是最高端功能集聚的城市，所以影响范围通常是要超过一个国家或者几个国家的范围，有的时候甚至达到环球覆盖的程度。所以，要给世界城市一个更加明晰的定义，就是功能高度复杂、影响广泛甚至遍及全球的城市。

在欧美，定义 World City 和 Globe City 时一般强调城市的指挥功能或者控制的能力。在弗里德曼看来，实际上 World City 就是世界控制能力的生产中心。我国在国际关系中奉行的是和平共处五项原则，强调平等互利。这决定了我们在思考和实践中国建设自己的世界城市时，有与此适应的我们自己的价值取向和术语。因此，我们强调的并不是它的控制力，而是它的国际或者全球的影响力，国际或者全球的竞争力，可持续的竞争力是国际城市及世界城市的基础。在这里，所谓竞争力就是生产率，包括劳动生产率、资本生产率、环境生产率，最核心的是劳动生产率。因为发展的根本目的是满足人民群众的需要，是提高人民群众的生活水准，而提高生活水准的前提是人民能拿到更多的"钱"，而拿到更多钱的前提是更高的劳动生产率。近年来，特别是国民经济和社会发展"十一五"规划以来，我们特别强调环境的生产率，把节能降耗减排提到一个非常重要的战略高度，特别是节能已经成为我们国家政治经济生活中一个非常重要的焦点问题。

世界城市在政府和学界看来，具有哪些方面的意义呢？我们为什么要建设世界城市呢？根据我国自己的探索，并借鉴国际经验，这主要概括为四个方面。第一，经济意义：有助于国家成功从全球分工体系中低附加值、低效率、低辐射的生产环节向高附加值、高效、高辐射的生产环节转型。从全球化角度来看，这是我国推进产业升级、加快转变经济发展方式的主要课题；第二，文化意义：世界城市是世界文化尤其是消费文化的象征和引领者，所以世界城市的建设必然有利于我们国家从全球文化的边陲向全球文化中心的转型。这是我国文化大发展、大繁荣的重要含义；第三，政治意义：从国际政治经济来看，我国处于边缘国家，经过改革开放 30 年，现在基本转化为一个半边缘国家。在全球的政治经济体系，特别是金融危机以后，我国正在加速向全球政治经济体系的核心国家转型，世界城市有助于推动这样一种转型；第四，国民精神：拥有全球影响力、竞争力的世界城市无疑确实能够提升百姓的荣誉感，有助于振奋国民精神。

正是由于上述意义，早在 20 世纪 80 年代末 90 年代初，我国就明确提出要在全球竞争中掌握主动权，打造我们自己的国际城市和世界城市。回顾 20 多年来我国世界城市建设理论与实践，大致可以概括为两个阶段。第一阶段是 20 世纪 80 年代末 90 年代初到 2008 年。这个阶段，世界城市是作为北京、上海等国家重要中心城市的一种远景规划愿景提出来的。比如 1993 年，国务院批复的北京城市总体规划明确提出到 2010 年要为 21 世纪中叶建成第一流水平的现代化国际城市打好基础。现在回过头来看，这里所谓"第一流水平的现代化国际城市"就是我们今天讲的高端国际城市——世界城市。2005 年国务院批复的北京城市总体规划进一步明确了北京构建现代化国际城市的战略布局，提出"以建设世界城市为努力目标，不断提高北京在世界城市体系中的地位和作用"，具体分三步走：第一，构建现代国际城市的基本构架；第二，到 2020 年确立具有鲜明特色的现代国际城市的地位；第三，到 2050 年左右进入世界城市行列。这一战略部署的目标递进关系从一个方面说明，在我们的话语体系里，世界城市确实指的是国际城市的最高形态。

2008 年有两个重大的契机，一个是北京奥运会，另一个是应对全球金融危机。这一年，国家终于正式把世界城市纳入经济和社会发展行动中来了，世界城市真正成为我国经济和社会发展的明确目标。这有三个非常重要的标志，第一是 2008 年《国务院关于进一步推进长江三角洲地区改革开放和经济社会发展的指导意见》提出，到 2020 年把上海建设"成为具有国际影响力和竞争力的世界城市"。第二是同年国务院批复的《珠三角地区改革发展规划纲要（2008—2020 年）》提出，"到 2020 年，使珠三角地区形成全球最具核心竞争力的大都市圈"。第三是 2009 年 12 月北京市委市政府提出，首都进入直接瞄准国际城市高端形态——世界城市、用世界城市的标准推动首都经济和社会发展的新阶段。换句话说，目前北京已经完成了城市总体规划提出来的到 2020年确立具有鲜明特色的国际城市地位的目标，进入迈向世界城市行列的新阶段。

世界城市的基础就是它的国际竞争力。改革开放以来，中国发展中的、建设中的世界城市的国际竞争力在不断提高。但是，21 世纪以来，提升的速度相对放慢。以北京的劳动生产率为例，北京 2008 年的劳动生产率虽然只相当于美国的 17.1%、英国的 21.4%，周边的韩国的 50%，但是纵向来看，按可比价北京现在的劳动生产率是 1978 年的将近 10 倍，确实有很大的提升。但是进入 21 世纪以后，北京相对于全国的劳动生产率的比例开始持续下降。为什么北京相对的劳动生产率或者相对的竞争力会下降呢？这是一个非常重要的问题，要回答这个问题，必须明确，北京的竞争力发展到了什么阶段。一般来讲，积极的、向上的竞争力发展有三种方式，这三种方式大致有一个依次递进的前后时间顺序，形成三个阶段，这就是：生产要素导向的阶段，投资或者规模经济导向的阶段，创新导向阶段。北京现在初级生产要素国内比较优势已经不存在，劳动力的价格、土地的价格都远高于全国平均水平。同时，从北京的产业结构特征来看，北京服务业占国内生产总值的比例已达到 75% 以上。服务业不像资本技术密集型的工业、制造业，后者都是有高度的规模经济性质的，服务业相对来讲对规模经济的要求要弱得多。这就意味着，我们想通过规模经济去获取在全球的竞争力，相对来讲已经没有优势空间，或者跟国内其他地区相比，处于相对的劣势状态，因为全国目前还在资本密集型发展的阶段。所以，从客观发展来看，北京正在进入一个向创新驱动或者创新导向发展的新阶段。但是，我在承担完成国家京津冀、长三角创新体系"十一五"规划的调查与研究中发现，很多企业家都有提出这样一个问题：创新牺牲的多获得的少，为什么我们要创新？他们提出的问题引起了我的思考。

我个人认为，当前我国建设中的世界城市转向创新驱动发展面临三个方面的"陷阱"，第一个就是舍弃密集使用初级生产要素的机会成本大。改革开放以来，我国初级生产要素价格虽然显著上升，但与西方发达国家和地区相比价格依然很低。例如，我们工人的工资跟欧美国家相比，迄今为止也只有他们的10％左右。这就是说，在国际竞争之中，全国初级生产要素、特别是劳动力的比较优势还相当突出。在这样的全国背景下，北京由于生产率高、劳动报酬高、生活福利条件好，所以可以源源不断地从全国吸引廉价的劳动力，对北京来讲劳动力基本上是无限供给的。在这种情况下，北京想依靠创新取得竞争力就意味着在一定程度上舍弃密集使用廉价劳动力的较大利益，其创新源于舍弃密集使用初级生产要素的机会成本很大。第二个就是舍弃集约利用规模利益的机会成本大。中国是拥有13亿人口的巨型国家，生产、消费的规模利益相当突出。一方面这是大国优势的重要所在，有助于企业做大、做强；另一方面也会使得从依靠规模经济向依靠创新取得竞争优势转换的机会成本较大，从而制约创新。大家知道，新加坡是城市国家，规模很小。试想，一个教授就某个专题，比如"世界城市建设理论与实践"开讲座，在新加坡同样的内容也许少数几讲就"OK"了，再讲就没有听众了，因为国家太小。但是，在我国就不同了，同样内容可以针对不同的受众群体举行几百倍于新加坡的讲座，例如以县为受众群体单位，就可以讲两千多次，一次一万块钱的报酬就可以收入两千万。在这种情况下，这个教授为什么要不断创新讲座主题和内容呢？他为什么要放弃这个那么大的规模利益去做创新呢？所以，舍弃集约利用规模利益的机会成本大，是转向创新发展的一个重要陷阱。第三个就是创新的制度瓶颈。我国创新制度已经有了长足的改进，但是应该看到，创新制度仍然还很不完善。一方面，知识产权保护制度建设有了很大的进展，但还不完善，特别是知识产权保护文化还非常不健全，剽窃、盗用的行为随处可见。创新得不到保护，干吗还要创新？另一方面，创新要素制度性分割仍旧严重存在，产学研用一体化体制机制尚未健全。创新要突破这些分割的成本还相当的大，制约了创新发展。正是因为这三大陷阱，使北京向创新导向的发展方式转变步履维艰，进而其竞争力相对上升速度放慢。

上述"陷阱"产生和伴随了一系列的"发展中世界城市病"。这概括起来主要有四个方面：第一，居民生活质量严重滞后经济增长。例如，2001年以来，北京人均国内生产总值和国内生产总值增长率开始持续保持较大离差，人均国内生产总值增长严重滞后于国内生产总值增长，人均国内生产总值仅及东京、伦敦、纽约的1/5、1/6、1/7。由于人均收入与人均国内生产总值成正比，并主要决定生活质量，这使得北京居民生活质量严重滞后于经济增长，没有达到应有的水平，结果在世界城市排名里，生活质量这一项，北京生活质量排序位次远落后于其他项目，相对地位最低。第二，人口、资源和环境矛盾非常突出。北京这些年来，每年平均增长55万人以上，一年增加一个大城市。人口膨胀、水资源短缺、交通拥堵、房地产价格高，这些问题十分突出。第三，知识产权国际垄断优势非常缺乏。企业要走出去，在国外投资，知识产权要有垄断优势，否则你怎么能打败东道国的地头蛇呢？我们没有这个武器，走出去非常困难，这就决定了我们目前为止全球的辐射能力薄弱。例如，中国现在的世界500强企业，2009年34家，北京占了80%。无论是500强企业数还是收入，北京在全世界主要城市中都排在全世界第三位，很高，但我们的500强企业不是跨国企业，没有 家有全球生产网络体系，活动都基本限于国内。第四，社会的"M"形化。一方面，社会底层扩大，一是制造业相对衰退，不断转移出劳动人口，这些人口虽有一部分进入更高端的就业岗位，大部分要么下岗失业，要么进入满足基本生活需要的低端服务业，这些低端服务业劳动力市场供给充足，工人的待遇难以得到应有的提高。二是外来人口大量涌入满足基本生活需要的低端服务业和建筑业，加大社会底层。此外，2006年以来的房地产价格迅猛上升使原来的一些中产阶级突然之间贫困化了，进一步加大了社会底层迅速扩大。另一方面，金融、总部经济等高端服务业不断扩大，金领阶层和跨国企业家阶层迅速壮大。

怎样跳出"陷阱"，怎样克服我国发展中的世界城市病？根本的办法就是加快降低创新的机会成本、提高创新的利益。这概括起来主要有三大方向。

第一，从集中城市化向分散城市化转型。缓解北京人口膨胀以及人口、资源、环境矛盾，一个重要的方面就是采取分散化的城市化战略。"十二五"期间，这一战略具体表现在以下几个层面。一是把加快发展中小城市和小城镇作为城市化的重点，分流缓解人口向包括北京在内的大城市转移的压力；

二是以中心城市为依托，以其他城市为重点，建设区域城市群。作为国家城市化的主体形态，城市群是国家"十一五"规划提出来。然而，经验告诉我们，"十一五"期间区域城市群发展实际上采取了以区域中心城市为重点的集中化发展方式。从中共中央关于"十二五"时期国民经济和社会发展规划的建议和我个人作为国家规划专家委员会委员参加"十二五"规划纲要论证的情况来看，针对中心城市"病"和大中小城市协调发展的要求，"十二五"规划将强调走以大城市为依托、以中小城市为重点的分散化城市群发展道路，把世界级区域城市群作为重要目标和任务。北京的情况也是如此，城市化战略重点将转移到以顺义、通州、大兴—亦庄为代表的新城建设上来，加快促使城市发展从中心城一极集中型向多中心分散型转变。这种从集中城市化向分散城市化的转型一方面必将缓解我国发展中世界城市的人口、资源、环境压力；另一方面将通过影响我国发展中世界城市劳动力市场，提升劳动成本，降低世界城市依靠创新取得竞争优势的机会成本，从促进向创新导向发展转型，提升我国建设中的世界城市竞争力。

第二，在建设中的世界城市实施更加严格的产业、人口、土地用途和环境保护的管制政策。有人担心这会破坏市场经济。我个人认为，这种担心是没有必要的，因为即使在美国这样自由的市场经济中，这些管制政策都是在一定程度上存在的。我个人建议从四个方面着手：一是制定实施更严格的产业准入政策，特别是实施更加严厉的产业发展许可制度。北京"十一五"规划提出走产业高端化之路，高端产业受到鼓励和支持，发展相对较快。对低端产业，北京虽然没有明文的鼓励和支持，但是"说不"说得也不多，对低端产业在京发展没有足够的限制措施。实际上，高、低端产业在北京一起发展，这不仅加剧"城市病"，而且也不利于资源向高端产业集中。"十二五"期间，北京既要加大鼓励和支持高端产业，也要下大力气限制低端产业发展。二是实施更加严格的人口迁入管制。我国发展中的世界城市对外来人口迁入管制主要是户口迁入指标控制，下一步应当探索实行人口准入制。对北京、上海等这样的发展中世界城市，实行单纯的人口准入制是不行的，在相当长的一段时期内，应当采取严格的人口准入制加指标调控制，两手都抓，两手都要硬。三是实施严格的土地用途管制政策。现在北京很多情况下一间十几平方米的出租房屋住七八个人、甚至十几个人，这虽然使单个承租人住房成本大大降低了，但却既严重牺牲了人口的生活质量，也给城市人口膨胀带来很大的压力。应借鉴美国一些城市的经验，制定实施严格房屋用途管制政策法规，禁止并依法查处将人防空间用于出租居住，严格禁止并依法查处住房违反法律、法规租用行为。这方面的政策是大有空间的。四是实施更加严厉的节能降耗减排政策，"十二五"期间，一定要把二氧化碳的控制以及污染物排放总量的限制列入考核指标。

第三，实施鼓励和支持创新政策。"十二五"期间，要在总结以往经验的基础上，从进一步完善知识产权保护制度、创新服务支持体系、创新金融财政支持体系、创新人才支持体系等多重角度，降低创新的风险和成本、增加创新所得，改善我国发展中世界城市的创新环境，从而加快向创新驱动发展转型。

（作者工作单位：北京大学）

文化符号与北京的世界城市软实力建设

王一川

一座世界城市靠什么深入人的内心？靠它的最外显的符号。胡同，北京最知名的城市文化符号之一。大家都熟悉，外国朋友也都知道，在国际上影响力也很大。我想到了老作家汪曾祺先生作的比喻："北京城像一块大豆腐。"昨天中午和晚上，我相继接待了美国和加拿大的客人。我跟他们征求意见，我说有一位老作家说过，"北京城像一块大豆腐"，这样一说，他们觉得很新奇，很好。豆腐，普普通通，方方正正，既普通又典雅，代表了北京城的文化性格。汪老是这样说的，"北京城像一块大豆腐，四方四正，城里有大街、有胡同，大街、胡同都是正南正北，正东正西，大街、胡同把北京切成一个又一个方块，这种方正不但影响了北京人的生活，也影响了北京人的思想。"北京城的大豆腐，不仅规范了外表的形状，规范了人的行为，也规范了人的感情，规范了人的思想。我 32 年前来到北京，原来说什么都是说"左、右"，到了北京以后就变成"南、北"了，整个改变了生活的日常情感体验方式，所以我感觉汪老说得很有道理。下面分几点来谈。

一、城市文化符号与文化软实力

一座城市要立足，靠它的硬实力，也靠它的软实力。城市文化的软实力，是指城市生活价值系统及其符号象征形式向外部释放的柔性吸引力和感染力。城市文化软实力，根据我个人的体会，可以分为四个层面，供大家参考：第一，外显层面，是城市最显豁的文化符号系统，比如说胡同，比如说同仁堂。第二，外隐层面，城市文化传媒系统，像中央电视台、北京电视台等。第三，内显层面，是文化体制系统或者文化制度。第四，内隐层面，被藏起来但是又最重要的，是城市的文化价值系统。

所谓城市文化符号是能代表城市文化形态及其最显豁特征的凝练、突出而具高度影响力的象征形式系统。我很高兴地看到杨开忠教授在谈的时候，用了文化，用了城市的象征，如何从文化的边陲进入到文化创意的中心，我觉得他说得很好。文化符号是城市文化最具代表性又最通俗易懂的层面。提起北京，人们首先会想到它的知名城市文化符号，像胡同、同仁堂、天坛、大栅栏、北京人艺、联想等。

城市文化符号的功能是什么呢？它并不只是文化软实力的最不起眼的部分，最低级的部分，不是这样，它是最经常、最广泛的传播城市文化形象的部分，它还要把城市文化的其他三个层面，文化传播、文化制度、文化价值系统有力地播散出来，深入到每个人的心里，从孩童时代到老年。

二、北京文化符号之美

北京文化符号到底美在哪里，这是见仁见智的事情。北京市民、国内其他地区的居民、外国居民对北京的感受都不一样。我这里想提到著名作家林语堂在20世纪30年代后期，在巴黎的时候写下的长篇小说《京华烟云》。他在那时候的巴黎是这样怀念和回想他所喜爱的北京的，"在北京，人生活在文化之中，却同时又生活在大自然之内，城市生活集高度之舒适与园林生活之美，融合为一体。设计这座城市的是个巧夺天工的巨匠，造出的这座城市，普天之下，地球之上，没有别的城市可与比拟。既富有人文的精神，又富有崇高华严的气质与家居生活的舒适。人间地上，岂有他处可以与之分庭抗礼？北京城之为人类的创造，并非一人之功，是集数代生来就深知生活之美的人所共同创造的。天气、地理、历史、民风、建筑、艺术，众美俱备，集合而使之成为今日之美。"我们看过很多关于北京城市、北京符号的描绘，我觉得这一段是我看过的最美好的语言之一，可以说把对城市的赞叹都倾注到北京了。简单地说，在《京华烟云》中，主人公姚木兰从小生活在北京，长大了，活跃在北京的也是这样一些文化符号，黄琉璃瓦宫殿、紫绿琉璃瓦院、林荫路、胡同、石榴树、金鱼缸、茶馆、葱爆羊肉、白干儿酒、引车卖浆者、戏院、饭馆，等等，所有这些都浸入到她幼小的记忆中，润物细无声地影响她一辈子，规范了她的思想、感情行为等。可见，北京文化符号不仅本身具有无形的吸引力，而且它的下面还蕴蓄着和濡染着那种更加内隐的生活价值系统。这些生活价值系统通过对文化符号的日常体验而濡染个体身心。

从北京城市文化符号中，正像林语堂先生描绘的那样："木兰学到了容忍宽大，学到了亲切和蔼，学到了温文尔雅，就像我们童年时在故乡生活里学到的东西一样。"瞧瞧，最外显的文化符号其实是渗透到了最内在的生活价值系统中的，塑造了一个城市的文化品格、文化精神。

三、城市文化符号与文化软实力

美国作家爱默生有一句名言，"城市是靠记忆而存在的"。我想套用他的观点说：城市靠符号来记忆，城市靠文化符号而活在人们记忆里。世界城市靠具有世界吸引力的文化符号而嵌入各国居民的记忆中，当然，首先是那个城市居民的记忆中。城市文化符号是濡染人们的城市记忆的窗口，更可以说，是城市文化精神的象征。一座世界城市特有的文化符号系统会润物细无声地塑造人们最鲜明而又最深刻的个人记忆。我觉得，留藏在个人记忆最深处的东西才是最宝贵的，有些东西会烟消云散，有些外在的东西很辉煌，但是留不到个人的记忆中来，留下来的都是精华，其中就有文化符号的熏染作用。

北京城靠什么文化符号来塑造人们的城市记忆？塑造人们的世界城市记忆呢？或者刚才前面专家说的全球城市记忆呢？我们不妨首先来了解一下北京城市文化符号现状。

四、大学生看北京文化符号

我在跟董晓萍教授一道主持国家社科基金重大项目"我国文化软实力发展战略研究"的过程中，牵头做了一项调查："全国大学生中外文化符号观调查"。我们去年用了半年的时间在全国大学生中做抽样调查，我们想了解，"80后"、"90后"的大学生，他们认为的中国文化符号是什么，外国文化符号又是什么。这里面就涉及一些城市文化符号，这使我想到可以从中提取出来跟大家汇报一下。

在我们的总共270个选项中，从进入前150位的选项看，专属于北京城市文化符号状况的有18项。这是从一个特定层面来看一看大学生眼中的北京文化符号。我分成这样几类：①历史或博物类7项：京剧、长城、故宫、圆明园、颐和园、天坛、胡同文化。②大众传媒或时尚类4项：中央电视台、春晚、百家讲坛、同一首歌。这些是不是作为北京城的符号，存疑，因为它都是中央机构的。③体育类的有3项：北京奥运会、鸟巢、水立方。④产业品牌类项：联想、同仁堂。⑤高科技类："神舟"飞船。⑥高等教育类：北京大学、清华大学。我们可以从这样简要的调查结果看到，第二、第三、第四类文化符号，可以称为创意类文化符号，占据了北京城市文化符号的半壁江山。北京城市文化符号表现的文化软实力特征有哪些？我简要地分析了一下，有这样几个方面：①在时间维度上，显示了历史性和当代性的并置，既有古老的长城，又有新的鸟巢。②在空间维度上，国家性与地方性交汇，既有属于国家电视台的中央电视台，也有属于北京的地方的水立方这样的符号。③在深层属性上，物质性与非物质性共存。

五、大学生看世界城市文化符号

在我们的调查中，大学生也对世界文化符号做了选择，排名中国第一的文化符号是汉字／汉语，世界第一的文化符号是莎士比亚。其中也提到了城市的文化符号。像我们大家都知道伦敦，被视为"充满选择机会的城市"；一提起巴黎，是"时装、文化艺术、浪漫之都"；提到维也纳，是"音乐之乡"；提到东京，是"东西文化交汇之城"；提到罗马，是"古典文化集萃的城市"；香港是"世界上最自由、最安全的城市"，这都是媒体或者公众对这些世界城市的流行评价。北京会怎么样呢？跟它们比有哪些特异性或差距呢？公认世界城市之首的纽约，最具推广价值的文化符号，在中国大学生眼里，一是自由女神像；二是华尔街；三是百老汇。世界城市中名列前茅的伦敦，城市文化符号有 2 项进入到前 100 位，一是大英博物馆；二是大本钟钟楼。巴黎有多达 4 项进入前 130 位，卢浮宫、埃菲尔铁塔、时尚之都巴黎、香榭丽舍大街，其中卢浮宫和埃菲尔铁塔分别高居第 11 位和第 31 位。亚洲城市中，在世界城市中排名最高的是东京，有 3 项进入前 50 位，一是动漫文化，当然它不完全只属于东京，应该属于全日本，宫崎骏则是东京出身的著名的动漫大家，还有樱花。

在四座公认的世界城市中，中国大学生眼中最具世界城市意味的文化符号可分为五类：①历史或货物类文化符号 4 项：卢浮宫、香榭丽舍大街、大英博物馆、大本钟钟楼；②时尚类文化符号 3 项，时尚之都巴黎、动漫文化、宫崎骏；③艺术类文化符号 3 项，自由女神像、百老汇、埃菲尔铁塔；④金融类文化符号：华尔街，虽然属于金融，但是早就上升到了文化层面；⑤自然类文化符号：樱花。从这样的类别可以看到，历史博物类、时尚类、艺术类三类文化符号占据的分量最重，而金融类和自然类的文化符号稍稍轻一些，但也必不可少。从这些可以看到，要建成一座世界城市，靠什么来深入人的记忆？靠什么来获得它的软实力？这些文化符号也是必不可少的。特别是时尚类和艺术类的文化符号，也就是创意文化符号占了半壁江山。可想而知，我们今后北京建设世界城市，创意文化符号是相当重要的。它表明，从一个城市的历史、时尚和艺术、金融和自然等文化资源中，都可能产生出最具城市象征意味的文化符号来。这应该引起我们的高度重视。最快捷、高效的文化符号可能就是创意文化符号了。当年埃菲尔铁塔在巴黎建成的时候，也是为了世界博览会而建，当时有很多人在骂，直到现在还有人在批评，但是如今一提起法国，提起巴黎，除了卢浮宫，人们想到的就是埃菲尔铁塔了，它已经深深地植入到世界居民的记忆里了。

六、北京的世界城市文化符号建设

北京已经迈向了世界城市，在这个过程中了，一方面，应该加强已有的城市文化符号的维护和传播；另一方面，还应该有意识地新建一系列足以代表北京的世界城市特征的新型城市文化符号。未来的北京需要创造哪些足以称得上世界城市的城市文化符号呢？第一，新北京，新符号。作为新兴的世界城市的北京，应当新建一系列同这个"新"相应的文化符号。我们已经建了鸟巢、水立方，我觉得还应该继续顺着北京的城市建设而建一些新的符号。第二，创意符号优先。我们刚才看到，创意文化符号占了半壁江山，来得快，又深入人心，所以创意文化符号在北京文化符号当中要放在突出的位置。第三，全球符号与地方符号并重。刚才几位专家都讲到了，作为世界城市，北京需要有产业、经济、商业、金融等聚集区，这些全球性的符号必不可少。但是同时，还要有地方符号。两手抓，全球符号要建，地方符号也要建，这样体现北京的特点，这是很重要的。我刚才在路上想到了还有第四点，就是新北京、老符号。北京应该把"大豆腐"这个符号再开发出来、凸显出来，让我国的和外国的居民一来到北京就想到"大豆腐"这一独特的城市形象，普遍而又典雅，代表北京的多种品格之一。

七、城市文化符号建设与文化软实力层面

当然，城市文化符号建设有赖于文化传媒层、文化制度层、文化价值系统层的综合的建设，我想，要利用文化传媒加强北京城市文化符号建设。北京有这么多发达的中央和地方的文化传媒机构，合力打造北京城市文化符号系统是有条件的。还有，北京的每个市民也应该成为传媒系统的一部分。市民是最好的文化传媒。北京世界城市建设要深入到每个人心中，通过个人来承担传媒的功能，这是最好的文化符号。世界城市建设要让每一个市民都清

楚、都知道，并且特别重要的是变成他们自发的言行，这才是最重要的，也是最快捷的。

要在文化体制层面上支持北京文化符号建设。在文化价值层面上，实施北京文化价值系统的开发和传播，比如说汪曾祺、林语堂都提到了北京话是很重要的北京人的文化符号，因为它代表了平静、安闲的北京生活方式等。

北京城市文化符号建设，实际上是文化传媒、文化体制、文化价值系统多方面共同建设，需要大家共同的努力。

回到刚才那位年轻朋友用英文提问的问题：北京离世界城市还有多久？戴鲁德教授说 20 年，我感觉有一定的道理。但也有可能更早或更晚，这取决于种种因素。从中国社科院的排名来看，中国进入到世界城市前 10 名的唯一的城市是香港，上海第 37，北京已经从上一年的 60 多位进展到第 59 了。北京还要加油。汪曾祺老人 1993 年发出感叹："北京的胡同在衰败、没落。除了少数宅门还在那里挺着，大部分民居的房屋都已经很残破，有的地基柱础甚至已经下沉，只有多半截还露在面上。有些四合院门外还保存已失原形的拴马桩、上马石，记录着失去的荣华。有打不上水来的井眼，某老人讲的石头棋盘，供人凭吊，西风残照、衰草离坡、满目荒凉、毫无生气。"他说看看这些胡同的照片，不禁使人产生怀旧情绪，甚至有些伤感。但是这是无可奈何的事。在商品经济大潮的席卷之下，胡同和胡同文化总有一天会消失的。也许像西安的下秌陵、南京的乌衣巷，还会保留一两个名目，使人怅望低徊。他最后提出了"再见吧，胡同"的悲叹。我想，他的叹息有点一定的道理，面对有些变化，例如胡同文化及其相应的整个传统生活方式的变迁，我们是无能为力的。但他的叹息的基调还是显得过于悲观了。

我们对北京城市世界文化符号及其软实力建设应该抱有足够的信心，信心不应仅仅来自空洞的乐观主义情怀，而更应该来自清醒的理性认识，特别是高远的愿景与务实的谋划相结合的有力实施。

（作者工作单位：北京师范大学）

附　录

分论坛演讲目录

2001·学术前沿论坛分论坛

北京市国际共产主义运动史学会

    主题：当前国际政治与社会主义发展

    1. 高　放　当前时代的新变化新特点

    2. 李景治　当前资本主义"9·11"事件后的新变化

    3. 张世鹏　经济全球化与中国特色社会主义理论和实践

北京市社会学学会

    主题：社会变迁中的热点问题

    1. 陆学艺　当前农村发展中存在的几个问题

    2. 李培林　中国加入世界贸易组织后可能发生的变化

    3. 戴建中　私营经济与私营企业主的产生与发展

    4. 袁伦渠　外企执行劳动法问题研究

    5. 孙立平　资源重新积聚背景下的底层社会形成

北京市逻辑学会

    主题：逻辑在素质教育和知识创新中的作用

    1. 胡国定　论信息与思维

    2. 黄顺基　逻辑与知识创新

北京伦理学会

    主题：以德治国与伦理学术前沿

    1. 许启贤　经济全球化条件下的伦理道德问题

    2. 宋惠昌　经济分配中的道德问题研究

3. 陈　瑛　适应社会主义市场经济的道德体系是什么？如何建立

北京市教育学会

主题： 世界贸易组织与教育创新

1. 顾明远　加入世界贸易组织后我国教育应采取的对策
2. 何晋秋　面向新世纪的中国高等教育
3. 马叔平　促进终生学习与北京学习化社会建设
4. 迟　铭　ISO 国际质量体系与学校管理

北京市经济学总会

主题： 经济改革与发展理论

1. 李子奈　北京市的经济发展战略
2. 沈　越　当前宏观经济形势及其走势
3. 李　由　国有企业的改革与发展

北京市语言学会

主题： 21 世纪的语言学研究

1. 林杏光　面向计算机的语言研究
2. 张卫国　ICON 语言及其在语言研究中的应用
3. 沈　旭　现代汉语语义的指向研究
4. 赵丽明　汉字传播中的变异形态
5. 殷国光　古代汉语专书语法研究的原则和方法——从事吕氏春秋语法研究的几点体会

北京市科学社会主义学会

主题： 中国共产党的阶级基础与群众基础

1. 姜汉斌　关于党的阶级基础和群众基础的几点认识
2. 许耀桐　扩大党的群众基础　壮大党的力量
3. 阎志民　改革开放以来我国阶级阶层的新变化
4. 李春宜　关于私营企业主群体的社会属性与分层问题

北京市世界语协会

主题：2000 的国际语问题

1. 刘　铃　世界语和提高文化素质
2. 郑伯承　以世界语为中介实现术语标准化
3. 李士俊　互联网、世界语与多元文化
4. 温晋根　普及英语口号的盲目性
5. 肖火力　世界语与互联网
6. 叶念先　世界语与科学
7. 杭　军　世界语与语言文化的多样性
8. 温晋根　英语过热和滥用的不良影响
9. 王天义　用世界语破译远古语言

北京市人口学会

主题：北京市人口与发展

1. 崔凤垣　北京市人口合理规模研究
2. 李芸莉　北京市人口"十五"发展规划
3. 沈　青　北京市人口普查的经验教训、遇到的问题及解决对策
4. 尹志刚　北京市贫困人口问题研究
5. 杜午禄　北京市高收入人群的分析

2002·学术前沿论坛分论坛

北京市社会学学会

主题：当前中国社会结构的新变化

1. 孙立平　改革以来中国社会结构的变迁
2. 黄　平　中国农村阶级结构变迁
3. 李路路　中国社会阶级结构变迁
4. 戴建中　私营企业主的新变化
5. 张宛丽　有关中产阶级的研究
6. 洪大用　城镇居民最低生活保障制度的最新进展

北京市人口学会

主题：人口与现代化

1. 胡伟略　人口现代化
2. 陈　宜　北京老龄问题
3. 杜午禄　人口老龄化与退休人口低龄化
4. 杨子慧　生育文化
5. 刘富强　北京朝阳区现代化进程中的生育文化

北京市社科信息学会

主题：信息资源与数字北京

1. 王克义　确立信息资源开发与利用在数字北京建设的核心地位
2. 常　林　数字北京工程中的数字图书馆文献资源管理系统建设
3. 马文峰　建设世界一流大学的人文社会科学图书馆——中国人民大学数字图书馆建设
4. 王新华　运用信息技术为社科提供优质服务
5. 景体华　信息化与决策支持和政策实验
6. 何晓莉　信息资源建设是数字图书馆建设的核心

北京市经济学总会

主题：全面建设小康社会

1. 吴树青　中国经济发展与小康社会
2. 王永治　小康社会的发展战略

北京市教育学会

主题：基础教育的均衡发展

1. 陶西平　以多元化促进基础教育均衡发展
2. 劳凯声　面临挑战的教育公益性问题
3. 方中雄　均衡发展——北京市义务教育改革与发展的战略目标
4. 吴昌顺　要锦上添花还是雪中送炭

北京市文艺学会

主题：文化研究——文学理论的挑战与机遇

1. 周小仪　消费文化与生活美学
2. 王一川　中国现代化与诗学问题
3. 季广大　齐泽克的意识形态与文学研究
4. 金元浦　视觉文化的时代
5. 杨乃乔　西方诗学的写声语境与中国史学的写意语境
6. 黄卓越　西方当代文化研究的中国解读
7. 李建盛　诠释与诠释主体的文化视野

北京市国际共产主义运动史学会

主题：当前国际政治与社会主义创新

1. 张中云　理论创新与中共十六大的历史贡献
2. 周余云　世界社会主义进程中的理论创新
3. 李景治　关于时代、时代主题与当前国际政治的新发展
4. 胡振良　理论创新与两制关系的再思考
5. 王学东　在体制创新中实现跨越式发展
6. 黄宗良　新形势、新任务与共产党执政方式的创新

北京市逻辑学会

主题：逻辑学的创新与发展先进文化

1. 蔡曙山　谈谈逻辑学的学科建设
2. 赵总宽　当代逻辑学的转向与其科学和哲学背景
3. 王雨田　对逻辑的反思
4. 袁正校　论现代逻辑在当代高等教育中的地位和作用
5. 于祺明　逻辑与模型化推理
6. 邹崇理　逻辑语法研究
7. 董志铁　言隔言道与引臂援类
8. 徐华东　创新思维的关键是非逻辑推理
9. 熊立文　关于归纳接受

10. 周训伟　歌德尔不完全性定理是错的——数论系统既一致又完全
11. 张秋成　类型－逻辑语法——一种以逻辑推理为基础的自然语言逻辑理论

北京市社会心理学会

主题：应激与心理健康

1. 樊富珉　压力应对与心理健康维护
2. 金盛华　当代中国人价值取向与精神健康
3. 丁雪琴　体育运动与心理压力的应对
4. 许　燕　中国教师职业枯竭的特点与干预方法
5. 方　新　心理创伤及其治疗
6. 张西超　职业心理健康与员工帮助计划
7. 李　虹　一个新的压力应对源的发现——理论及实践价值
8. 石　林　压力为什么会产生疾病

北京伦理学会

主题：中国与世界：21 世纪伦理学主题

1. 宋希仁　与时俱进与伦理学改进
2. 陈　瑛　可持续发展与政治伦理
3. 廖申白　公共资源、制度与公职人员的腐败：三种默认行政腐败的意见与反驳
4. 贾新奇　何以待恶：论伦理学体系的一个重要方面或特征
5. 李春秋　小康社会：伦理学的思考
6. 张国均　中国家庭本位的社会结构与现代法治：内在紧张与克服

北京市语言学会
北京市世界语协会

主题：2000 的语言学问题

1. 陈建民　为文化语言学正名
2. 刘丹青　语言类型学面面观
3. 鲁　川　信息语言学：基于认知的研究

4. 崔希亮　认知语言学的句法和语义研究

5. 李士俊　信息时代的语言学问题

6. 周流溪　新千年的语际语言学

7. 温晋根　英语过热与文化交流失衡

8. 李威伦　世界语词汇剖析

9. 郑伯承　英语与世界语词源比较研究——兼论英语与世界语学习

2003·学术前沿论坛分论坛

北京市社会心理学会
主题：中国社会变革与公民价值观的发展趋势

1. 王登峰　中国人的人格

2. 王二平　突发事件下社会恐慌的动力学特征

3. 张智勇　大学生择业价值观的实证研究

4. 金盛华　自我价值定向理论

5. 许　燕　大学生价值观演变的比较研究

6. 寇　彧　青少年的亲社会倾向于推理的相关模式

北京市中共党史学会
主题：近年来中共党史研究前沿问题解析

1. 温乐群　"三个代表"重要思想的研究动态

2. 沈志华　关于中苏关系问题

3. 李松林　关于台湾"公投"问题

4. 王炳林　近年来中共党史学研究动态

北京市文艺学会
主题：文学审美与日常生活审美

1. 李青春　日常生活审美化何以成为话题

2. 季广茂　日常生活中的移情现象及其逻辑

3. 曹卫东　消费社会与大众文化批判

4. 陶东风　开放文学理论

5. 王一川　当前文艺学中的情感话题

北京市社科信息学会

主题：信息资源的整合与利用

1. 常　林　适应国际图书馆变革趋势　促进北京现代文化生态环境建设

2. 周晓英　政府网站的信息构建

3. 王克义　信息化软科学研究十辩

北京市世界语协会

主题：世界语与中国革命与建设

1. 温晋根　为什么说世界语是唯一的国际语

2. 于　涛　面向 21 世纪的世界语和中国人

3. 侯志平　王彦京　毛泽东与延安世界语题词

4. 刘海涛　计划语言研究对语言学研究的意义

5. 叶念先　世界语文化研究

北京奥运经济研究会

主题：发展奥运经济与优化城市功能、调整城市布局的关系

1. 方福前　奥运对经济影响的研究方法探讨

2. 周景勤　关于奥运人才培训的思考

3. 康庆强　形象·系统·过程

4. 李明义　以奥运为契机，促进民营高科技企业的发展

5. 李　庚　人文奥运与旅游业的商业机会

6. 李　强　流动人口对北京奥运会的影响

北京伦理学会

主题：全面建设小康社会，加强公民道德建设理论与实践问题研究

1. 许启贤　关于诚信的理论与实践问题

2. 王淑芹　论道德体系的建立

北京市教育学会

主题：基础教育的创新

1. 华国栋　基础教育教学创新
2. 徐玉珍　建立学校本位课程评价机制，实现学校持续的课程改进
3. 张铁道　促进教师专业发展的创新实践

北京市社会学学会

主题：走向更加和谐公正的社会

1. 吴忠民　要高度警惕社会主要群体的弱势化
2. 杨善华　当前农村干部群众的信任重建
3. 李迎生　农村社会保障研究新进展
4. 张小军　贫困地区的义务教育问题
5. 尹志刚　国有企业退休人员的社会化管理
6. 袁伦渠　灵活就业与社会保障

北京市哲学会

主题：中国当代哲学前瞻

1. 安启念　马克思主义哲学中国化
2. 胡　军　知识在现代社会中的作用
3. 刘清平　从现代儒到后儒家

北京市逻辑学会

主题：逻辑学的发展与应用

1. 蔡曙山　国际逻辑学研究新动态
2. 陈　波　从《哲学逻辑手册》18 卷看当代逻辑发展趋势
3. 刘壮虎　集体认定的逻辑
4. 陈慕泽　多主体系统中的互知推理
5. 王　洪　法律推理理论及其应用
6. 熊立文　贝叶斯决策理论与管理决策推理

北京市国际共产主义运动史学会

主题：重要战略机遇期的中国与世界社会主义

1. 黄宗良　战后时代世界社会主义的总体发展态势
2. 王学东　当前世界各国社会保障制度面临的问题与挑战
3. 林德山　"冷战"后时代民主社会主义的新发展
4. 胡振良　世纪转折时期社会主义理论与实践创新
5. 孔凡君　国外社会主义者眼中的中国特色社会主义
6. 李景治　重要战略机遇期的中国国际战略

北京市科学社会主义学会

主题：我国社会主义政治文明建设中的前沿理论问题

1. 许耀桐　关于政治文明的几个问题
2. 徐鸿武　党内民主建设
3. 王寿林　权力制约和监督
4. 李贺林　依法执政，实施党对国家和社会的领导

北京市语言学会

主题：汉语语言学研究新视角

1. 鲁　川　预计论：汉语顺序的认知研究
2. 方　梅　汉语口语研究的动态视角
3. 张　博　影响同形同音词判定的深层原因
4. 陈前瑞　汉语四层级的体貌系统

北京市人口学会

主题：全面建设小康社会与人口发展

1. 邬沧萍　农村计划生育户共享我国控制人口增长的宏观效益研究
2. 李芸莉　北京市率先基本实现现代化的人口因素分析
3. 周月琪　北京市计划生育家庭利益导向机制探讨
4. 黄荣清　从人口学角度看北京市地域构造

北京市历史学会

主题：历史学基础教育研究

1. 郑师渠　中国近代史研究与历史学基础教育

2. 刘家和　史学研究与历史学基础教育

3. 徐　蓝　世界当代史研究与历史学基础教育

4. 齐渝华　关于历史学基础教育的几个问题

5. 姚　岚　历史学基础教育的回顾与展望

北京市经济学总会

主题：经济发展与大学生就业

1. 曾湘泉　劳动力市场与大学生就业

2. 丁小浩　大学生就业的决定因素

3. 赖德胜　大学生职业取向的制度分析

2004 · 学术前沿论坛分论坛

北京市社会学学会

主题：社会学视野下的和谐社会

1. 李　强　从社会学角度构建社会主义和谐社会

2. 谢立中　和谐社会：发达国家的启示

3. 吴忠民　防止社会结构的畸形化

4. 王　煜　社会和谐与社会稳定

5. 杨文忠　构建社会安全防范体系的思考

6. 郑杭生　走向更加和谐的社会

北京市哲学会

主题：中国哲学精神及当代转型

1. 王　博　庄子的精神气质

2. 马俊峰　当代中国哲学的转向和转型

3. 成官泯　海德格尔与传统

4. 张曙光　寻找生活的价值原点——对马克思主义生存论的理解

5. 李凯林　中国改革中的问题哲学

6. 陈战国　儒家的道德人格

北京市经济学总会

主题：中国经济走势与宏观政策选择

1. 王永治　当前价格走势与宏观调控

2. 钟　伟　当前宏观经济形势与宏观调控综述

3. 沈　越　经济全球化与中国经济走势

北京市历史学会

主题：历史的转型与转型的历史

1. 廖学盛　20 世纪的巨变

2. 吴恩远　对苏联剧变研究的再研究

3. 何芳川　明清时期的中国与世界

北京市科学社会主义学会

主题：关于提高党的执政能力问题的研究

1. 徐鸿武　时代特点呼唤提高党的执政能力

2. 王寿林　党的领导体制与监督体制改革

3. 许耀桐　关于提高发展社会主义民主能力的若干问题

4. 周淑真　从比较研究谈执政党能力建设

北京市人口学会

主题：人口发展与首都建设

1. 杜午禄　全面小康与贫富差距

2. 侯亚非　科学发展观与首都重大人口问题研究

3. 陈　谊　科学老年观与人口发展

北京市社会心理学会

主题：社会变革与自我定位

1. 杨宜音　社区公共参与：谁来参与？如何参与？为何参与

2. 王二平　社会预警系统

3. 张志学　团体工作的过程与效能

4. 时　勘　变革时期的健康型组织建设

5. 刘　力　中国社会转型期的个人主义倾向和社会心理学的个人主义化

6. 金盛华　中国企业家价值取向

北京市社科信息学会

主题：和谐社会的信息化建设

1. 姜之茂　网络时代的社会记忆

2. 周晓英　信息构建思想的影响及其在网站建设中的应用

3. 靖培栋　信息可视化方法研究

4. 常　林　北京内容文献资源的现状与数字化利用

5. 张士元　敏感信息的传递问题

北京市教育学会

主题：基础教育的几个热点问题

1. 陶西平　以科学发展观推进素质教育

2. 刘惊铎　德育重在体验

3. 文　喆　课题教学的本质认识

4. 李　方　教师专业发展的途径与方法

5. 宁　虹　李　烈　学习型组织建设

北京市国际共产主义运动史学会

主题：社会主义基本理论与当今中国现实

1. 黄宗良　从国际经验看加强党的执政能力建设

2. 于洪君　经济全球化背景下的现实社会主义国家：机遇与挑战

3. 郑　桥　从西班牙焚鞋事件看中国海外企业进一步发展的新挑战

4. 王学东　维护社会公正是政府的职责

5. 张中云　世界社会主义运动视角下的科学发展观：理论与现实

6. 胡振良　法国人眼中的中国特色社会主义

7. 蔡　拓　全球化与21世纪中国对外战略

8. 陈新明　全球化语境下的华盛顿共识与北京共识

北京市文艺学会

主题：文学会走向终结吗？

1. 杜书瀛　文学会终结吗
2. 李青春　文学理论的危机及其出路
3. 赵　勇　文化研究存在的一些问题
4. 陶东风　文学边缘化与文学性的扩散

北京市语言学会

主题：新视角的语言研究

1. 沈家煊　人工智能和语法理论
2. 黄　行　论汉语和少数民族语言的跨语言研究
3. 沈　阳　汉语"双宾结构"分析的不同理论和方法
4. 王　宁　汉语研究中的综合趋势
5. 张　凯　语言测验的测度和精度
6. 顾德希　信息时代的语文教学

北京市世界语协会

主题：中国人眼中的世界语的结构和发展

1. 李士俊　世界语的国际性
2. 周流溪　东方人如何来挖掘世界语的语法性
3. 刘海涛　柴门霍夫的语言学概念
4. 郑伯承　世界语对于中国人学习英语（欧洲语言）的导引性作用

北京史研究会

主题：北京和谐文化

1. 李建平　北京"和"文化
2. 王　岗　元大都多民族与多元文化的和谐共处
3. 姚　安　北京祭坛"天人合一"文化的启示
4. 谭烈飞　北京古代城市、人与自然的和谐关系

5. 马建农 琉璃厂商家亲和环境及其文化氛围

北京市逻辑学会

主题：逻辑学的发展：古代与现代、东方和西方

1. 熊立文 关于信念修正的理论和方法
2. 刘奋荣 主体认知的多样性和信息更新
3. 孙中原 中西逻辑比较研究
4. 杨武金 逻辑在批判性思维中的应用
5. 叶 峰 有穷主义教学
6. 张立英 基于主谓项含义联系的概称句推理

北京奥运经济研究会

主题：全面研究奥运会总体影响 推进首都经济社会健康发展

1. 魏纪中 借奥运之机，加快城市基础设施建设
2. 任 海 奥运会与社会软环境建设
3. 孔繁敏 奥运与北京文化建设
4. 方福前 奥运理念的发展和奥运会总体影响研究

北京市决策学学会

主题：决策科学基础理论研究

1. 辛向阳 科学决策的制度基础
2. 王文锦 科学决策的法制化基础
3. 彭新武 科学决策的认识论基础
4. 郭万超 决策研究机构建设

北京市老年学学会

主题：老龄社会的需求与老龄政策

1. 汤 哲 北京市老年卫生服务需求
2. 陈 谊 北京市老年人口现状、问题及对策分析
3. 陈 功 北京市老年产业研究

2005·学术前沿论坛分论坛

北京市社会学学会

主题：如何促进社会建设

1. 郑杭生　关于社会建设的几个问题
2. 李　强　城市发展与城市社会建设
3. 吴忠民　如何促进社会公平
4. 尹志刚　建立调解利益关系机制，促进社会和谐发展
5. 戴建中　社会团结与社会建设
6. 杨善华　减免农业税和乡镇政权职能的转变
7. 张宛丽　现阶段中国社会中间阶层的构成特征及社会功能
8. 范燕宁　充分发挥社区志愿者在社会矫正中的作用
9. 时立荣　社会企业的组织作用
10. 朱启臻　农村扶贫开发误区辨析
11. 张汝立　建设征地与有发展的安置
12. 王兰萍　发挥统一战线优势，促进社会建设
13. 魏曼华　贫困问题对青少年成长的影响
14. 张　默　社区老年志愿者与社区建设

北京市哲学会

主题：哲学与和谐社会

1. 张立文　中国哲学和"和合学"
2. 卢　风　发展的悖谬
3. 焦国成　关于构建和谐社会的哲学思考
4. 王志敏　美学信仰与和谐社会
5. 周桂钿　"孝"的研究
6. 张曙光　人的自我中心与理性
7. 张秀琴　德里达与马克思主义意识形态理论比较

北京市经济学总会

主题：和谐社会：社会公正与风险管理

1. 梁　义　北京市"十一五"规划若干重大问题的思考
2. 王永治　"十一五"期间我国能源价格改革的探讨
3. 李子奈　宏观经济政策有效性问题研究
4. 杨瑞龙　利益相关者主义与和谐社会
5. 李　实　改革开放以来收入分配关系变化与和谐社会建设
6. 马海涛　和谐社会与财政政策

北京市历史学会

主题：民族精神与爱国主义

1. 徐　蓝　全球化与民族国家的主权保护
2. 吴建雍　古都保护与弘扬民族精神
3. 史革新　民族精神在近代中国的重组

北京市科学社会主义学会
北京市政治学行政学学会

主题：构建社会主义和谐社会的若干理论前沿问题

1. 徐洪武　社会公正对建设和谐社会的基础性意义
2. 夏文斌　公平与和谐社会
3. 许耀桐　构建和谐社会要积极推进基层民主政治建设
4. 闫志民　构建社会主义和谐社会在中国特色社会主义建设中的战略地位
5. 高　放　科学发展观与和谐社会
6. 姜汉斌　用科学发展观统领国防和军队建设

北京市人口学会

主题：人口发展与和谐社会

1. 翟振武　中国知识分子真的短命吗
2. 杜午禄　合理调节收入分配是实现全面小康的重要一环
3. 冯立天　提高生活质量与和谐社会的关系

北京市社会心理学会

主题：自我和谐与社会和谐

1. 乐国安　社会心理学在刑事诉讼案件中的应用
2. 王登峰　自我和谐与社会和谐
3. 石秀印　不同社会阶层教育子女的方式
4. 樊富珉　危机团体辅导——校园危机心理救助的实施
5. 王二平　社会风险因素的辨识与对策
6. 金盛华　自我境界与心理融合

北京市社会科学信息学会

主题：社科信息与和谐社会

1. 王　卫　博弈论在信息经济学中的应用
2. 王锦贵　必须端正苦难观
3. 石宇良　北京市信息化发展现状与趋势
4. 王克义　建设社会信用体系，构建社会公正秩序
5. 常　林　"北京市图书馆条例"的制定与文献信息资源共享

北京市教育学会

主题：和谐教育

1. 吴明清　台湾和谐教育综述
2. 洪仁进　和谐教育的理念与实践
3. 许丽伶　林月风　和谐教育在台湾的推动与实践——以一个小校小班的中学为例
4. 柳丽玲　生命悸动——台湾国民小学和谐教育的理论与实践
5. 陶西平　和谐社会与和谐教育
6. 程方平　教育均衡发展与中国传统文化
7. 李元华　和谐教育与中国传统文化
8. 卓　立　和谐——教育的追求
9. 韩素光　构建学校师生和谐发展的团体

北京市国际共产主义运动史学会

主题：效率·公正·和谐：世界社会主义运动的经验教训

1. 黄宗良　世界社会主义视野中的效率、公正与和谐

2．王坚红　社会公正公平与共产党的执政基础

3．张光明　效率与公正：马克思主义对市场经济的认识

4．孙壮志　"颜色革命"现象解读：社会公正与社会和谐

5．林德山　社会民主党的社会公正观

6．郭春生　官僚特权阶层与苏联解体

7．李鑫伟　胡锦涛主席访问朝鲜、越南情况介绍

北京市文艺学会

主题：当前历史题材创造中的问题

1．康式昭　历史题材的戏剧创作

2．李青春　历史题材文学创作中的历史真实问题

3．马相武　历史题材创作中的"新历史"与"后现代"

4．邹　红　在传统与历史之间——从《赵氏孤儿》看历史题材的创作

5．王　瑾　红色经典：塑造的记忆

6．童庆炳　历史题材帝王创作中的帝王评价问题

北京市语言学会

主题：语言与语言应用研究的新视野

1．曹志耘　汉语方言：在一体化和多样性之间

2．顾德希　语文课堂教学的信息化

3．郭　锐　语义等值和虚词的语义分析

4．贺　阳　汉语欧化语法现象与间接语言接触

5．胡　坦　浅谈藏语同族词

6．张　博　现代汉语复音词义项关系及多义词与同音形词的分野

北京市世界语协会

主题：世界语与和谐社会

1．刘海涛　国际语言交流中的公正问题

2．于　涛　世界语在构建和谐世界中的作用

3．温晋根　世界语是构建和谐世界的有效工具

4．叶念先　世界语如何为和谐社会服务

5．王珊珊　国际交往中的语言平等

6. 陈丽娜　侯志平　努力构建"和谐世运"

北京史研究会

主题： 北京历史文化与构建和谐社会

1. 赵　书　北京非物质文化遗产与构建和谐社会
2. 姚　安　中和韶乐与人的心态平和
3. 谭烈飞　北京城市建筑与构建和谐社会的文化氛围
4. 马建农　北京历史文化个性张扬与构建和谐文化氛围
5. 张　量　从北京地区几次民族文化融合看和谐社会构建基本因素

北京市逻辑学会

主题： 逻辑、理性与构建和谐社会

1. 赵总宽　辩证逻辑规律与构建和谐社会
2. 夏年喜　话语表现理论
3. 孔　红　一个法律规范逻辑的语义理论
4. 刘新文　图式逻辑
5. 郭美云　一个带一般群体知识的认知逻辑系统
6. 蔡曙山　美国的语言逻辑与语言哲学的研究现状

北京奥运经济研究会

主题： 奥运、和谐

1. 辛向阳　人文与构建和谐社会
2. 赵　书　关于人文奥运的几个问题
3. 冯　霞　人文奥运对民族凝聚力的促进
4. 李明义　努力促进奥运文化与首都传统文化的有机结合
5. 宋　辉　构建和谐北京——借奥运东风，建立"北京教育公园"

北京市决策学学会

主题： 科学决策制度建设

1. 康庆强　决策科学化制度建设
2. 徐鸿武　科学决策的民主机制
3. 崇桂香　决策咨询制度建设

北京市老年学学会

主题：和谐社会与老年人参与

1. 邬沧萍　和谐社会与老年人参与
2. 姚　远　老年人参与奥运问题研究
3. 白恩良　拓展老人参与舞台推动和谐社会建设
4. 王树新　北京市老年人力资源开发
5. 董之鹰　开发高智力老龄人才资源的政策思考
6. 陈　颖　老龄人口与社会和谐

北京人才资源开发学会

主题：人才资源开发与和谐社会建设

1. 马仲良　和谐社会、社会经济、人才
2. 严德忠　激发人才活力、培育高技能人才
3. 陈　剑　奥运人才开发与和谐社会建设

2006 · 学术前沿论坛分论坛

北京市社会学会

主题：社会团结与社会矛盾——和谐社会的持续性构建

1. 郑杭生　社会实践的结构性巨变——和谐社会持续性构建的根据
2. 李　强　利益分化与社会团结
3. 吴忠民　高度重视中国共产党的社会公正观研究
4. 嘎日达　在京农民工社会融合问题研究
5. 杨善华　社会主义新农村建设与社会团结
6. 王　煜　观念转变与构建和谐社会
7. 李冬民　民间组织在构建和谐社会中的积极作用

北京市哲学会

主题：社会和谐与人文关怀

1. 郭建宁　利益协调与社会和谐

2. 刘大椿　现代化进程中的人文关怀

3. 周桂钿　儒学与现代社会

4. 杜丽燕　西学东渐中的人道主义

5. 邹广文　全球化：中国文化的困境与突围

6. 李景林　教化的哲学：论儒学的根本精神

7. 文　兵　多元中的追求——当代西方哲学的价值观

北京市经济学总会

主题：经济发展与和谐社会

1. 李晓西　我国区域经济发展中的若干问题

2. 顾　昕　我国医疗体制改革的若干问题

3. 程延国　中国经济发展中的劳动合同法律问题

4. 钟　伟　中国万亿美元外汇储备向何处去

5. 赵春明　国际贸易与企业社会责任

北京市历史学会

主题：历史、文化与社会和谐

1. 张宏毅　中国和平发展的必然性及其世界影响——从《中国的非和平崛起》一文谈起

2. 吴恩远　苏联"大清洗"问题争辩的症结及其意义

3. 吴怀祺　太极文化与和谐思维

北京市科学社会主义学会

北京市政治学行政学学会

主题：和谐社会与社会主义

1. 李景鹏　和谐社会的政治学分析简论

2. 王寿林　协商民主与社会和谐

3. 许耀桐　构建和谐社会　发展民主政治

4. 闫志民　社会和谐是中国特色社会主义的本质属性

5. 李贺林　中国特色社会主义的和谐发展道路

北京市人口学会

主题：人口发展与谐社会建设

1. 陈　卫　北京市人口发展趋势预测与分析
2. 王　红　从北京的区域功能看人口与就业的发展
3. 杜　鹏　人口老龄化与经济社会发展
4. 侯亚非　外来人口特征分析及对经济社会发展的影响
5. 李建新　北京社会保障水平、问题对策

北京市社会心理学会

主题：社会变革与社会心态

1. 杨宜音　全国社会稳定心态研究
2. 侯玉波　思维方式与中国人的社会适应
3. 方　平　情绪与社会分享、人际关系的联系
4. 刘　力　艾滋病的污名与歧视
5. 许　燕　人际和谐是构建社会和谐的心理基石

北京市社会科学信息学会

主题：和谐社会构建中的社科信息建设与应用

1. 周晓英　信息构建可用性研究
2. 王锦贵　传道与授业是高等教育领域永恒的神圣使命
3. 王克义　电子政务建设为创建和谐社会首善之区铺路
4. 常　林　图书馆建设与和谐社会——图书馆建筑的选址与功能布局

北京市文艺学会

主题：历史题材文学创作新探

1. 李春青　历史题材创作的边界问题
2. 李　扬　当代文学和影视作品中的革命历史
3. 赵　勇　红色经典剧的困境
4. 陶东风　文化研究视野中的历史文学

北京市世界语协会

主题：世界语与外语辅助教学

1. 李威伦　世界语在辅助外语教学中的作用

2. 周流溪　和谐社会是中国人民几千年来追求的理想——从《老子》的角度所作的考察

3. 李士俊　国际世界语研究院院士、北京市世界语协会名誉会长

世界语与外语教学的关系

4. 赵建平　世界语广播的意义

5. 郑伯承　世界语的语言理据研究

6. 王珊珊　幼儿世界语教学方法研究

7. 刘海涛　世界语作为外语学习的导引性语言

8. 叶念先　语言、文化、教育对可持续发展的影响

9. 赵广周　关于世界语教学特性的探索

北京史研究会

主题：北京文化遗产与文化安全

1. 李建平　文化遗产与文化安全

2. 姚　安　非物质文化遗产中相关文物研究

3. 王　岗　北京历史文化遗产在当代城市中的定位

4. 谭烈飞　北京方志文化遗产研究

5. 韩　朴　"北京记忆"与"美国记忆"网络文化安全研究之比较

北京市逻辑学会

主题：逻辑学研究与应用的新视野

1. 戴细华　博弈语义

2. 王建芳　语义悖论研究的新思路

3. 余俊伟　模态代数方法的拓展运用

4. 郭佳宏　理想自省主体的信念修正

5. 裘江杰　模态逻辑的典范性问题

6. 胡义昭　模态演算 MU 的表达力

北京市决策学学会

　主题：科学决策与和谐社会

1. 马仲良　发展社会经济构建和谐社会
2. 王鸿春　科学决策，治理北京城市交通拥堵
3. 潘银苗　科学决策，加强首都人口调控
4. 康庆强　加强公共卫生建设是构建和谐社会首善之区的一项科学决策

北京市老年学学会

　主题：积极老龄战略与和谐社会建设

1. 熊必俊　积极老龄化与和谐社会
2. 杜　鹏　健康老龄化
3. 汤　哲　老年痴呆的患病现状、影响及防治策略
4. 陈　功　子女孝还是不孝：老年人的评价
5. 白恩良　浅谈北京市老年人精神文化状况
6. 董之鹰　老年社会角色转换价值的理论研究

当代北京史研究会

　主题：北京建设节约型城市

1. 张敬淦　节约型城市是北京城市发展模式的唯一选择
2. 董光器　科学预测城市规模，建设节约型城市
3. 辛俊兴　应用节水技术，建设节约型城市
4. 谷佃福　首都生态节约型园林绿化建设
5. 王　旭　建设节约环保型交通
6. 辛向阳　北京构建节约型城市的四个机制研究
7. 王　伟　北京建设节约型城市的规划与行动

北京奥运经济研究会

　主题：奥运营销与奥运市场开发

1. 刘国基　奥运品牌的整合营销传播要素
2. 杜　巍　奥运背景下如何发展体育产业

3. 李　庚　人文奥运旅游成功案例与奥运遗产营销

4. 钟宏武　奥运场馆赛后营销

5. 纪　宁　体育运动与传媒业的发展

北京人才资源开发协会

主题：社会和谐与人才开发

1. 马仲良　社会经济与和谐社会

2. 严德忠　社会和谐与人才开发

3. 张丽丽　女性人才资源开发对社会稳定重要性

北京市国际共产主义运动史学会

主题：回首苏联剧变：原因·过程·后果——苏联剧变 15 周年学术研讨会

1. 高　放　究竟谁是苏联的掘墓人

2. 黄宗良　如何看待俄罗斯重评斯大林思潮

3. 王学东　苏共民主化改革失败的教训

4. 左凤荣　苏联解体的法律因素

5. 蒲国良　15 年来学术界关于苏联剧变原因的讨论

北京市人口学会

主题：人口发展与和谐社会建设

1. 杜　鹏　人口老龄化与经济社会发展

2. 侯亚非　外来人口特征分析及对经济社会发展的影响

3. 翟振武　人口发展趋势预测

4. 李建新　社会保障水平、问题与对策

5. 王　红　从北京的区域功能看人口与就业的发展——北京市区域功能定位与人口分布研究

2007·学术前沿论坛分论坛

北京市社会学学会

主题：社会和谐与制度创新

1. 郑杭生　社会公平正义与和谐社区建设
2. 唐　钧　社会政策的价值理念
3. 吴忠民　公共权力的合理使用及限定
4. 侯亚非　北京市流动人口调查
5. 洪大用　应对转型期环境治理失灵的新选择
6. 杨善华　乡村基层政权建设中的制度创新
7. 冯晓英　城乡接合部问题的成因与治理思路
8. 徐月宾　中国社会救助的困境与反思
9. 王思斌　和谐社会建设与社会工作的制度创新
10. 李　强　社会矛盾、社会冲突与制度创新

北京市哲学会

主题：社会变革与哲学思维

1. 丰子义　马克思现代性思想的当代解读
2. 万俊人　政治如何进入哲学
3. 张曙光　话语·道理·秩序
4. 李　萍　案例分析法的哲学剖析
5. 李凯林　中国改革的哲学解读
6. 袁吉富　关于变革主体的几点思考

北京市经济学总会

主题：住宅：市场、政府与社会发展

1. 董　藩　房地产宏观调控是怎样误入"歧途"的
2. 林志远　北京房地产市场与人口变动
3. 白暴力　商品住房价格持续上涨的市场推进机制

北京市历史学会

主题：历史变革与社会转型

1. 梅雪芹　社会转型时期的环境问题研究及其意义
2. 史革新　近代中国的文化变革与社会转型
3. 吴建雍　18 世纪世界变革中的清朝

北京市科学社会主义学会
北京市政治学行政学学会

主题：中国特色社会主义：旗帜、道路、制度

1. 姜汉斌　中国特色社会主义是引领我们前进的旗帜
2. 高　放　坚持科学社会主义　发展社会主义民主
3. 徐鸿武　中国特色社会主义道路新起点与政府职能创新
4. 闫志民　深入贯彻落实科学发展观
5. 秦　宣　深化中国特色社会主义研究
6. 许耀桐　不断拓展中国特色社会主义道路

北京市人口学会

主题：转型期的中国人口问题

1. 都　阳　劳动力市场供求关系转变及其政策含义
2. 马小红　二孩，生还是不生
3. 黄荣清　北京城市发展已经到了郊区化时期吗

北京市社会心理学会

主题：社会变革与心理重构

1. 金盛华　精神健康与社会重构
2. 李玫瑾　犯罪心理画像的研究与应用
3. 张智勇　人际信任、信任受损与信任修复
4. 雷　雳　青少年网上偏差行为的特点与对策
5. 寇　彧　转型时期不同群体青少年的心理需求和德育关注点研究
6. 许　燕　婚恋弹性概念重构及作用初探

北京市社科信息学会

主题：社会转型期的信息工作

1. 符绍宏　政府信息资源社会化开发与利用
2. 周晓英　全球信息社会建设动向与我们的应对
3. 隆学文　社会转型期政府决策信息需求与社会民生状况监测体系构建
4. 于书平　社会转型期的图书馆信息服务

北京市国际共产主义运动史学会

主题：十月革命九十周年

1. 高　放　纪念十月革命，反思列宁主义
2. 张光明　十月革命的几个理论问题
3. 陈新明　俄国十月革命与社会转型
4. 孔寒冰　苏联解体后俄罗斯对十月革命看法的变化
5. 郭春生　试论十月革命的暴力性质

北京市文艺学会

主题：大众文化的两重性

1. 戴锦华　文化研究的中国语境
2. 陶东风　文学活动的去精英化
3. 赵　勇　学者上电视与知识分子的缺席——以《百家讲坛》为例反思媒介文化

北京市语言学会

主题：语言研究：拓展与突破

1. 徐赳赳　现代汉语篇章中启后性分析
2. 殷国光　《庄子》动词配价研究
3. 吴福祥　中国南方少数民族语言中 VP 不 VP 疑问构式的来源
4. 王　宁　谈汉字规范的科学性和社会性
5. 戴庆厦　中国少数民族语言研究中的几个理论问题

北京市世界语协会

主题：世界语和语言管理

1. 于　涛　从 2008 联合国国际语言年看世界语的发展前景

2. 刘海涛　语言规划、语言管理和世界语

3. 李建华　互联网对世界语发展的影响

4. 陈　吉　全球化时代世界语的作用和推广

5. 叶念先　西方在东方之中

6. 周流溪　世界语宣传和世界语运动的规律

北京史研究会

主题：北京历史与社会变革

1. 王　玲　北京历史变革的几个阶段

2. 王　岗　元大都城的社会生活

3. 李建平　明末清初的北京社会变化

4. 韩　朴　民国初年的社会变化

5. 谭烈飞　京西煤炭对北京社会发展的影响

北京市逻辑学会

主题：逻辑学理论的新发展

1. 蔡曙山　逻辑是什么

2. 郭佳宏　逻辑与理性

3. 余华东　逻辑思维在创新思维中的作用

4. 胡义昭　模态 μ 演算的模型论

5. 杨武金　中国古代的逻辑

北京奥运经济研究会

主题：奥运安全

1. 蔡　同　奥运食品安全

2. 金　磊　"安全奥运"建设及"奥运安全文化"教育实施的策略

3. 殷星辰　第 29 届奥运会面临的恐怖袭击风险分析与评估

4. 李　伟　北京奥运面临的安全风险

5. 陈　星　台海问题对北京奥运会的影响

北京市决策学学会

主题：社会转型与科学决策

1. 马仲良　社会转型与基层党建工作创新
2. 孙贵方　关于对建立利益协调等四个机制的思考
3. 李如刚　首都城市运行环境管理长效机制研究
4. 高卫民　社会转型与协商民主

北京市老年学学会

主题：养老保障与权益维护

1. 李　超　国外老年人权益法律保障制度变迁及启示
2. 郑尚元　我国老年人权益保障法的定位问题
3. 刘大炜　北京市老年人权益保护探讨
4. 王树新　老年人权益保障
5. 姜向群　中国老年社会保障政策评价

北京人才资源开发协会

主题：开掘运河资源促新农村建设

1. 俞孔坚　关于建立"大运河国家遗产与生态廊"的建议
2. 孙景亮　论京杭大运河的规划思想与传承
3. 严德忠　积极开发大运河文化、人才资源，构建"运河源头第一村"

2008 · 学术前沿论坛分论坛

北京市哲学会

主题：社会主义核心价值与抗震救灾

1. 韩　震　从体系构建到观念凝练
2. 马俊峰　社会主义核心价值体系与科学发展观
3. 孙伟平　马克思主义是社会主义核心价值的灵魂
4. 范燕宁　汶川大地震后民族价值观念的提升和重整
5. 唐少杰　论敬重自然中的主体维度
6. 吴　飞　地震与正义：伏尔泰的哲学反思

北京市科学社会主义学会

北京市政治学行政学学会

主题：改革开放：发展社会主义的必由之路

1. 赵　曜　改革开放是实现中华民族伟大复兴的必由之路

2. 闫志民　改革开放与科学社会主义

3. 许耀桐　改革开放与中国共产党党内民主的发展

4. 姜汉斌　改革开放与我国国防建设

5. 徐鸿武　改革开放与中国政治体制改革

6. 汪玉凯　改革开放与中国行政体制改革

北京市法学会

主题：中国宪法与改革开放 30 周年

1. 陈云生　改革开放 30 年的中国宪法学

2. 王　磊　宪法修改与改革开放 30 年

3. 傅思明　公民宪法权利保障实践的回顾与展望

北京市经济学总会

主题：中国经济改革发展的回顾与前瞻

1. 黄泰岩　中国经济学 30 年

2. 邹东涛　中国改革开放 30 年：路线图、大智慧与科学改革观

3. 黄桂田　劳动力相对价格上升条件下的劳动密集型产业发展

4. 吴　栋　公有经济与资源配置效率

5. 李晓西　对中国 30 年来改革开放经验的理解

北京市历史学会

主题：改革开放 30 年与中国史学的发展

1. 梅雪芹　中国环境史研究 30 年

2. 张宏毅　改革开放以来的中国人权史研究

3. 张昭军　中国近代文化史研究 30 年

北京市社会学学会

主题：社会学茁壮成长的 30 年

1. 郑杭生　改革开放 30 年：当代中国社会学的历史轨迹和鲜明特色

2. 李　强　改革 30 年来中国社会分层结构的变迁

3. 戴建中　改革开放以来私营企业主阶层的再生与发展

4. 吴忠民　民生的基本含义及特征

5. 尹志刚　北京市常住流动人口的移民倾向和行为调查研究

北京市人口学会

主题：改革开放 30 年与首都人口发展

1. 邬沧萍　改革开放与人口学发展

2. 杜午禄　改革开放 30 年与首都的人口变化

3. 张敏才　改革开放与生育观念转变

北京市老年学学会

主题：精神慰藉与老年人心理健康

1. 韩布新　老年人精神慰藉需求的界定及其代际差异

2. 王大华　社会转型期老年人的子女孝顺信念：期待或不期待

3. 李　娟　我国老年人心理健康状况研究

4. 陈立新　北京市城市丧偶老人抑郁症状及其影响因素分析

北京市社会心理学会

主题：社会变迁与社会心态

1. 谢晓非　地震中的心理距离与心理感受

2. 赵志裕　Occupational Mobility，Shared Reality，and Social Conformance

3. 石秀印　中产阶级的社会公平感研究

4. 杨　波　戒毒模式的构建与实施

5. 时　勘　民众心理行为对奥运安全的影响

6. 许　燕　社会变迁与大学生价值观的演变

北京市语言学会

主题：语言研究的回顾与发展

1. 崔永华　对外汉语教学学科建设的回顾和前瞻

2. 孙宏开　民族语言研究三十年

3. 孙德金　现代书面汉语中的文言语法现象考察

4. 吴福祥　南方民族语言"得"义语素多功能模式的来源

5. 姚喜双　播音主持语言评价体系的发展

北京市文艺学会

主题：新媒介时代的文化嬗变

1. 蒋原伦　电子时代的民俗

2. 张颐武　新媒介时代与新世纪文学

3. 方维规　再论新媒介的能量

4. 许苗苗　跨界与融合——电子语言的魔力

5. 赵　勇　搞笑短信的文化症候

北京市逻辑学会

主题：逻辑现代化：回顾与展望

(一)逻辑教学现代化专题

1. 袁正校　对逻辑教学现代化之路的坚守

2. 陈慕泽　关于逻辑学与通识教育课的思考

3. 陈　波　北京大学逻辑通选课情况介绍

4. 周北海　逻辑学的专业人才培养与素质教育

(二)逻辑哲学与中国逻辑史专题

1. 陈　波　荀子的名称理论：一种比较研究

2. 王　路　逻辑与哲学

(三)逻辑专题

1. 刘奋荣　知识、信念和偏好

2. 王　洪　法律逻辑研究主要趋向

3. 邹崇理　类型逻辑语法

4. 周北海　常识推理三段论与词项逻辑

北京市国际共产主义运动史学会

主题：中国特色社会主义理论创新与世界社会主义

1. 高　放　当前世界共产主义运动的新情况、新特点

2. 黄宗良　世界社会主义视野下的中国特色社会主义

3. 胡振良　党政干部对中国特色社会主义理论体系与道路的认识

4. 李景治　从政治领导到政治管理

5. 郑　桥　改革开放 30 年来中国工人阶级的变化

6. 马龙闪　中国特色社会主义是对苏联模式的实质性突破

7. 柴尚金　国外对我国改革开放 30 年的反应与评价

8. 庄俊举　改革开放 30 年来思想解放历程的回顾与思考

北京伦理学会

主题：首都精神文明建设

1. 舒小峰　落实科学发展观，创新首都精神文明建设

2. 陈　瑛　中国伦理学发展 30 年

3. 余　涌　精神文明建设与和谐社会

4. 尹学龙　公共文明建设的理论与实践

5. 甘葆露　改革开放 30 年的道德建设

6. 王淑芹　首都新农村社会公德建设

北京市人大理论研究会

主题：人大在发展社会主义民主政治中的地位和作用

1. 张　引　市人大常委会 30 年立法工作调研

2. 邹维萍　市人大及其常委会在推进依法行政中的作用调研

3. 王　火　市人大及其常委会加强计划和预算监督情况调研

4. 李小娟　市人大及其常委会在推进公正司法中的作用调研

5. 张　清　市人大代表议案建议工作在推进首都社会主义民主法制建设中的作用调研

6. 高岩辉　市人大及其常委会自身建设在保证首都社会主义民主法制建设中的作用调研

7. 赵传民　扩大公民有序参与本市人大工作调研

8. 王纪表　本市基层群众自治制度建设的进程、现状、问题与建议调研

北京市统一战线理论研究会

主题：改革开放 30 年统一战线理论与实践

1. 王继宣　爱国统一战线与中国特色社会主义

2. 王　琳　从参政议政看民主党派履行职能的发展趋势

3. 赵　书　改革开放 30 年来北京的少数民族

4. 何启林　中国特色社会主义宗教理论的形成和发展

5. 邓　凌　改革开放以来新的社会阶层的产生与发展

6. 廖继红　改革开放以来人民政协基本理论的创新

北京妇女理论研究会

主题： 1978—2008 年：北京性别平等与妇女发展

1. 王凤仙　北京家庭与性别关系 30 年变迁

2. 李明舜　妇女财产权益保障的突破与局限

3. 丁　辉　与女性保健相关的热点问题

北京市纪检监察学会

主题： 加强党风廉政建设，构建惩治和预防腐败体系

1. 刘经宇　落实中央《建立健全教育、制度、监督并重的惩治和预防腐败体系实施纲要》　抓好党风廉政建设

2. 李成言　当前商业贿赂滋生蔓延的主要原因及其治理对策研究

3. 刘金国　以权利制约权力——法制语境下的反腐败

4. 张绍先　关于对党政"一把手"监督的研究

北京市统计学会

主题： 现代统计的理论与实践

1. 谢邦昌　由知识挖掘提升商务智能应用——统计分析的进阶价值应用

2. 冯士雍　统计方法应用标准与统计方法在标准制定中的应用

3. 耿　直　统计因果推断——国际统计机器学习的一个挑战性问题

4. 纪　宏　居民收入分配研究新进展

北京博物馆学会

主题： 博物馆与社会发展

1. 苏东海　试析改革开放中，我国博物馆第二个发展高潮

2. 宋向光　当代博物馆学研究省思

3. 刘超英　辉煌的历程华彩的乐章北京地区博物馆发展历程

4. 崔国民　首都博物馆改革开放 30 年建设与成就

5. 马未都　收藏与私营博物馆

6. 邢　莉　博物馆与非物质文化遗产

北京市文物保护协会

主题：回顾总结改革开放 30 年文物保护工作的发展进程

1. 孔繁峙　文物保护工作 30 年的经验和启示

2. 宋大川　北京市地下文化遗产保护浅见

3. 侯兆年　文物保护工作回顾

4. 王效清　北京市文物保护工程的现状与加强管理的探索

5. 孙　玲　改革开放 30 年北京市文物保护法制建设成果辉煌

6. 李龙吟　在城市现代建设中文物古迹保护的几个问题

7. 李德仲　十三陵特区 30 年文物保护工作的回顾

8. 张　兴　加强文博基础工作　促进文物事业发展

9. 周　良　建设一支强有力的文物工作队伍

10. 范学新　关于后奥运时期基层文物工作的思考

北京市群众文化学会

主题：探索创新　整合构建——群众文化 30 年与公共文化服务体系建设

1. 孙若风　群众文化：当代中国文化变革的草泽雄风

2. 陈彬斌　公共服务理念视野下的我国群众文化服务体系

3. 苏　峰　文化权利·公共文化·群众文化

北京史研究会

主题：北京史研究 30 年

1. 王　玲　众志成城书写神都历史画卷

2. 李建平　改革开放以来的北京历史文化研究

3. 王　岗　北京历史研究的回顾与展望

4. 谭烈飞　改革开放以来的地方志编修

5. 马建农　改革开放 30 年北京历史文化类图书的出版

当代北京史研究会

主题：改革开放与北京社会生活变迁

1. 孟庆儒　以人为本的北京菜篮子工程

2. 胡金兆　略谈北京当代戏剧

3. 金　汕　从先农坛体育场到鸟巢——北京体育场馆的发展

4. 王纪仪　北京人收藏活动的社会意义

北京市城市经济学会

主题：纪念改革开放 30 年——城市变革与发展

1. 邱　跃　深入学习实践科学发展观　弘扬城乡规划的三大重要理念

2. 王　立　改革开放以来首都城市发展与城市管理的演进

3. 潘一玲　变革的力量——京城市政 30 年

4. 杨重光　论城市土地制度的二次改革

5. 武　力　培育经济增长极与城市经营

6. 叶裕民　中国城市管理由传统走向现代的革命

北京农业经济学会

主题：农村改革 30 周年纪念暨现代农业发展

1. 郭　玮　十七届三中全会精神与农村深化改革

2. 焦守田　北京郊区农村改革开放 30 年的回顾与展望

3. Scott Rozelle　农村劳动力短缺、工资上升与中国教育面临的挑战（Rural Labor Shortages，Rising Wages and China's Educational Challenge）

4. 徐柏园　食品安全问题与绿色市场建设

5. 徐祥临　构建我国耕地的占补平衡机制

6. 唐　忠　中国农业国际化的问题与挑战

北京市宏观经济学会

主题：住房制度改革 10 年与我市房地产走势研判

1. 王小广　中国房地产的未来趋势

2. 顾海兵　最低住房保障制度的思考

3. 郑　征　制度变革与工具选择——城市居民住房保障制度的反思

4. 顾云昌　房地产发展的同一个梦想

北京土地学会

主题：纪念改革开放 30 年——土地制度改革与城乡统筹

1. 魏成林　土地管理与经济社会可持续发展

2. 张文茂　土地制度改革与城乡统筹

3. 史贤英　北京市国有土地使用制度改革的回顾与展望

4. 张　剑　宏观经济调控形势下北京房地产市场分析

北京市金融学会
北京市城市金融学会
北京市国际金融学会

主题：北京金融改革 30 周年

1. 杨国中　金融改革与货币政策调控

2. 王珍军　工行北京分行改革开放 30 周年回顾与未来发展战略

3. 王国刚　我国资本市场的现状与发展

4. 詹向阳　探索国有股份制商业银行的深化改革进程

5. 王元龙　中国对外金融开放的风险管理

北京市劳动和社会保障学会

主题：覆盖城乡社会保障体系建设

1. 吕学静　中国失业保障制度的建立与完善

2. 王明山　劳动保障事关民生的永恒主题

3. 张　琦　中国医疗保障制度改革 30 年回顾与发展

4. 韩　静　统筹城乡就业，加大社保覆盖面

首都经济研究会

主题：首都经济发展 30 年

1. 康庆强　首都经济改革开放 30 年所取得的伟大成绩和经验

2. 张昌法　以科学发展观统领首都经济社会发展全局

3. 王明兰　首都经济发展中的几个问题

4. 张凤福　怎样建设社会主义新农村

5. 霍学文　如何把北京建设成为国际金融中心

6. 李启英　北京城市化进程中土地资源管理配置的探讨

7. 何学彦　国内外经济形势的变化及对北京的影响

首都企业改革与发展研究会

主题：中国企业改革与发展 30 年回顾与展望

1. 陈佳贵　国有企业下一步改革中的若干重要问题
2. 张卓元　中国国有企业改革 30 年的基本经验
3. 文　魁　公有经济与非公有经济的和谐发展
4. 金　碚　工业企业改革开放 30 年实践对中国特色社会主义的理论贡献
5. 李晓西　中国未来深化改革亟待解决的六大问题
6. 杨瑞龙　国有企业的分类改革问题研究
7. 李宝山　民营企业发展的若干重要问题
8. 黄群慧　国有企业改革与发展 30 年回顾与展望
9. 戚聿东　深化中国垄断行业的产权制度改革
10. 王力国　石油企业价格机制改革
11. 李　虹　企业国际竞争力与环境规制政策
12. 刘戒骄　垄断行业的放松规制与规制改革
13. 齐　兰　全球化背景下中国产业的竞争力问题研究
14. 李曦辉　产业结构升级与国有企业竞争力提升问题
15. 邹昭晞　中国利用外资：从规模到质量

北京市决策学学会

主题：科学决策与科学发展
1. 黄江松　大力推进企业履行社会责任　促进和谐社会建设
2. 赵　磊　大力发展南城　促进北京市区域协调发展
3. 鹿春江　转变医疗模式　实行疾病早期预防早期诊断政策研究
4. 宋洁尘　国外大城市公共服务研究及对北京的启示

北京市社科信息学会

主题：改革开放 30 年来北京社科信息研究及事业发展
1. 耿　骞　网络舆情分析及其关键技术
2. 常　林　公共图书馆与政府信息公开
3. 周晓英　从 NSTL 看国家的信息政策

北京市世界语协会

主题：世界语和改革开放
1. 李威伦　我国世界语教学的出路
2. 李建华　台湾世界语运动

3. 郑伯承　世界语与术语工作

4. 侯志平　《中国报道》与改革开放

5. 王珊珊　世界语在跨文化传播中的效果和不足

6. 刘海涛　世界语和学术研究

北京人才资源开发协会

主题：改革开放 30 年来的人力资源理论与实践

1. 王通讯　人才发现的理论、途径与屏障

2. 关乐原　改革开放 30 年我国人才理论研究成果

3. 严德忠　浅谈大运河人才资源开发

北京奥运经济研究会

主题：后奥运与首都经济发展

1. 魏纪中　后奥运北京经济支持产业的发展

2. 陈　剑　后奥运时期首都经济发展趋势

3. 杜　巍　后奥运时期首都体育产业的发展趋势

4. 孔繁敏　北京奥运惠及百姓的精神遗产

5. 陆　尧　中国茶产业发展及后奥运时期的综合开发

6. 李　庚　后奥运与中国旅游业的发展

7. 林显鹏　奥运场馆的赛后利用

北京市学习科学学会

主题：学习科学发展 30 年

1. 周之良　学会学习

2. 李有毅　发现和发展教师潜能，推动和促进科学学习

3. 吴　甡　科学学习　全面发展

4. 陈乃和　开展学习科学研究，培养教师教学综合能力

5. 怡久文　开展"友善"研究，创建幸福校园

北京城乡创新发展博士研究会

主题：改革 30 年总结和展望

1. 李佐军　人本发展理论——新时代的新理论

2. 邹东涛　30 年改革路径图·大智慧·科学观

3. 杨晓东　改革开放 30 年与小城镇的改革发展

4. 王晓光　国有企业社会责任

5. 郭怀刚　北京利用外资 30 年回顾

6. 张佑林　以人为本——经济性研究的必然归宿

北京周易研究会

主题：周易改革开放 30 年发展成果

1. 郑继兵　河图洛书新发现及其科技成果的应用

2. 徐　坤　周易是一种探索复杂性的世界观

3. 杨　力　周易与养生

2009 · 学术前沿论坛分论坛

北京市哲学会

主题：60 年：哲学、人文、北京

1. 韩庆祥　马克思哲学的现代形态、学术形态和政治形态及其命运

2. 郝立新　当代中国马克思主义哲学发展之回顾与前瞻

3. 仰海锋　改革开放以来国内的西方马克思主义哲学研究

4. 俞学明　宗教的定位与当代中国宗教的发展

5. 严春友　论实践美学的理论缺陷

北京市科学社会主义学会

北京市政治学行政学学会

主题：马克思主义中国化的伟大成就与历史经验——庆祝中华人民共和国成立 60 周年

1. 高　放　开拓社会主义现代化新路

2. 闫志民　新中国 60 年理论创新的基本经验

3. 徐鸿武　邓小平对马克思主义中国化的伟大贡献

4. 张贺福　新中国成立以来马克思主义中国化的基本经验

5. 辛向阳　科学发展观与马克思主义中国化

6.　秦　宣　毛泽东思想与中国特色社会主义理论体系的关系

北京市法学会

主题："三个北京"与城市法治建设

1.　王灿发　坚持环境优先，建设绿色北京
2.　朱家贤　北京低碳经济发展的法律问题
3.　刘金国　打造首都低碳城市的法律思考
4.　刘双舟　环首都圈排放权交易的制度安排与机制设计
5.　蒋立山　城市法治建设的人文品质

北京市经济学总会

主题：后危机时期中国的经济发展与宏观调控

1.　王　健　后金融危机背景下的政府对策
2.　方福前　后危机时期宏观调控的选择
3.　贺力平　金融与经济的平衡关系——对金融危机的反思
4.　张　明　全球金融危机的演进及对中国经济的冲击

北京市历史学会

主题：新中国成立以来的马克思主义史学理论成就

1.　邹兆辰　唯物史观与史学方法的进步
2.　王　岗　北京史研究 60 年
3.　张　越　对《十批判书》的评论与争议之认识——一个关于中国马克思主义史学评价问题的个案研究

北京市社会学学会

主题：新中国成立 60 年来的社会建设：回顾与展望

1.　郑杭生　"理论自觉"与中国社会学
2.　李培林　新中国成立以来的社会建设：理论与实践
3.　尹志刚　社会组织培育与社会建设制度框架建构
4.　戴建中　北京社会组织的发展
5.　李　强　共和国 60 年社会调查研究方法的变迁

北京市人口学会

主题：北京人口 60 年

1. 庞江倩　1950—1978 年北京市常住人口变动特点
2. 潘银苗　统筹解决首都人口问题的实践与启示
3. 安　慧　改革开放以来北京市人口发展状况综述
4. 马小红　北京迁移流动人口 60 年：回顾与展望

北京市老年学学会

主题：北京市老龄政策体系研究

1. 王树新　"十二五"期间北京人口老龄化相关问题研究
2. 陈　谊　北京市高龄老年人社会服务政策研究
3. 杜　鹏　北京市老龄事业发展指标体系研究
4. 姚　远　北京市社会办养老机构现状及发展思路研究

北京市社会心理学会

主题：社会和谐与社会预警

1. 王二平　群体性事件的心理学分析
2. 辛自强　青少年心理健康的变迁
3. James H. LiuChina's Place in the Global Consciousness of the 21st century：Transforming History into Opportunity
4. 王文忠　四川汶川大地震后对建立我国灾难心理学的思考
5. 方晓义　关爱艾滋孤儿

北京市语言学会

主题：语言研究与语言发展

1. 董秀芳　句法构式与词汇化
2. 胡建华　词法、句法、信息结构与汉语论元的分布
3. 江　荻　语言区域的对称性与东亚语言地理线
4. 王建勤　汉语国际传播标准的学术竞争力与战略规划
5. 张旺熹　"人称代词＋NP"结构的话语功能

北京市文艺学会

主题：新中国 60 年：文艺理论与文学史研究焦点问题

1. 李青春 当代文学理论研究的若干问题反思
2. 张志忠 当代文学的否定之否定
3. 贺桂梅 重读 20 世纪中国文学
4. 张 泉 重写中国现代文学通史的三个瓶颈

北京市逻辑学会

主题：现代化与国际化：逻辑学的新起点

1. 余俊伟 从概称句理论看内涵逻辑
2. 刘奋荣 从方法论的角度看动态认知逻辑的研究
3. 张立英 概称句推理与排序
4. 崔晓红 策略博弈的动态认知分析
5. 陈 波 对克里普克严格指示词理论的质疑
6. 刘壮虎 义务和权利的逻辑
7. 陈慕泽 分析理性与逻辑的社会功能

北京市美学会

主题：60 年：美学、人文、北京

1. 聂振斌 美学 60 年若干问题
2. 王旭晓 中国美学的历程与转向
3. 王德胜 美学的改变——从"感性"问题变异看文化研究对中国美学的意义
4. 宋 瑾 感性学：去蔽与返魅

北京市国际共产主义运动史学会

主题：新中国建设 60 年与当代世界社会主义

1. 高 放 中国周边国家共产党的现状及其与中国共产党的关系
2. 黄宗良 世界视野与中国模式
3. 胡振良 国际金融危机与当代资本主义
4. 李景治 新中国外交六十年：成就、经验与反思

5．张光明　国际金融危机下的西方左翼运动、社会主义思潮和流派

6．郑　桥　60 年来我国工人阶级的发展与变化

7．柴尚金　国外对我国建国 60 年的反应与评价

8．林德山　新中国磁疗 60 年来的我国社会党研究：回顾与反思

北京伦理学会

主题：伦理学 60 年

1．陈　瑛　中国伦理学研究 60 年

2．王　伟　改革开放 30 年的道德建设

3．焦国成　伦理学基本问题讨论回眸

4．魏英敏　马克思主义伦理学研究之可能出路

5．廖申白　伦理学原理研究学术视野的转换

6．万俊人　伦理学原理研究的未来

7．肖群忠　伦理与日常生活

8．王淑芹　资本的道德性

9．晏　辉　政治生活的伦理基础

当代北京史研究会

主题：当代北京城市发展论坛

1．刘天葵　北京城市规划建设研究

2．王晋明　北京城市管理问题研究

3．李程伟　城市应急问题研究

4．郑拴虎　北京节能问题研究

5．张文茂　北京城乡统筹问题研究

北京史研究会

主题：北京历史文化名人与人文北京建设

1．王　玲　北京历史文化名人与人文北京建设

2．李建平　刘秉忠对北京城市规划的文化贡献

3．王　岗　元大都历史文化名人研究

4．谭烈飞　朱启钤与北京早期城市建设

5．马建农　从孙殿起到雷梦水：京城古旧书业的文化价值体现

北京市城市经济学会

主题：纪念新中国成立 60 周年　"以系统的视角看首都发展"

1. 钮德明　将北京建成什么样的城市？——60 年来由徘徊、曲折走向科学发展

2. 于景元　创新型城市建设与系统工程

3. 康庆强　首都城市管理系统性的思考

4. 张昌法　历经 60 年奋斗，北京由一个消费城市迈向现代化国际大都市

5. 王　立　北京社区建设面临的挑战及科技支撑体系建设思路

6. 杜保德　基于决策视角的比较分析与思考——从"三农"的视角看城乡一体化发展

7. 王立海　北京市可持续发展模式探索

北京土地学会

主题：保障科学发展，保护耕地红线——庆祝新中国成立 60 周年

1. 魏成林　保障发展　保护红线——以优异的成绩献礼新中国成立 60 周年

2. 张　维　北京市土地利用总体规划修编的思路介绍

3. 林　坚　建设用地节约集约利用评价的技术体系与思路

4. 王　兵　城乡统筹发展，拉动土地节约集约利用

5. 张军连　北京城市地上地下空间土地权利调查——土地确权与节约集约利用

北京宏观经济学会

主题："人文北京"与北京社会保障制度建设

1. 王建伦　加快建设覆盖城乡的社会保障体系

2. 卢映川　北京市社会保障体系建设"十一五"回顾及"十二五"展望

3. 王景山　完善覆盖城乡的社会保障体系

4. 王延中　城乡一体化社会保障

北京市决策学学会

主题：建设"人文北京、科技北京、绿色北京"与科学决策

1. 张　星　构建新型创新体系　推进"科技北京"建设
2. 何劲松　推进首都教育现代化进程
3. 冯晓英　以管理制度创新引领城乡接合部环境整治与建设
4. 万　军　加快首都社会管理体制机制改革创新
5. 聂锋杰　积极发挥公共财政职能作用

北京市社科信息学会

主题：发挥信息纽带作用，推动首都科学发展

1. 王锦贵　中华文献资源采金矿
2. 石宇良　首都信息化的教训与启示
3. 周晓英　个性化信息组织与信息服务
4. 肖　明　信息资源管理核心问题研究
5. 常　林　《图书馆条例》实施以来的效果、存在的问题和修改设想

北京市世界语协会

主题：世界语在新中国的 60 年

1. 刘海涛　世界语取得相对成功的原因分析——Blanke 博士最新研究的评介
2. 王珊珊　中国国际广播电台世界语广播 45 年风雨历程
3. 肖火力　世界语的教育价值
4. 于建超　世界语高等教育在中国
5. 郑伯承　从词源学看世界语对学习外语的帮助

北京市学习科学学会

主题：友善用脑——探讨"绿色"学习理念　研究"科学"学习方法

1. 陶西平　学校教育与可持续发展
2. 周之良　友善用脑　科学学习
3. 方中雄　让教师树立科学学习理念与方法
4. 胡新懿　友善用脑促进学生可持续发展

5. 吴　甡　友善用脑与生命教育

6. 李　荐　友善用脑与学习科学方法创新

北京人才资源开发协会

主题：提高大学生技能教育，推动大学生就业

1. 马仲良　职业教育与就业

2. 解艾兰　大学生职业的选择与创业

3. 陈　放　大学生就业与创新

4. 高景谋　积极实践与探索大学生技能教育新模式

5. 郭海苓　对当前大学生技能提升的思考与实践

北京奥运经济研究会

主题：当前北京经济形势分析

1. 潘　璠　北京经济走势的主要特点

2. 王明兰　北京经济发展与产业结构分析

3. 沈望舒　首都公共文化发展现状分析

4. 金　汕　从体育大国到体育强国

5. 段　霞　文化创意：21世纪北京城市发展的核心动力

6. 伍建民　北京市科技发展现状分析

2010·学术前沿论坛分论坛

北京市哲学会

主题：世界城市建设的哲学思考

1. 韩立新　从日耳曼共同体的解体看城市化的作用

2. 袁吉富　从马克思主义世界历史理论看首都世界城市建设

3. 刘成纪　城市公共艺术中美及美学的位置

4. 杨学功　解读雷默"北京共识"

5. 刘敬鲁　我国经济制度安排的价值正义分析

6. 王心竹　孟子的王霸论浅析

北京市科学社会主义学会

北京市政治学行政学学会

　　主题：北京构建世界城市与政府治理创新

　　1. 许耀桐　我国"十二五"时期的行政体制改革

　　2. 刘　阳　关于建设中国特色世界城市的思考

　　3. 马占稳　社会组织的发展与北京"世界诚市"的建设

　　4. 施雪华　北京建构世界城市中的治理问题及其解决

　　5. 吴　刚　构建基于社区参与的城市环境秩序公共治理体制

　　6. 李　涛　世界城市建设与北京市政府管理创新

　　7. 杨宏山　后奥运北京城市运行管理的制度分析

　　8. 曹立锋　推动区域人才合作　建设世界一流人才之都

北京市法学会

　　主题：世界城市法治

　　1. 胡雪峰　北京建设世界城市的几点思考

　　2. 张恒山　文明转型中的城市主导文化

　　3. 刘隆亨　构建具有中国特色的世界城市，着力打造具有全球影响力的北京金融中心

　　4. 刘双舟　关于首都环境圈排放权交易制度的思考

　　5. 白贵秀　北京面向世界城市的法治建设

　　6. 杨　干　环境秩序整治中的基层执法问题与相关思考

　　7. 蒋立山　未来十年实施依法治国基本方略的目标与策略问题

　　8. 巩献田　系统科学视野下的世界城市法治建设

北京市经济学总会

　　主题：中国发展道路：本土实践与国际经验

　　1. 王晋斌　人民币汇率选择问题分析

　　2. 沈　越　强政府与中国模式

　　3. 冯中越　社会性规制的国际比较

　　4. 杨先明　中印发展模式比较

北京市历史学会

　　主题：城市与城市文化

　　1. 宁　欣　中国古代大都市社会建设重心的下移与面临的新问题
　　2. 宋卫忠　20世纪二三十年代北京民族风格建筑思想的历史考察
　　3. 刘林海　罗马城与罗马文化

北京市社会学学会

　　主题：改革与当前社会发展的新问题

　　1. 郑杭生　对社会服务与社会管理的一点思考
　　2. 景天魁　加强社会服务体系的建设
　　3. 刘世定　干部遴选——任期制与经济运行
　　4. 温铁军　草根化乡土社会承接的危机代价
　　5. 李　强　扩大中产阶层战略的核心环节——我国城市农民工地位转变
的途径

北京市人口学学会

　　主题：人口均衡与社会发展

　　1. 侯亚非　精神残疾老人养老问题调查
　　2. 张　翼　户籍制度改革与中国长期城市化道路的选择
　　3. 翟振武　实现人口数量、结构均衡发展　建设人口均衡型社会
　　4. 童玉芬　人口、资源、环境发展协调性的测度与分析
　　5. 杨菊华　社会排斥与新生代乡—城流动人口的经济融入

北京市老年学学会

　　主题：北京市老年长期照护现状与对策

　　1. 陈亮恭　人口老化对健康照护的冲击
　　2. 陈　谊　北京市高龄老年人社会服务政策研究
　　3. 徐　勤　老年长期护理的几种模式
　　4. 尚少梅　长期护理服务的问题和对策

北京市文艺学会

　　主题：城市文化变迁与文学的发展——以北京区域为中心

　　（一）五四遗产与北京现代区域文学的形成和发展

　　1. 季剑青　多元的五四——20世纪30年代北平文化界的五四记忆与反思

2．张　　泉　20 世纪 40 年代的北京文学经验

（二）当代文学抽样分析

1．张志忠　当代文学与中国经验

2．谭旭东　当代文学的文化语境和批评生态

3．陈亚丽　20 世纪末的北京散文

（三）中国文学走向世界的途径与难题

岸阳子　中国文学在日本的推广问题——以当代北京文学为例

北京市逻辑学会

主题：逻辑、语言与哲学的对话

1．琚凤魁　复合语气句的形式语义

2．陈　　磊　狭义相对论的一阶逻辑

3．王彦晶　协议动态的认知逻辑初探

4．许涤非　数量词的逻辑刻画

5．刘奋荣　偏好动态逻辑的一个新系统

6．余俊伟　弗雷格逻辑的哲学探寻——兼与亚里士多德逻辑比较

7．周北海　概念语义与弗雷格迷题消解

北京市伦理学会

主题：德性伦理学：中国思想的视野

1．廖中白　德性伦理学：内在的观点与外在的观点

2．龚　　群　儒家伦理对当代德性伦理学的意义

3．陈少峰　理学家对儒道德性融合的讨论

4．王　　楷　庄子的"德"

5．李景林　儒家的道德精神

6．肖群忠　个体美德与政治伦理

当代北京史研究会

主题：迈向世界城市的北京——回顾与展望

1．刘治彦　世界城市的建设经验与北京的发展策略

2．卞洪登　当代北京在世界所处的地位

3．段　　霞　北京建设世界城市的努力方向

4．史利国　世界城市建设和首都圈发展

北京史研究会
北京市文物保护协会
主题：北京历史文化资源与世界城市建设
1．齐　心　文物资源在世界城市中的地位与作用
2．李建平　世界城市与北京文化
3．韩　阳　文化遗产保护与世界城市建设
4．高大伟　世界城市与北京园林建设
5．姚　安　北京博物馆建设距离世界城市有多远

北京市土地学会
主题：土地与转变发展方式——依法管地节约用地
1．张　维　健全市场完善调控　加强执法规范秩序
2．蔡运龙　土地资源需求的冲突与土地利用方式的转变
3．黄小虎　解析土地财政
4．李泽田　坚持集约高效用地　促进科学发展
5，聂燕军　从土地招拍挂市场和地价监测视角看北京市 2010 年地价状况

北京市宏观经济学会
主题：北京投资、房地产发展
1．秦　虹　房地产宏观调控政策走向
2．顾海兵　"十二五"中国经济发展与战略思维
3．王小广　2011 年全国宏观形势展望

北京市决策学学会
主题：北京民生问题与科学决策
1．郭庆山　"十二五"期间北京经济社会发展的若干思考
2．王爱声　关于北京市民生立法的若干思考
3．乔淑芳　"十二五"期间北京市污染减排问题对策研究
4．王修达　首都农村民生问题研究

5. 郭卫亮　北京交通问题对策研究

北京市社科信息学会

主题：社科信息资源的开发利用与文献信息化建设

1. 王锦贵　家谱资源与利用
2. 周晓英　知识链接的类型与特征分析
3. 石玉良　世界城市信息化
4. 李明金　北京市经济形式分析与展望
5. 乔　欢　信息行为研究

北京市世界语协会

主题：世界语的结构、历史与发展

1. 侯志平　北京早期的世界语运动
2. 刘海涛　"本质与未来"的计量分析
3. 李士俊　中国古典文学的世界语翻译
4. 陈　吉　中国世界语者教育状况
5. 李建华　新媒体和世界语运动

北京市学习科学学会

主题：推动学习科学发展　促进世界城市建设

1. 杨春茂　解读纲要，推动学习科学在世界城市背景下的持续发展
2. 闫　伟　一切为了师生的幸福成长
3. 田俊晓　世界城市建设前景下的教育干部培训

北京改革和发展研究会

主题：北京人口总量调控

1. 陆杰华　"十二五"时期首都人口规划面临的挑战与对策
2. 段成荣　关于北京人口规模调控的几个问题
3. 田雪原　人口城市化与北京人口问题控制
4. 赵卫华　经济发展与人口增长：北京人口规模探讨
5. 尹志刚　首都流动人口服务与管理的思路、战略和政策探索
6. 杨建华　关于北京人口老龄化问题的几点思考

北京市高等教育学会

　　主题：准确定位　持续发展

　　1．江　波　高等教育国际化与世界城市建设

　　2．何晋秋　中长期规划背景下城市大学的定位与思考

　　3．洪成文　大学教育服务对城市发展的辐射功能

　　4．陈锡章　学习型城市建设与首都高等教育发展

　　分论坛一：后大众化时代的高等教育与城市大学的发展

　　分论坛二：民办高校在世界城市建设中的角色定位

北京市家庭教育研究会

　　主题：与孩子共同成长——关注发展责任

　　（一）主题报告

　　1．赵忠心　北京市家庭教育的发展趋势及对策

　　2．周志军　家庭教育视角下探索社会工作者队伍专业化服务的有效模式

　　3．孟　佳　北京市中小学生家长参与学校教育的途径研究

　　4．黄宏灿　国内外家庭教育比较分析

　　（二）亲子对话

　　点评嘉宾：

　　齐大辉　中国家长教育研究所所长、北京市家庭教育研究会常务理事

　　张雪梅　中华全国律师学会未成年人保护专业委员会秘书长、中国家庭教育学会理事

　　环节设置：

　　（1）主持人导入活动主题；

　　（2）双方围绕准备的问题展开讨论；

　　（3）双方各自做最后陈述及今后打算；

　　（4）现场嘉宾点评。

北京市商业经济学会

　　主题：国际商贸中心城市发展进程中的现代京商

　　1．王茹芹　国际商贸中心城市视野下的现代京商

　　2．黄国雄　京商老字号的流通创新

3. 谢志华　现代京商指数解读
4. 王成荣　现代京商老字号的品牌价值
5. 任兴洲　现代流通产业政策与消费市场
6. 曹厚昌　京商新业态的引进和发展
7. 姚力鸣　北京建设国际商贸中心城市的意义、任务、标准和路线